U0903234

通识

大学通识教育教材

中外文明史简编

ZHONGWAI WENMINGSHI JIANBIAN

（第二版）

主编 李小红 陈君静

中国教育出版传媒集团
高等教育出版社·北京

内容简介

本书是大学通识教育教材。

本书以文明史观为指导，力图通过梳理历史流动、发展变化的过程，把握文明演进的脉络，在重要问题、典型现象的讨论中触摸其演进规律，帮助学生形成既以中华文明为本位又放眼人类文明、既有主体性又有整体性的文明史观，进而以之观察人类历史、关照世界现实。

本书适合作为高校相关课程教材，也可供对历史感兴趣的读者参考阅读。

图书在版编目(CIP)数据

中外文明史简编 / 李小红，陈君静主编. —2 版.—北京：高等教育出版社，2023.7

ISBN 978-7-04-060415-3

Ⅰ.①中… Ⅱ.①李… ②陈… Ⅲ.①世界史-文化史-高等学校-教材 Ⅳ.①K103

中国国家版本馆 CIP 数据核字(2023)第 097498 号

策划编辑 宇文晓健 **责任编辑** 宇文晓健 **封面设计** 张文豪 **责任印制** 高忠富

出版发行	高等教育出版社	网　　址	http://www.hep.edu.cn
社　　址	北京市西城区德外大街 4 号		http://www.hep.com.cn
邮政编码	100120	网上订购	http://www.hepmall.com.cn
印　　刷	上海叶大印务发展有限公司		http://www.hepmall.com
开　　本	787mm×1092mm 1/16		http://www.hepmall.cn
印　　张	17.75	版　　次	2013 年 8 月第 1 版
字　　数	337 千字		2023 年 7 月第 2 版
购书热线	010-58581118	印　　次	2023 年 7 月第 1 次印刷
咨询电话	400-810-0598	定　　价	42.00 元

本书如有缺页、倒页、脱页等质量问题，请到所购图书销售部门联系调换

物 料 号 60415-00

前　言

党的二十大报告指出："坚守中华文化立场，提炼展示中华文明的精神标识和文化精髓，加快构建中国话语和中国叙事体系……深化文明交流互鉴。"

文明史既是人类文明的创造史，也是人类社会的演进史。文明史的编写应当从这一历史观出发，在混沌的史实中整理出文明的诸多亮点，在标志性的成果中触摸文明演进的规律。为此，文明史教材的编写必须坚持以下三个基本观点：

第一，文明史着力于历史过程中人的因素，看重历史过程中人的创造力、创造活动过程和创造成果。历史离不开人的活动，特别是离不开历史主体即人民群众的创造活动。一部人类文明史就是人不断认识和改造主客观世界、不断解放自己和发展自己的过程。具体地说，就是人们以特定的思维结构和行为方式求生存、求发展的活动过程和结果。离开了人及人的创造活动和过程，就无法谈论文明的价值。

第二，文明史重视生产力尤其是科学技术对于人类文明进步所起到的重要推动作用。社会是人在发展科学技术生产力过程中所形成的整体结构，人类历史就是这一社会整体结构合乎规律的矛盾运动。

第三，文明史提供一种在世界历史体系中审视人类历史活动的多元视角。世界文明是多元的，各种文明在冲突与融合中发展。由于地域、历史、传统的不同，各地区的文明往往表现出不同程度的独特性。人类社会从古到今，从来就没有出现过一个大一统的文明类型。但是，多样性的文明又不是相互隔绝的。多种文明之间，自诞生以来就以生活交往、经济活动为纽带，进行着不同形式的联系和交流，并产生各种冲突与融合，而且这种冲突与融合随着经济规模的扩大，文明水平的提高，社会联系的紧密，其交流的速度也越来越快，规模也越来越大。总之，世界文明是多元文明交融发展的产物，它不是纯粹而单一的欧洲经历，而是一个全球范围的过程。在这一过程中，所有伟大的文化体系通过互动，共同创造了当今世界。

文明史是探讨人类文明发展进程的一门学科。就学科归属而言，它属于专门史的领域；就研究方法而论，它是跨学科的。这就要求我们在编写人类文明史时努力做到史与论的有机结合。本节紧紧围绕人类历史发展的主线，重点叙述影响人类文明进步的两个文明类型的历史演变。在具体叙述时,力求在物器技术层面上,显示农业革命、工业革命和信息技术革命等发展线索;在生产方式与政治制度层面上,叙述不同制度文明的情况;在观念层面上,从不同时期的宇宙观和价值观入手,分析各个时期人类思想文化的特点内涵与发展趋势。

目前,“中外文明史”公共选修课程在国内高校普遍开设,课程内容的安排和讲授各有特色。作为一门大学生人文素质课程,其教学设计不应仅仅局限于文明史知识的传授,还应重视文明史观的培养。

本书以《中外文明史简编》为书名,强调的是“中华文明”和“中华文明以外的其他文明”,但在全书的架构上,突出的是中华文明和西方文明两种文明类型。如此安排,出于以下考虑:其一,人类文明是多元的,但考虑到课程课时、教材篇幅、整体文明史观培养等因素,难以做到面面俱到的系统化叙述,只能撮其精要,力求在点面结合中帮助学生建立起以中华文明为本位,放眼人类文明的广阔视野,形成既有主体性又有整体性的多元一体文明史观。其二,在世界诸多文明形态中,中华文明与西方文明作为两大综合性文明类型,分别代表东西方文明,它们各有自己的历史源头和发展轨迹,不仅在人类文明史中有着重要地位,而且至今依然在延续并发挥着重大影响。因而将它们并立,具有对应性,可以形成类型比较。这一比较并非优劣对比,不存在孰主孰次的问题,而是在把握不同文明类型、特征、概念的基础上,破除以往在中西文明关系问题上的“西方中心观”思维模式。

需要强调的是,破除“西方中心观”下的文明史观十分必要。必须改变“西方中心观”之下形成的线性进步的文明史观。文明这一词汇最初就是西方在近代创造出来的,体现以西方为标准的人类历史进步。本书将文化和文明内涵结合在一起,从精神文明、制度文明和物质文明等方面建构完整的文明类型,试图改变以往的线性进步的文明史观,形成多元一体的文明史观。

在整体篇章结构的设计上,本书把源远流长的中华文明的演进过程又细分为中华文明的起源、华夏早期文明、中华大一统文明、中华盛世文明和中华近世文明等子类型,体现的是多元一体、博大包容、厚积精致、从未中断的特点。而西方文明也并非统一的文明类型,它更多体现出线性的不连贯发展与变化特征,因而本书大体按照西方古典文明、中世纪文明、近代文明等几个发展阶段展开。

值得一提的是,在中华文明与西方文明之间另立一章“大河文明——古代东方文明”,看似突兀,实则另有深意,一则从文明整体性的角度看,中华文明、西方文明为世界文明中的两个“点”,而本章则为“面”的呈现,缺少了面的点是孤立的;二则从文明形态比较的角度看,可以将其与前面的中华文明做对比、与后面的西方文明形成对照;三则从文明相互交融的角度看,有助于揭示古希腊文明展开前后的文明背景，从而完整地理解人类文明的形态差异，以及多元一体的演进过程。至于最后一章“科技文明——世界现代文明”，则是世界不同文明交汇后形成的人类共同的文明，以此为基础构成世界一体化。而中华文明和西方文明仍然在延续，它们构成了人类文明的多元一体。

本书试图建构一个超越文明与文化分割，包含文明和文化内涵，既有主体意识，又有人类文明视野的“文明史”。当然这一工作很难一步到位，有待以后的进一步完善。

《中外文明史简编》教材中“专题研讨”“拓展阅读”等栏目设计围绕通识课程教育的有效性展开。预期的教学设计是：课前，要求学生必须阅读教材，并从“专题研讨”中选择一个专题准备讨论稿或发言稿；课堂教学中，教师首先围绕该阶段文明发展的进程、特征等进行讲授，然后根据课时情况，安排一定时间由学生就课前准备内容进行分组讨论或者上台发言，最后由教师点评总结。“专题研讨”为开放式板块，教师可以结合自己和学生的兴趣点，另行选择论题；课后，要求学生根据自己的兴趣从拓展阅读中选择图书进行研读（整门课程不少于 3 部），撰写读书心得，作为平时作业或课程考核论文。

《中外文明史简编》教材自 2013 年由高等教育出版社出版以来，得到了诸多高校师生的信任和热情鼓励，也陆续收到不少宝贵意见，这是鞭策我们继续改进的动力。在近年来国家的教育改革中，越来越重视大学生人文通识教育。习近平总书记多次提出要“把中国文明历史研究引向深入”，强调世界各文明“交流”“互鉴”的重要性。2022 年 6 月，宁波大学历史学获批为国家级一流本科专业建设点。为深化历史学专业核心必修课程“中华文明简史”的建设，启动了其配套教材的修订再版工作。

本次改版修订的基本原则是：坚持以马克思主义理论为指导，注意吸收中外文明史研究领域的最新成果，认真研究并汲取近年来广大师生对本书所提意见，继承原版的优点，改正其不足，努力使其更好地适应公选课教学的实际需要。在此原则下，全书整体架构不变，保持教材的稳定性；具体板块设计做了适当调整，增强教材的实用性；各章节内容做了必要调整，个别地方重新改写，文字做了规范化处理。

本次修订工作由主编李小红全面负责，具体执笔分工如下：总序：南志刚。绪论：陈君静。第一章、第二章：刘恒武。第三章、第四章、第五章：李小红。第六章：童杰。第七章：王瑞成。第八章、第九章：周莉萍。第十章、第十四章：谷雪梅。第十一章：耿兆锐。第十二章、第十三章：贾庆军。

本次修订，改正了教材中的不少错误，这是与许多专家、学者的热情关怀，以及近年来广大师生和读者积极提供宝贵意见分不开的。在本书讨论和修订过程中，曾多次邀请宁波大学人文与传媒学院选课学生参加座谈，他们的意见非常中肯；高等教育出版社的同志为本书出版付出了辛勤的劳动。在此，一并谨致以深切的谢忱。但限于水平，缺点和问题依然在所难免，殷切希望广大专家、学者、读者，尤其是使用本书的广大师生不吝指正，以利将来进一步修订。

编　者

2023 年 1 月

目　　录

绪　论

人类文明之旅是一个生生不息的连续过程。有了人，才会有人在历史活动中所创造的文化、文明，才会有文明史。考察人类文明史首先应当从考察“文明”的概念开始。

一、“文化”与“文明”

学术界关于文明和文化的定义、概念和界说，可谓众说纷纭。我们认为，要厘清“文明”“文化”的概念还得从这两个词的词源入手。

在中国语言传统中，“文”与“化”最初是作为单个的词分别使用的，它们各有各的特殊含义。《周易》中有：“观乎天文，以察时变；观乎人文，以化成天下。”在这里，天文与人文相对。“天文”是指天道运行的自然规律，“人文”则指人际纵横交织的社会关系、人伦规范和风俗民情。“观乎人文，以化成天下”可以解释成：用人(文)化了的东西，造就人的生活世界，并造就人类自身。这里的“化成天下”，既包括“化”的过程，即动态的实践过程，也包括“化成”的结果，即化物化人的成果。其后，晋人束皙在《由仪》中又进一步提出“文化内辑，武功外悠”之说，即“以文化辑和于内，用武德加于外远也”。很明显，在古汉语的表达系统中，“文化”是与“武功”“武力”相对的概念，指以文德教化天下。这里既有政治主张，又有伦理意义。因此，从中国“文化”概念起源的角度看，文化是与人类共存的。也就是说，自人猿揖别以来，就有了文化现象、文化活动和文化成果。但当时的“文化”更多的是一种政治道德概念，与西方话语里指称特定行为模式的“文化”概念并不完全一致。

在西方，“文化”一词起源于拉丁文动词“colere”，含有耕作、居住、练习等多种含义。英文 culture 含有改良土壤、培育农作物、种植树木、饲养牲畜等义项。这种用法至今保留在 agriculture(农业)和 horticulture(园艺)等一类的英语词汇中。后来该词逐渐引申出神明崇拜、性情陶冶、品德教化等意思。这与古汉语中“文化”所具有的“文治教化”的含义比较接近。《中国大百科全书》(社会学卷)中指出:“文化一词的中西两个来源,殊途同归,今人都用来指称人类社会的精神现象。”可见在西方,“文化”一词从内涵上看,与中国“文化”的概念没有本质区别,但是其外延却比中国的“文化”概念大,即本指农耕社会中农耕和园艺类的物质生产活动、土地耕耘和作物培育,并将其逐渐引申到精神生活领域,泛指人类由理性思维发展而引起社会生活变化。

“文明”在中国古代典籍中早有记载。如《周易》中称:“见龙在田,天下文明。”《尚书·舜典》亦曰:“浚哲文明温恭。”清代李渔在《闲情偶寄》则提出“辟草昧而致文明”。在这些典籍中,所谓的“文明”含有文采光明、文德辉耀的意思,且主要指政治道德上的明朗与德治。而李渔所说的“辟草昧而致文明”则已有与落后、荒芜相对立的进步、昌盛的含义。从这个意义上讲,汉语中“文明”一词也可指社会面貌的开化、进步、光明的状态。

从词源上讲,英文中的 civilization(文明)来自拉丁文 civis(市民)和 civilitas(都市),指的是人类从游牧社会进入农耕社会,开始城市生活。因此其本义是人们生活于城市和社会集团中的能力,具有“国家”(“城邦”)的意思。该词后引申为一种先进的社会和文化发展状态,以及到达这一状态的过程,其涉及的领域广泛,包括民族意识、技术水准、礼仪规范、宗教思想、风俗习惯、科学知识的发展等。

文艺复兴时期,法语中的“文明”一词开始具有现代含义,指称文雅的行为举止,以及社会从低级向高级的演进。18 世纪法国启蒙学者伏尔泰、孟德斯鸠、卢梭等人在著作中都使用过“文明”的概念。启蒙主义思想家在反对中世纪的黑暗时,使用“文明”一词与“野蛮”相对立。他们认为,文明是指人类社会将要达到的那种有教养、有秩序、公平合理的高级发展阶段。到了 19 世纪,“文明”“开化”与“野蛮”“落后”成为文化中的标准词汇。“文明”是指人类社会的开化程度和进步状态。从人类社会的实践活动来讲,文明是人类改造自然、改造社会和自我改造成果的结晶。而相对应的“野蛮”则是人类社会的愚昧、落后和丑恶等诸因素的总称。总之,在他们看来,文明是人类社会进步、美好、发达等诸因素的总称。人类社会脱离野蛮越远,文明程度越高。

西方近代文明概念的提出,造成“文明”和“文化”概念的区分,各自具有不同的特征。文化是人类化物化人活动、过程和成果的总和,而文明则是文化发展到一定阶段的成果和结晶。在原始社会,人们逐渐学会了创造和使用简单的石器工具,猎取和驯养动物,采集和种植农作物,创造和使用语言,以及创作制陶艺术、初级歌舞，等等，这些都是原始文化，也是人类文明因素的萌芽。而文明则是人类社会文明发展到一定阶段的标志。正因为如此，恩格斯在《家庭、私有制和国家的起源》一书中同意摩尔根的观点，把人类社会史前史称为蒙昧时代和野蛮时代，而将之后的时代称为文明时代。他指出："文明时代是学会对天然产物进一步加工的时期，是真正的工业和艺术产生的时期。"这就是说文明是与远古时代人们只能做自然的奴隶相比而言的，即与蒙昧、野蛮、落后相比较而言的。也正因为如此，恩格斯才明确指出"文明时代是社会发展的一个阶段"(《马克思恩格斯选集》第四卷)。

但从人类历史观察，文明不能离开文化而孤立存在。某一种文明作为某种文化的价值结晶和较为恒定的价值内涵，必然蕴含在富有活力的文化形态之中。正是各种富于活力的文化形态和文化现象，包容和显示着文明的价值因子。换言之，文化是文明的沃土，文明是文化的结晶。文化是人类生产生活的过程，而文明是这一过程在不同阶段上的结晶或结果。文化中产生文明，而在文明中又产生新的文化。

总之，人类在辟草莽、致文明和更新文明的过程中，创造了辉煌的世界文明史。"文明"既可以泛指人类脱离动物界的野蛮状态所创造的一切物质文化和精神文化的总和，也可以特指某个地域、某个时代、某种社会或某个民族所具有的物质与精神生活、生产实践活动及其相应的经济、政治制度与成果。正是在这一意义上，人类的历史也就是人类文明的历史。从中西方关于"文化""文明"的概念起源来看，文明与文化有着相似之处，它们都是指人类所创造的物质和精神财富，而且主要指人类的行为举止的高雅和受到教化后的状态。但在这两个概念使用过程中，一度强调区分乃至割裂。

文化与文明这两个概念的区分源自近代德国。作为当时欧洲落后的国家，德国学者强调"文化"概念，以与强调近代进步的"文明"概念相抗衡，试图区分文化与文明，凸显德意志民族文化的主体性和独特性。这是特定历史时期的产物。(参见曹卫东、张广海等：《文化与文明》，广西师范大学出版社 2005 年版。)

中国使用的文化和文明概念受到西方影响，有一个复杂的演化过程。在晚清民初的历史语境里，中国传统的"文明"和"文化"概念先是大体经历了一个摆脱轻视物质、经济、军事方面的内容，形成内蕴进化理念的新的现代"文明"概念——广义的现代"文化"概念，再从另一维度部分地回归于"武化"、物质化相对的中国传统"文明"和"文化"的关键内涵，进而获取新的思想资源、重建一种新的狭义"文化"概念的过程，最终构成一个广、狭义内涵并存的、带有矛盾性的现代"文明"概念结构。(参见黄兴涛：《晚清民初现代"文明"和"文化"概念的形成及其历史实践》，《近代史研究》2006 年第 6 期。)

2022年5月27日,中央政治局就深化中华文明探源工程进行第三十九次集体学习。习近平总书记在主持学习时指出:“中华文明探源工程提出文明定义和认定进入文明社会的中国方案,为世界文明起源研究作出了原创性贡献。”

“关于文明的定义及相关概念,国内外学术界存在诸多分歧。中华文明探源研究坚持历史唯物主义,提出文明是人类文化和社会发展的高级阶段。这一阶段在生产力发展的基础上,出现了社会分工和社会分化,形成了阶级、王权和国家。”中华文明探源研究提出进入文明社会标准:一是生产发展,人口增加,出现城市;二是社会分工,阶层分化,出现阶级;三是出现王权和国家。这对我们理解中华文明起源,确立中华文明五千年历史有重要价值。(参见王巍:《中华文明探源研究主要成果及启示》,《求是》2022第14期。)

总之,文明与文化概念有区分,也有交叉,并非确定不移的两分。一般而言,文明概念更宽泛,文明概念可以包含文化内涵。例如中华文明就包括精神文明、制度文明和物质文明。而中国各类“文化史”大多以狭义的文化概念来书写。本书使用文明概念的重要目的之一就是打破文化与文明的分割,以广义的文明概念来建构“文明史”。

二、文明史观

文明史观是研究历史的一种理论模式,也被人们称为文明史研究范式。文明史观认为人类创造、积累文明的过程及其所获得的成果是历史的基本内容,人类文明的发展及人类自身的文明化是人类历史发展的基本线索。人类历史从本质上说是人类文明发展的历史。从这个意义上说,文明史也就是世界通史,或是一个国家、民族的历史。

最早用文明史观来书写人类历史的当属法国启蒙运动的先驱伏尔泰。他的代表作《风俗论》和《路易十四时代》为他赢得了“西方文化史之父”的美誉,奠定了后世文明史研究的范式。之后,德国历史哲学家奥斯瓦尔德·斯宾格勒的《西方的没落》、英国史学家阿德诺·汤因比的《历史研究》,以及布罗代尔、亨廷顿等一些著名历史学家都通过文明形态的研究,来阐述人类历史的演进过程。

文明史观历史叙事与一般意义上的通史相比,大致具有这样的特点:它所研究的对象是文明,关注的是长时段的历史变迁,而反映的则是历史长河中的文明流动、发展和变化。

首先，强调人类文明是具有“生命”的有机体。

文明史观以“文明”为研究的基本对象，并将其视为具有高度自律性，同时具有生、长、盛、衰等发展阶段的有机体。它通过对各个文明兴衰过程、发展特点的探讨，阐述人类社会的演进过程。

文明史观主张人类社会是一个由不同类型文明所构成的共同体。在漫长的历史发展过程中，每个民族、每个国家，都在创造着自己的文明。斯宾格勒认为人类社会和其他有机体没有什么区别，都有其生长、盛衰的生命周期。他把人类社会分为八种“文化”，用“文化”来确定人类的社会形态。在他看来，每一种文化都像人的生命那样必然经历着孩提、青年、成年和老年几个生命阶段。因此，人类历史就是一幅“有机形式惊人的盈亏相继的图景”。（斯宾格勒：《西方的没落》。）

英国历史学家汤因比提出历史研究的单位是历史研究中可以自行说明问题的研究范围——“文明”。可以说，这一思想直接继承了文化形态史学的肇始者斯宾格勒的理论。在汤因比那里，世界文明被扩展为 27 种。他还提出了富有创造性的“挑战与应战”模式来概括文明形态的成长更替，展现出恢宏的理论气象和深刻的思想洞察力。汤因比与斯宾格勒一样也把文明看成一种有机体，认为各个文明都要经历“起源、生长、衰落和解体”四个连续发展的阶段。

其次，注重人文精神的揭示。

文明史观作为人类对自身文明一种深刻的认知，其批判主义的精神闪耀着人文主义的光辉。它力图克服历史研究局限于具体时段、具体民族国家的狭隘性，通过对各种以文明为载体的历史进程的综合分析与比较，在历史叙事和历史的意义上“超越历史的本身”。

伏尔泰摒弃以基督教《圣经》为依据构建世界史体系的陈腐说教，建立起以人类文明为中心的世界史体系。他指出：“对于这些只应由圣灵去谈论的超自然的事，我们将不去论述，更不敢妄加解释。”（伏尔泰：《风俗论（上册）》，梁守锵译，北京：商务印书馆 2011 年版。）伏尔泰把人类精神的进步作为历史发展的衡量尺度，提出了与此前传统史学截然不同的崭新的文明史观。他以先后存在于地球上的各个民族作为考察的对象，综合了整个人类精神生活的方方面面，开创了以理性主义为核心的文明史研究领域。

最后，主张长时段的历史变迁。

与以往的通史重点在于强调诸如政治事件、杰出人物不同，文明史观主张以文明作为研究单位，重点考察政治经济制度、民族文化、社会心理等这些在历史发展中比较稳定且长期发挥作用的因素，通过这些因素的阐述力求反映在历史长河中文明的流动、发展、变化。一般来说,文明史研究注重经济因素的作用,主张以生产力作为划分文明史发展阶段的标准。例如,把人类文明的历程划分为农业文明、工业文明、后工业文明等几个阶段,在充分肯定人类社会所取得的进步的同时,揭示其存在的问题。

第一章　多元统合

——中华文明的起源

【学习重点】

1. 了解中国史前文化的多元性及其在中华文明孕育过程中的重要影响。
2. 掌握早期文明社会的几个重要标志。
3. 了解“夏文化”考古的主要收获。

人类文明的起源是多元的，中华文明是世界上最古老的文明之一，也是世界上唯一没有中断的文明。

中国位于欧亚大陆东部，大部分国土地处亚热带和温带，疆域之内平原、丘陵、山脉、江河交错纵横，为人类的生息繁衍提供了适宜的自然生态环境。北京人、蓝田人等直立人化石的发现证明，至少在几十万年以前，我国境内就已经有原始人类栖息。年代更晚的丁村人、马坝人、山顶洞人所留下的打制石器及各种活动遗迹，则让我们得以窥见整个旧石器时代中晚期中国史前文化的演进脉络。

距今大约一万年前，与世界其他地区一样，中国史前文化也步入新石器时代。除了磨制石器和陶器的使用，作物栽培、牲畜养殖及定居生活也都是新石器时代区别于旧石器时代的重要标志。这一时期，我国南北各地的先民集团适应不同的自然环境，创造出面貌各异的区域文化，这些区域文化单元又可以被归入几个大的区系类型。一方面，各大区系的史前文化拥有各自不同的传承谱系，另一方面，它们互相渗透影响、反复汇聚辐射，共同推动着东亚大陆的新石器文化逐渐向青铜文化演进，最终孕育出辉煌灿烂的中华早期文明。

第一节　人 文 初 始

我国幅员辽阔，山川纵横，河流密布，地理状况复杂，气候类型多样，植被种类丰富。栖息于各地的史前人类集团，适应千差万别的自然环境，从而创造出特点各异的地域文化。经过旧石器晚期的繁衍发展，进入新石器时代以后，我国华北、华东、华南、西北及东北等地都呈现出原始聚落星罗棋布的局面，定居的氏族集团以各自所处的河谷、盆地为地域单元共同化育出一个个史前文化系统，而地缘相近的文化系统又相互联结为更大空间范围的文化区系。中国史前区域文化多元性的存在，促使各支史前文化获得从相邻异质文化中吸收积极因素的机会，从而激发自身文化的进一步发展。

一、南稻北粟

由北至南分布于我国辽河流域、黄河流域、长江流域及珠江流域等不同区域的史前文化，在文化面貌和经济形态上呈现出各自不同的特色。就经济形态而论，自大约距今 1 万年的新石器时代初始阶段以来，我国各地的先民集团开始改变单纯依赖采集、狩猎的生存方式，转而凭借作物栽培、牲畜养殖等生产活动来确保食物来源。这时期，长江中下游地区出现了世界上最早的人工栽培稻，而黄河流域则成为全球最早培育粟谷的区域。早在新石器时代，旱地粟作农业孕育的中国北方区系文化与水田稻作农业滋养的南方区系文化，就已形成鲜明的对照。

20 世纪 80 年代之前，学界一直将黄河流域作为探索中华文明起源的核心区域，这种学术倾向，一方面可以归因于我国古史传说中的“三皇五帝”均以黄河流域为主要活动舞台，另一方面也与 20 世纪早期我国新石器及青铜文化考古的重大发现集中于豫、鲁、陕地区有关。需要指出的是，黄河流域上、中、下游各地区新石器时代文化各具特点，黄河上游甘青地区是马家窑文化→齐家文化的分布区，黄河中游新石器文化的核心脉络为仰韶文化→河南龙山文化，黄河下游则以大汶口文化→山东龙山文化为区域新石器文化的演进主轴。其中，仰韶文化和龙山文化的发现与研究，为中国新石器文化的考古探索构建了时空坐标，也为其他流域史前文化演进脉络的整理提供了参照系。

知识窗

三皇五帝，现代史学界一般认为，三皇的时代大致相当于新石器时代早中期甚至更早，五帝的时代相当于新石器时代晚期、传说中的“夏王朝”之前。关于三皇五帝的具体所指，诸说不一，按照通常的说法，三皇是燧人、伏羲、神农，五帝是黄帝、颛顼、帝喾、尧、舜。

近几十年，南方长江流域和北方辽河流域史前考古的发现与研究，已经大大更新了中国史前史的知识体系，长江中游的屈家岭文化和石家河文化、长江下游的河姆渡文化和良渚文化，以及辽河流域的红山文化，使我们得以窥见中国史前景观丰富多彩的一面。

二、仰韶文化与红山文化

仰韶文化距今约 7 000 年—5 000 年，其年代范围相当于我国新石器时代中期，是我国北方粟作区域史前文化的典型代表。仰韶文化以陕西关中、晋南和豫西为核心分布区，迄今发现的遗址多达 5 000 余处，其中，陕西西安半坡和河南陕县庙底沟是两处最具典型性的遗址。从仰韶文化的考古发现来看，当时的中原地区分布着众多聚族而居的村落，这些村落之间并无显著的规模差异。许多仰韶文化遗址较为完整地呈现了血缘氏族定居村落的空间格局，陕西西安半坡遗址和临潼姜寨遗址考古发掘显示，仰韶文化时期的村落大体由居住区、氏族墓地和烧陶窑场三部分构成，居住区被防御性壕沟环绕，墓地和窑场则位于壕沟之外。居住区中心有广场，广场周围簇拥着圆形、方形的半地穴式和地面式房屋，有些房屋附近还发现有储藏物品的窖穴。考古学上一般将这种有壕沟围护起来的原始村落称为环壕聚落。

仰韶文化先民经营原始农业，农作物主要是粟。家畜养殖业在经济生活中并不十分重要，可以确认的家畜仅有狗、猪两种。农事活动中使用锄、铲、刀、磨盘、磨棒等磨制和打制石器。渔猎仍是食物保障的重要手段，这从各遗址出土的大量骨簇、石簇、骨鱼钩和骨鱼叉等渔猎工具上可以得到印证，渔猎的对象包括各种哺乳动物、飞禽和淡水鱼类。日常生活中大量使用陶制容器，彩陶是仰韶文化最具代表性的遗物（图 1 - 1），陶器上的各种彩绘纹饰蕴含着

图 1 - 1　彩陶双连壶

彩陶双连壶

仰韶先民的思想、情感及宗教观念。例如，学者们推测，西安半坡遗址彩陶常见的鱼纹，可能表达着一种子孙繁盛的美好祝福，或者体现着一种鱼图腾崇拜的原始信仰。

在我国北方粟作区域的史前文化之中，除了仰韶文化，红山文化也值得关注。红山文化年代距今约五六千年，与仰韶文化大体平行。在居住形态和经济生活上，红山文化与仰韶文化表现出较多的相似性：以血缘集团为单位形成定居聚落；主要从事旱作农业，以家畜饲养和渔猎作为补充；使用彩绘陶器；等等。但是，红山文化发展到距今大约 5 000 年的晚期，阶层分化明显，宗教信仰显示出卓著的社会动员力。红山文化晚期牛河梁遗址的考古发掘，充分反映出当时红山文化社会结构的急剧变化。牛河梁遗址位于辽宁西部凌源与建平两县的交界处，实际上是一个由积石冢墓群、女神庙和祭坛组成的遗址群。积石冢以大石块砌成，分为方形和圆形两种，冢内大墓随葬着玉猪龙、勾云形玉佩、玉鸟、玉龟等各种雕琢精美的玉器。女神庙由一个多室建筑和一个单室建筑构成，虽然面积不大，但遗址出土了若干尊残体泥塑女神像，同时伴出玉器和陶礼器，显然是一处重要的祭祀设施。积石冢内的大型墓葬应是凌驾于普通氏族成员的特权人物的葬所，女神庙和祭坛反映出仪礼活动在社会生活中的重要性大大加强，可以推测，先前原始的、自发的宗教行为，在神庙、祭坛这样有序的仪礼空间中被赋予了特定的程序与规范。红山文化玉器制作业发达，大量随葬玉器的发现证明红山文化拥有充足的剩余产品来供应玉工集团的消费。如此显著的社会变革，中原地区和东南地区分别到了龙山文化时期和良渚文化时期才发生，这反映出我国各地区史前文化演进的不均衡性。到了公元前 3000 年—前 2000 年，灿若星河的各地新石器文化有了更多的交流与碰撞，随之迎来了中华文明的第一缕曙光。

三、河姆渡文化

位于杭州湾南宁绍平原的河姆渡文化（距今约 7 000 年—5 300 年），年代上属于我国新石器时代早中期，集中体现了我国南方稻作文化的特色。河姆渡文化的年代大致与仰韶文化平行，但起始年代可能比仰韶文化略早，因最先发现于浙江余姚河姆渡而得名。河姆渡、田螺山、鲻山等遗址全面揭示了河姆渡文化先民的生活方式、经济形态和精神文化。河姆渡文化聚落的空间布局不如仰韶文化的环壕聚落规整有序，但底层架空的干栏式建筑富于地域特色，是适应南方多雨潮湿环境的产物，河姆渡文化干栏式建筑是世界上最早采用榫卯技术的建筑，斧、锛、凿等磨制石器是加工木质建材的主要工具。河姆渡文化陶器的形制和纹饰均与仰韶文化陶器有着显著区别，作为炊器使用的陶釜最为常见，陶器装饰方法以刻画、压印、拍印为主，基本不见彩陶。此外，河姆渡文化的骨、牙雕刻艺术引人注目，雕工精美的双鸟朝阳象牙牌和鸟纹骨匕，可能旨在传递一种与鸟有关的宗教观念。

知识窗

田螺山遗址，位于余姚市三七市镇相岙村，2004年春季开始发掘。该遗址文化堆积的年代跨越河姆渡文化各个时期，底层甚至有零星早于河姆渡文化一期的文化迹象。出土遗物包括陶器、石器、木器、骨角器和玉器。此外，遗址中还发现了大量的木制建筑构件和相关的木构遗迹。田螺山遗址考古资料的学术价值，还在于各个文化层之间表现出的较强的连续性，从而使河姆渡文化二三期之间的“文化缺环”问题得以解决。

河姆渡文化遗址中最为引人注目的是有关水稻栽培的考古遗存。河姆渡遗址发现了距今7 000多年的稻类遗存，在该遗址最古老的文化层中堆积着大量的水稻茎叶、秕谷稻壳。经研究者鉴定，河姆渡文化遗址出土的稻谷遗存属于人工栽培稻。除此之外，河姆渡文化遗址出土的大量骨、木农具，从另一个侧面反映出新石器时代早中期长江下游及杭州湾地区稻作农业的发展程度。骨制和木制的耜是河姆渡文化最具代表性的农具，学界一般认为耜是用于翻土整地的农具，考古发现的大量骨耜、木耜，充分证明河姆渡文化时期耜耕农业已经开始。骨耜主要利用大型偶蹄动物的肩胛骨进行制作，一般保留肩胛骨近三角形的自然形态，对肩臼部位进行修整，再在肩臼之下最狭处钻出銎孔，以方便绑系耜柄，最后，还要削除背面的肩胛棘，作出光洁平整的耜面。河姆渡文化的遗址还发现了许多木制器柄，其中一部分应该是与骨耜配套的。木耜分为两类，一类是耜冠与耜柄用一块整木削制而成，另一类是分别制作耜冠和耜柄，再将二者绑缚系结在一起。除了耜，河姆渡文化遗址出土的耕作工具还有木制的锄和铲，它们与后世的同类农具拥有相似的形制。河姆渡文化早期的镰形骨器，有可能是一种用于作物收割的工具，这种骨器一般以动物肋骨制成，一端呈尖状或圆形，另一端为握柄，器身一侧加工出锯齿，长20余厘米。此外，河姆渡遗址早期文化层还发现了一件木杵，通长92厘米，杵头直径8.3厘米，柄径2.2厘米，它无疑是一种稻谷加工的工具。上述各种农具涉及稻谷栽种、收获和加工等各个环节，反映出长江下游的稻作农业在河姆渡文化时期已经发展得相当成熟。

作为作物栽培的必要补充,渔猎与采集在新石器时代经济生活中亦占有重要地位。对于我国南方水网密布的地区而言,渔捞更是获取食物的有效途径。河姆渡遗址出土了鱼镖、网坠等捕鱼工具,其中鱼镖以骨片制成,呈扁平柳叶状,下端一侧磨出倒钩,形似今天的鱼钩。河姆渡遗址中出土的水生动物遗骸多达 21 种,其中包括蚌类、蟹类、田螺类、龟类及各种海鱼和淡水鱼,它们都是河姆渡先民捕捞的对象。在遗址中,鱼、鳖、贝等各类水生动物的遗骨往往与陶制炊器和容器的碎片混杂在一起,这一迹象反映出人们将其作为食物烧煮烹制的状况。

第二节　文明曙光的出现

新石器时代晚期,对于世界各大古老文明的孕生区域而言,都是一个极为重要的转折时点。人类社会发展到这一时期,新石器时代早期固有的部族集团之间以及部族集团内部的平等关系逐渐崩解,部族内部的阶层分化和部族集团之间的阶序化趋于明显。从考古学的视角来看,前者表现为墓葬随葬品的多寡对比,以及精致礼仪性器物的增加,后者则主要表现为聚落级差与城市萌芽的出现。我国新石器时代晚期大约为公元前 3000 年—前 2000 年,对于这约 1 000 年间我国史前社会的演进状况,黄河流域各地龙山文化和长江流域良渚文化的考古发现为相关探索提供了宝贵的资料。根据考古人类学家张光直的观点,山东龙山文化、黄河中游龙山文化、良渚文化、齐家文化等新石器时代晚期区域文化共同形成的相互作用圈,为中华文明的诞生奠定了基础。

一、阶层分化

由器物反映出来的社会关系变化,在黄河流域的龙山文化、长江下游的良渚文化及长江中游的石家河文化都有明显的表现。其中,黄河下游龙山文化遗物中最为引人注目的是磨光黑陶和玉器。磨光黑陶是一种器壁很薄、器表磨光的黑陶器,其中的精品又被称为“蛋壳陶”,高柄杯是蛋壳陶的代表器型。黄河下游龙山文化玉器主要有玉璋、牙璧和玉斧。磨光蛋壳陶和玉器都属于礼器,是龙山先民意识形态的物化载体,这类器物工艺精美,应当出自专业工匠之手,职业化手工集团的出现是龙山文化时期史前社会的另一变化。随葬磨光蛋壳陶和玉器的墓葬在规格等级上都高于一般墓葬,墓葬的级差体现着社会集团内部的阶层分化。与黄河下游龙山文化相比,黄河中游大多数龙山文化遗址并未展现出显著的墓葬等级区别,只有陶寺遗址的墓地体现出社会阶层分化的鲜明迹象，陶寺墓葬按照墓圹的规模尺寸、随葬品的多寡优劣分为三个等级。

长江下游环太湖地区的良渚文化拥有当时东亚大陆最为复杂的玉器系统，与红山文化玉制遗物多属装饰性玉器不同，良渚文化玉器系统中琮、璧、钺等礼器占据很大比例。其中，玉琮无疑是最能反映中国新石器时代晚期社会变革的代表性遗物(图 1－2)。出土琮、璧、钺等玉礼器的墓葬大多是随葬品极为丰富的高规格大墓，而且往往埋设在大型祭坛附近或人工高台之上，这足以说明玉礼器保有者的特殊身份，也显示出良渚文化宗教与世俗首领们对于权力与资源的垄断。与长江下游地区一样，新石器时代晚期长江中游的史前社会也经历着巨大的变革。长江中游石家河文化(约前 2600 年—前 2000 年)大型瓮棺葬中也发现有很多玉器，玉器种类包括玉人头像、虎面、玉鹰等，是石家河文化先民宗教信仰的物化。玉器仅见于大型瓮棺葬，显示出特权阶层对于宗教权力的垄断，也反映出石家河文化时期长江中游史前社会阶层分化的逐渐加剧。

图 1－2　十二节玉琮

知识窗

黄河下游龙山文化，即山东龙山文化。龙山文化因 1928 年首次发现于山东章丘的龙山镇城子崖而得名。黄河下游山东地区的龙山文化，与黄河中游中原地区的龙山文化呈现出不同的内涵特色，故而被称为“山东龙山文化”或“典型龙山文化”。山东龙山文化存续年代大约为公元前 2400 年—前 2000 年，是由同一区系更早的大汶口文化发展而来的。

良渚文化，是长江下游环太湖地区的新石器时代晚期文化。良渚文化源自同地区的崧泽文化，其文化流脉可以追溯到马家浜文化，其起始和终结的年代均早于龙山文化，时间范围大致在公元前 3200 年—前 2200 年之间。

石家河文化，分布地域北至南阳盆地，南达洞庭湖滨，西以西陵峡为界，东抵江汉平原。石家河文化与屈家岭文化一脉相承，其年代上限为公元前 2600 年，下限为公元前 2000 年。

二、聚落级差与城市萌芽

史前时代晚期的社会变动,也表现为聚落级差与城市萌芽的出现。城市萌芽是聚落级差扩大化的体现,城市也是聚落发展的高级形式。因此,城市萌芽在人类早期社会的演进过程中具有划时代的意义。

就黄河下游地区而言,整个山东龙山文化分布区内的聚落,形成若干个聚落群,不同聚落之间已经有了层级的差异,少数聚落不仅面积规模超过一般聚落,而且其中一些还建有夯土城垣。这种夯土城垣往往需要组织、动员数个周边聚落的劳力才能完成,带有城垣的聚落即早期城市的萌芽,往往在聚落群中居于中心地位。以鲁北地区龙山文化聚落群为例,这个聚落群包含了城子崖、丁公、田旺、边线王四个城址,每个城址附近都分布着一群小型聚落遗址。显然,城址聚落与小型聚落构成两个聚落层级,四个城址实际上是四个聚落群的中心聚落。聚落层级的出现,意味着史前早期聚落之间那种平等均势关系的终结,大型聚落可以凭借资源优势在聚落群中占据主导地位,与周边中小型聚落结成政治的、宗教的主从关系,共同构成阶序性的地域社会实体。另外,鲁北丁公城址的龙山灰坑中出土了一块刻画着 11 个图形符号的残陶片,一些学者将其视为龙山文化的原始文字,也有人对此持怀疑态度。无论如何,这些符号较仰韶文化陶器上的刻画符号更为复杂,是探讨我国文字起源的宝贵线索。

黄河中游龙山文化聚落层级差异也十分明显,山西南部和河南地区龙山文化聚落群中一般都有大型中心聚落,一些中心聚落建有夯土城墙,晋南陶寺、豫北孟庄、豫中王城岗和古城寨都属于此类带有城墙的中心聚落遗存。其中,陶寺城址面积大约 280 万平方米,周围还有一些次中心聚落,整个聚落群拥有三个层级,是中原地区最为复杂的地域社会系统。

长江中游屈家岭文化和石家河文化分布区内的聚落遗址也集结为若干个组群,迄今为止,考古学者在这些聚落遗址群中发现了九座古城址。城址使用时间大多从屈家岭文化期一直延续到石家河文化期,城址周围挖有环壕,又在环壕内侧堆土筑墙,环壕土城需要征调大量人力、物力才能完成,无疑是聚落群内权力中心的空间载体。石家河古城面积达到 120 万平方米,是目前发现的长江中游地区最大的史前城址。此外,石家河古城内外的个别地点还发现了一些铜矿石及零星的残铜片、铜渣等金属遗物。

论及中国史前晚期的聚落级差与城市萌芽,长江下游环太湖地区的良渚文化最为值得关注。良渚文化时期,环太湖地区是一个半封闭的空间,北、东、南三面依次为古长江入海口、东海、杭州湾,西侧横亘着山地与丘陵。良渚文化分布区内的遗址集结为若干个组群,每个遗址群都发现有堆土营造的高台墓地,大型高台墓地指示着中心聚落的所在地。根据高台墓地的分布状况,可以推测良渚文化聚落至少分为三个层级,太湖南侧余杭莫角山超大型夯土台基及其所在的良渚遗址群是良渚文化的全域性中心,太湖之东的青浦福泉山遗址和太湖之北的江阴高城墩遗址应是次级中心聚落的遗存,一般土台墓地和平地遗址则对应着第三层级的基层聚落。

位于浙江余杭的良渚遗址群,是整个良渚文化分布区内最令人瞩目的遗址集群。良渚遗址群覆盖了现在余杭的良渚、长命、瓶窑、安溪四个乡镇,拥有大约 50 平方公里面积,目前已确认的良渚文化各时期遗址达 130 多处,遗址群内发现的遗迹包括大型夯土台基、祭坛、大型墓葬群、玉器与石器制作遗址、堤坎及城墙遗址等。由此可以推知,良渚遗址群曾是一个人口密集、结构复杂的社群生息空间。这一生息空间,并非普通聚落的尺度扩张,也非多个普通聚落的无机组合,而是一种接近早期城市的高级聚落形态。

良渚遗址群西部的莫角山遗址是一处面积约三万平方米的巨大夯土台基,应为良渚遗址群的中心遗址。在该遗址的发掘调查中还发现了很多柱穴、红烧土,各种迹象证明它是一处拥有非常复杂的结构和功能的复合型设施。如此大规模工程的完成,需要有卓越的动员、管理、组织能力加以支持,还需要大量剩余产品的统一征调加以保证。

良渚遗址群内还发现了反山、瑶山、汇观山等遗址,都是祭坛和玉器大墓合一的高台墓地。这三处高台墓地属于特权阶层专有墓地,其墓群均由高规格玉器大墓组成,体现出明显的排他性和独占性,被葬者应该是处在整个良渚社会顶端的显贵。

良渚遗址群内的塘山玉器制作遗址和钵衣山石器制作遗址,为考察遗址群内手工业生产的状况提供了资料。毋庸置疑,玉器的设计与制作属于一种高水准的艺术活动,玉琮、三叉形器、兽面牌饰等造型独特、纹饰复杂的良渚玉器均应出自专业的制玉作坊。

2006 年—2007 年,浙江省考古研究所在良渚遗址群核心区发现并探明了一座良渚文化时期城墙遗址。根据考古发掘报告,城墙遗址平面轮廓大致呈圆角长方形,围合起来的城址总面积达 290 多万平方米,城墙底部宽 40—60 米,铺垫石块作为墙基。莫角山夯土台基遗址居于城址内部中心偏北的位置,城墙范围之内另有 30 余处遗址如众星拱月般分布在莫角山周围。

值得注意的是,城墙环绕的空间并未收纳良渚遗址群内所有重要遗址。上述汇观山和瑶山两处高规格祭坛墓地位于城址之外的西北侧和东北侧;塘山玉器加工遗迹位于城址外围西北;钵衣山石器加工遗迹则在瑶山西南不远处。另外,姚家墩、卢村、葛家村、金村、王家庄、料勺柄等遗址构成的高规格遗址组群城址也处在城址外围之北,这个组群兼容了居住、礼仪、丧葬、手工制作等不同功能性设施的遗迹。位于城址外围之西的庙前遗址及荀山周边的遗址组群则构成了一片中低阶层的生活区域,这个片区同时也是外界进入良渚遗址群的玄关入口。分布于城址内外的众多遗址,在功能上相互补充、辅助和支撑,构成一个有机联系的复杂系统。

良渚遗址群形成的过程,应当包含着大量出自政治、宗教指令的营造行为,而非聚落自然量增的结果。汇观山、反山、瑶山三处设计特征高度一致的高台墓地在场域位置上的彼此疏离,恰恰表明了良渚遗址群内某种大空间规划思想的存在。这个以良渚城址为核心的更大空间,其西、北、南三面为天目山余脉夹抱,北侧有东天目山余脉北支——大遮山丘陵屏蔽,南侧有东天目山余脉南支——大雄山、大观山丘陵拱护。良渚遗址群的西侧和北侧还有 11 条水坝遗址。这组水坝具有防洪、灌溉等功能,是良渚城址的水资源管理工程。倘若我们断定良渚文化繁盛期曾经出现过一个全域性的政治、宗教中心,那么,这个中心的空间载体并不仅仅是良渚城址,而是城址及其周边各种功能性遗址共同组成的超大型遗址集群——良渚遗址群。

英国著名考古学家柴尔德曾经在其《城市革命》(*The Urban Revolution*)一文中列举了早期城市的十项标准:① 扩大的人口规模及高人口密度;② 从事手工业生产的专门人员;③ 财富的集中与再分配;④ 大规模的公共设施和建筑物;⑤ 统治阶级与被统治阶级;⑥ 文字的出现与应用;⑦ 科学技术的产生;⑧ 艺术活动;⑨ 远距离贸易;⑩ 以地域为基础的集团构成。

虽然柴尔德的学说并非“放之四海而皆准”的定理,但对于我们思考中国早期城市起源问题仍具有重要参考意义。现有的考古资料可以证明,良渚遗址群所具备的特征已经接近了柴尔德有关早期城市的十项标准。

三、炎黄传说

论及夏代之前的上古历史——即史前史,晚清以前的传统史家往往将古史传说作为不容置疑的基本史料。在《左传》《史记》《汉书》等古典史书中,有关华夏民族溯源的考述文字,均以“三皇五帝”的传说为叙事框架。19 世纪末 20 世纪初,我国史学领域受到西方新的科学理论和研究方法的深刻影响,一些学者对我国古史传说的真实性提出质疑,并且撰文批判传统史学体系的弊病。这种疑古思潮一直影响到今天的古史研究。

然而，不能否定的是，我国古史传说之所以能够流传数千年而不为人们摈弃，其中的原因在于，古史传说中沉淀着华夏民族童蒙时期的真实记忆。倘若剥去后世根据不同需要给古史传说叠加的一层层虚构外壳，那么，我们就可以看到，这些传说所拥有的本真内核的确可以映现出我国上古各个时期的历史演进特点。例如，有巢氏“构木为巢”、伏羲氏“作结绳而为网罟”、神农氏“教民耕农”等传说，都是对新石器时代定居、渔猎及农耕社会发展状况的故事化的写照。上述古史传说的一个共同特点，是将某种生活方式的变革、生产技术的进步归功于某个卓越人物的特殊贡献。这种夸大个人作用、淡化集团力量的叙事倾向，应与新石器时代末期部族首领们维护权力的策略有关，贵族化的部落首领试图通过对自己先祖的神化来证明自身权力的合法性。尽管如此，古史传说毕竟折射着遥远上古的光影，古史传说与相应时期的考古资料结合起来，更有利于我们复原史前事象的轮廓。

炎黄传说是我国古史传说中脍炙人口的篇章，黄帝与炎帝被尊奉为中华民族的人文初祖。在古史传说中，黄帝制衣冠、造舟车、定算数、设计指南车，是众多技术与工艺的始创者。炎帝制农具、教稼穑，织麻为布，在上古农事发展中厥功至伟。根据先秦和汉代文献记载，黄帝与炎帝两大部族集团均起源于陕西中部渭河流域，同一时期，黄河下游和长江中下游还活跃着以蚩尤为首的九黎部族集团。炎黄结成联盟，在向东扩张的过程中，与蚩尤部族集团在涿鹿（今河北涿州）展开了一场大战，蚩尤战败，之后九黎诸部与炎黄部族融合，形成华夏族的最早主体。

古史传说中的炎黄时代，应该相当于我国新石器时代晚期。传说中的黄帝、炎帝与蚩尤都拥有莫大的政治与军事权威，这反映出当时社会阶层分化的加剧与部族权力的集中。炎黄联盟与蚩尤集团的战争与融合，则折射出新石器时代晚期黄河流域和长江流域的各个区域文化之间相互冲突、交流、统合的历史。事实上，从考古资料中我们也能看到新石器时代晚期中国各地部族集团之间的频繁互动。以玉器文化为例，新石器时代晚期，长江下游良渚文化代表性玉器——琮已经流布到了龙山文化、齐家文化及石家河文化等其他文化区系；黄河下游山东龙山文化独具特色的玉牙璧向西传播到了陕北的龙山文化分布区；长江中游石家河文化玉器的人头像、虎面、鹰等雕刻题材与良渚玉器的神人、兽面、飞鸟等纹饰有相通之处。此外，石家河文化特有的鹰形玉笄在陕西北部也有发现。隐藏于玉器文化跨区域交流背后的，是新石器时代晚期各部族集团之间的整合与交融。在缺乏足够文献与考古证据的情况下，或许只能将炎黄故事定位于传说与信史之间，但可以肯定，“炎黄时代”正是华夏文明曙光即将到来的时期。

第三节 华夏文明的诞生

新石器时代晚期,我国各区系史前文化大都发展到了繁荣顶点,城市的萌芽、大型建筑的营造、阶层的分化及礼制的发轫,显示出文明的因素趋于多元。但是,在各大区系中有关文字使用和金属工具制作的考古证据相当欠缺,而学界往往将文字和金属冶炼术视为衡量人类社会是否进入文明时代的两个关键项。因此,按照目前学界通常的观点,公元前2000年以后,随着青铜器的广泛使用,中国历史才真正进入了文明时代。在此,耐人寻味的是,中华文明之光的初现之地并非阶层分化显著、器物文化发达的山东龙山文化、良渚文化及石家河文化的分布区,而是黄河中游龙山文化覆盖范围内的河南中西部一带,这里孕育了我国最早的一支青铜文化——夏文化。

一、夏文化

在我国古史传说中,夏王朝如同一道历史分水岭,夏的建立意味着“天下为公”时代的终结和“家天下”的肇始。因此,我国学界始终将古史中有关夏朝的记录作为探索中华文明诞生和中国早期国家形成的重要线索。不过,受到古史辨派思想影响的学者认为,夏王朝历史只存在于后世文献的叙述当中,迄今并未发现相当于夏纪年时期的原始文字资料,夏王朝的真实性还有待进一步考证。经过半个多世纪的努力,我国历史学和考古学研究者逐渐弄清了夏文化的基本轮廓。

知识窗

古史辨派,20世纪初,以顾颉刚、钱玄同为代表的一批学者,对中国传统史学体系中的古史系统的真实性提出质疑,主张利用西方近代考古学和社会学的方法重新整理中国古代文献典籍,进而辨识并剥离古史系统中后世附会臆造的成分,探寻古史的本来样貌。古史辨派的代表成果为《古史辨》(全七册)。

古史传说中夏朝的王系,始自治水建功的大禹,绝于失德伤民的夏桀,共历17君、14世,延续大约400年。20世纪50年代末,著名学者徐旭生根据古文献中关于夏朝都邑的记载，推定夏人活动的核心区域在今豫西和晋南一带，并且对这一区域进行了田野考古调查。1959 年，考古学家开始发掘豫西偃师二里头遗址，夏文化考古的序幕由此揭开。偃师二里头遗址呈现的是一种介乎河南龙山文化和商文化之间的考古学文化遗存，之后多年的调查表明，同类文化遗存广泛分布于豫西和晋南地区，与古文献记载的夏人活动范围若合符节。更为重要的是，根据二里头遗址碳-14 年代测定数据，二里头遗址四个发展时期的年代大约在公元前 1900 年—前 1500 年之间，其主要时间段与推测的夏代纪年重叠。因此，二里头遗址所代表的这类考古学文化常常被称为“夏文化”，但也有一些谨慎的学者称之为“二里头文化”。作为同类文化中最具代表性的遗址，偃师二里头遗址全面反映了二里头文化或夏文化的面貌。

二里头遗址位于伊洛河冲积平原，自然环境优越。在二里头文化第一期，二里头遗址就已是一个大型聚落，第一期文化层中发现有青铜工具，还出土了象牙器、绿松石器、白陶器等精致的手工制品和刻画符号。从二里头文化第二期开始，二里头已经发展成为一个都邑，遗址总面积达到数百万平方米，分为核心区和一般居住活动区两个部分。核心区包含了连片分布的宫殿区、铸铜作坊区、贵族聚居区、祭祀活动区及贵族墓葬区，一般居住活动区则由小型房基和小型墓葬构成。

二里头遗址已经拥有古代城市的特征，它不仅是政治、宗教设施的集中地，还发挥着手工业生产中心的功能。宫殿区的存在表明政治集权的出现，贵族与平民在居住与丧葬空间上的隔离反映出阶级差别的扩大。特别值得一提的是，二里头文化遗址中发现了青铜冶炼与青铜器使用的确凿证据，这一点从根本上将二里头文化与之前的龙山文化所处的社会发展阶段区分开来。青铜器制作的工艺流程较之陶器、玉器、石器要复杂得多，铜矿石及铅、锌等添加金属矿石的开采获取是一个异常艰辛的过程，而冶铜窑炉的设计和建造、铸造模具的制作、液态铜的浇铸等每一个环节都包含了相当丰富的经验与智慧。一方面，青铜器的铸造是在集纳石器时代所有手工业技术成果基础上的一次革命性提升；另一方面，青铜工具的使用反过来又给各项手工业生产带来了革新，促进了社会生产分工的细化。青铜器意味着一个全新时代的开启，国内外学者大都将铜器的使用作为文明诞生的重要标志(图 1-3)。目前，尽管考古工作者尚未在二里头文化遗址中找到成熟文字业已出现的证据，但是，

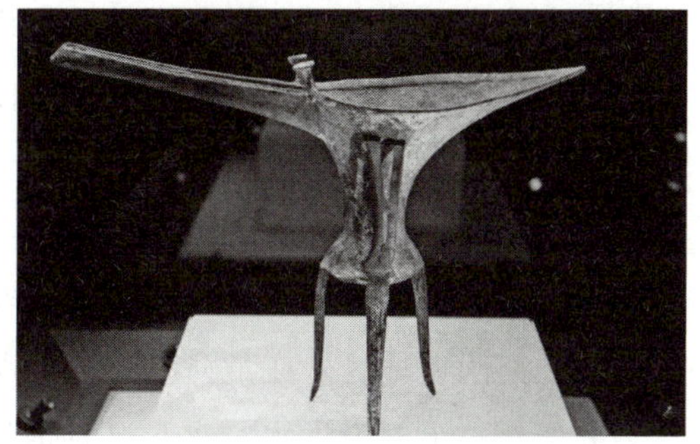

图 1-3　夏代乳钉纹铜爵

夏代乳钉纹铜爵

二里头文化的刻画符号向我们展现了我国古代文字循序渐进的演化过程的片段。因此,鉴于二里头文化中包含的诸多文明因素,同时考虑到二里头文化考古发现与古文献关于夏王朝记叙的种种契合,国内学界普遍将二里头文化视为中华文明和华夏早期国家的肇始。

二、天下之中

为什么二里头遗址所在的伊洛河流域能够成为中国早期国家的诞生地?《周礼·大司徒》曰:"日至之景尺有五寸,谓之地中,天地之所合也,四时之所交也,风雨之所会也,阴阳之所和也,然则百物阜安,乃建王国焉。"这是华夏先民心目中建邦立国的理想之地,这一理想之地即"天下之中",也就是"地中",夏至之日的正午,在这里垂直竖起一根 8 尺高的标杆——"表",杆影长度刚好是 1 尺 5 寸。按照中国人传统的观念,符合这一条件的地点就在伊洛河流域和颍水上游一带。事实上,这一地区也正是我国中原地区的腹地。

知识窗

《周礼》,据传为西周初年周公旦所作,与《仪礼》《礼记》并称"三礼",是一部记录中国古代礼乐制度的重要典籍,内容涉及天文历象、礼乐兵刑、邦国建制、文物典章,等等,被后世儒家奉为经典。然而,关于《周礼》实际的成书年代,史学界聚讼不一,其中主要包括西周说、春秋说、战国说、秦汉之际说等说法。可以肯定的是,目前我们所见到的《周礼》确有春秋战国以来累代叠加进去的内容。

新石器时代晚期,伊洛河流域和颍水上游位于河南龙山文化分布区。虽然河南龙山文化在经济发展水平方面并不突出,但是它地处中国史前文化相互作用圈的中心,东侧、东南、南面分别为山东龙山文化、良渚文化和石家河文化,西侧、北侧则是黄河中游龙山文化的另两个分支——陕西龙山文化和陶寺类型。这样的区域易于成为人流、物流、信息流的汇聚之地。公元前 2000 年以后,二里头文化之所以能够领先于周边各支文化,很大程度上得益于其得天独厚的区位优势。另外,伊洛河流域及其附近地区处在黄河中游洪灾频发的区域,部族集团必须结成联盟、形成合力才能对抗大规模洪水灾害。这种情况下,易于产生大区域的管理中枢——国家政体。古史传说中的大禹,正是通过治水活动树立起个人的政治权威。还有不容忽视的一点是，伊洛河流域距离中条山铜矿较近，便于取得铜矿资源，保证了青铜文化的发展繁荣。铜矿石的获取、青铜用具的集中制作和统一分配，也成为政治集权的重要支撑。

目前，二里头遗址的考古发掘和二里头文化的探索仍在继续，我们可以期待，有关古史传说中夏王朝的谜团将被一一解开，中华文明的诞生过程也将得到探明。毋庸置疑，华夏早期国家诞生于“天下之中”的中原地区，对中国的历史进程产生了深远的影响，此后商周至隋唐各个朝代都将中原作为政治、经济与文化的中心，中原地区也因此被视为华夏民族和中华文明的根基所在。

【专题研讨】

1. 玉器与巫

我国史前时代玉器文化十分发达，制作精良的史前玉器是史前先民在技术与艺术上的智慧结晶。在我国各地史前文化之中，红山文化和良渚文化的玉器制作最为繁荣，红山玉器以玉猪龙为典型代表，良渚玉器中玉琮最为引人注目。史前玉器的形制与纹饰体现出史前社会的意识形态与宗教观念。因此，史前玉器的研究能够帮助我们探知史前先民的精神世界。

(1) 背景知识。

良渚文化玉器主要出自太湖周边各地良渚时期的高等级祭坛墓地，此类墓地一般由祭坛和玉器大墓组成，无疑属于特权阶层专有墓地，体现出明显的排他性和独占性，玉器大墓随葬品十分丰富，被葬者应是处在整个良渚社会顶端的显贵。随葬玉器种类包括琮、璧、钺等礼仪性玉器和其他各种装饰性玉器。

红山文化牛河梁遗址出土的玉器最为丰富，牛河梁遗址实际上是一个由积石冢墓群、女神庙和祭坛组成的遗址群。积石冢内的大墓随葬着玉猪龙、勾云形玉佩、玉鸟、玉龟等各种雕琢精美的玉器。女神庙遗址出土了若干尊残体泥塑女神像，同时伴有玉器和陶礼器，显然是一处重要的祭祀设施。牛河梁遗址出土的红山文化玉器以装饰性器物为主，根据相关遗迹状况分析，这些玉器的使用者应当是部族集团的宗教特权人物。

(2) 研讨论题。

玉琮与玉猪龙的用途和象征意义。

(3) 思路提示。

良渚文化玉琮的外形为四方体或方柱形，器心中空呈圆管状，鉴于玉琮内圆外方的独特造型，不少学者将其视为上古巫祝用以沟通天地的神器。玉琮器表雕刻着神人兽面结合的纹饰，神人在上，兽面在下，似乎宣示着上神拥有征服一切的强大力量。红山文化玉猪龙外轮廓大多为“C”形,头部带角,嘴部较宽,很可能是中国最早的龙的造型。玉猪龙或许是一种部族图腾,其具体用途应与宗教特权人物——巫的活动有着密切关联。

2.“禅让”质疑

“尧舜禅让”是我国古史传说中最为人们津津乐道的佳话。之所以如此,是因为这个传说不仅能够激起怀抱“天下为公”大同社会理想的儒家士人的共鸣,而且也能触发期待政治和谐、国泰民安的普通民众的感叹。

(1) 背景知识。

根据《史记》的记载,尧是一位德才兼备的族邦联盟首领,他敦睦九族,合和万邦,命令羲、和根据日月星辰的运转规律制定历法,还派羲仲、羲叔、和仲、和叔分居四方观察天象变化,了解节气更替,使百姓可以按时耕作收获。尧曾让族邦联盟的长老们推举继任首领,放齐提名尧的儿子丹朱,尧以丹朱生性顽嚣、又好争讼为由予以否决;讙兜荐举水官共工,尧则认为共工表里不一、操行不端,不能委以重任。之后,尧又请分掌四方族邦的四岳自荐,四岳都推说自己德才不足,而向尧推荐地位卑微的舜,于是尧将两个女儿娥皇和女英嫁给舜,以此观察他的品行,后来又让舜协助处理政务,考察他的能力。经过数年任用,尧对舜的表现非常满意,决定将首领之位禅让给舜。尧离世之后,舜曾一度让位于尧的儿子丹朱,但四方族邦并未接受丹朱,仍旧以舜为共主。舜完成的一项突出业绩,是将公共事务细化为若干门类,任命禹、皋陶、契、后稷等族邦长老分别执掌,由此构建起一套职分明确的行政系统。舜在晚年仿效尧的做法,没有让儿子商均继承首领权力,而禅位给了治水有功的禹。

古史传说还讲到禅让制的终结:禹在位期间,曾先后推荐皋陶、伯益为后继者,但皋陶早逝,伯益则在禹的丧期满三年之后让位于禹的儿子夏启,结果“诸侯皆去益而朝启”,有扈氏不服,夏启发动战争将其消灭,“家天下”的时代自此拉开序幕。

(2) 研讨论题。

“尧舜禅让”是虚构的传说还是真实的历史?

(3) 思路提示。

20 世纪初的疑古派认为,尧、舜都是后世虚构出来的道德样板,并非真实的历史人物,古史传说中有关尧、舜具体事迹的描述,带有理想化渲染的痕迹。的确,根据现有的考古资料来看,我国文字系统出现的最早年代目前仅能追溯到商代,故而关于商代以前的历史发展过程,尚无与时代同步的原始文字记录可供核证。我们现在所看到的有关上古人物及其相关事件的描述,大多是周代以后的历代史家根据前代口耳相传的资料整理、编纂而成的。特别是汉代以后，儒士掌握了历史描述、记录和诠释的话语权，将撰史、修史作为演绎儒家社会伦理和政治思想的手段。因此，古史传说中无可避免地混入了不少穿凿附会，甚至以讹传讹的杜撰文字。

然而，以今天的历史眼光来看，古史传说以一种近于史诗的形式再现了新石器时代晚期黄河流域的历史图景，“尧舜禅让”实际上反映的是华夏族邦联盟以“选贤举能”为原则的首领推举体制，禅让制保证了族邦联盟的决策集团能够持久地良性运转。从尧舜禅让的故事中可以了解到，虽然当时已经存在阶层分化，但是族邦首领并未将公共权力纳为“子子孙孙永宝用”的囊中私物。另外，一些重大事务的决策，并非由最高首领一人专断，而是采取长老合议的方式。例如，最初四岳向尧推荐鲧来治理水患的时候，尧认为鲧无法完成使命，但四岳坚持让鲧进行尝试，于是尧听从四岳的意见任用了鲧，最终，鲧治水九年无功而返。

此外，选贤举能的禅让制被“父传子”的王位继承制所代替，实际上是私有制发展、国家政体出现的必然结果。国内不少学者认为，豫西、晋南地区发现的二里头文化就是夏代的文化遗存，二里头文化遗址中的宫殿基址、青铜器、玉器等遗迹和遗物，足以证明夏代阶级分化、财产私有及社会分工的发展程度已经远远超越了新石器时代晚期。

【拓展阅读】

1. 苏秉琦：《中国文明起源新探》，生活·读书·新知三联书店，1999 年。

2. ［澳］刘莉：《中国新石器时代——迈向早期国家之路》，陈星灿、齐玉、马萧林等译，文物出版社，2007 年。

3. 陈淳：《文明与早期国家探源——中外理论、方法与研究之比较》，上海书店出版社，2007 年。

【超级链接】

1. 用考古学文化区系类型学说对中国古文化进行重新认识，大大开阔了考古学家观察古代各族人民在中华辽阔国土上创造历史的视野，开始了从文化渊源、特征、发展道路的异同等方面进行考古学区系类型的深入探索，过去那种过分夸大中原古文化、贬低周边古文化的偏差开始得到纠正，这就为中华文明起源的研究的突破，开拓了新的思路。

——苏秉琦：《中国文明起源新探》，生活·读书·新知三联书店，1999 年

2. 从旧石器时代开始,中国史前文化就是多元的和不平衡的,大体可分为华北和华南两大谱系,而以华北地区的文化较为发达。到新石器时代,文化发展的内容远比以前复杂,经济活动的方向也有很大差别,逐渐形成了许多地方文化传统,使得文化发展的多样性和不平衡性更加突出。但任何一个文化都不是孤立的,总是在与其他文化相互影响和作用下共同发展的。

——严文明:《中国史前文化的统一性与多样性》,《文物》1987 年第 3 期

3. 大道之行也,天下为公,选贤与能,讲信修睦。故人不独亲其亲,不独子其子。使老有所终,壮有所用,幼有所长,鳏寡孤独废疾者皆有所养。男有分,女有归。货恶其弃于地也,不必藏于己。力恶其不出于身也,不必为己。是故谋闭而不兴,盗窃乱贼而不作,故外户而不闭,是谓大同。

今大道既隐,天下为家,各亲其亲,各子其子,货力为己,大人世及以为礼,城郭沟池以为固,礼义以为纪,以正君臣,以笃父子,以睦兄弟,以和夫妇,以设制度,以立田里,以贤勇知,以功为己。故谋用是作而兵由此起,禹、汤、文、武、成王、周公由此其选也……是谓小康。

——《礼记·礼运》

【思考题】

1. 列举中国新石器时代各个区域有代表性的史前文化。

2. 比较仰韶文化与河姆渡文化的异同。

3. 论述夏文化考古的主要收获及其意义。

第二章 青铜时代

——华夏早期文明

【学习重点】

1. 熟悉商代和西周的历史发展脉络。
2. 了解商代的甲骨文和青铜器所反映的商代社会状况。
3. 了解周初封邦建国的状况。
4. 理解西周宗法制和礼制对中华文明的深远影响。

商代与西周时期，天命神权思想盛行，在巫史文化的影响下，不仅有了文字的创制与发展，八卦的产生与《周易》的成书，而且创造了辉煌灿烂的青铜文化，中国青铜文明登上了巅峰。更为重要的是，政治制度文明有了初步发展，华夏早期国家逐渐发展壮大。

由于有出土甲骨文字资料可供探究，商代文明的繁荣状况及历史变迁过程比处在传说与信史之间的夏朝清晰得多。商王朝是商汤率领以商族为核心的族邦联盟建立起来的政权，商王政治权威辐射的范围已经超出了中原地区。作为一种初期的国家形态，殷商政权在空间上具现为内外两重的结构：内服——畿内商王直辖区；外服——周边附商诸侯的控制区。根据考古发现的商代都邑及青铜遗物可知，商代物质文明与精神文明的繁荣程度，在同时代全球范围内都是位于前列的。

知识窗

商汤，商王朝的创建者，又称武汤、成汤、大乙。根据古史文献的记载，商汤起初为夏朝商国首领，后任用伊尹为相，以商丘为据点，逐渐吞灭周边诸侯方国，与夏朝对峙，最终在鸣条之野打败夏朝末代君主夏桀，建立商朝。

商代国家建立的历史，从考古学上所见先商及早商文化因素在中原地区的扩张轨迹上可以得到印证，殷墟甲骨文中亦有关于商汤的文字记载。

姬周取代殷商建立起新的王朝之后，在政治和经济的权力分配体制上，周朝确立了以嫡长子继承制为核心的宗法制度，与宗法制相配合，将姬姓贵族、商族旧裔和伐商勋臣分封在商王朝的旧统治区及邻近夷狄的四方边疆，借此巩固了周人的统治，扩大了周王朝的势力范围。不仅如此，周人在反思天命神权思想的基础上，由“天命靡常”而提炼出“敬德保民”的政治思想纲领，进而创立繁缛严密的周礼。这种与器物文化互为表里的礼乐制度成为中国青铜文明的重要标志，显示出中华早期文明的特征，影响及于后来文明的发展演变。

第一节　华夏国家的雏形

夏商两代是华夏初期国家逐渐形成的历史阶段，因此，有关夏商时期政权机构的研究能够使我们得以窥见华夏国家的雏形。然而，关于夏代（或称二里头文化时期）政体状况的考察，研究者主要依靠青铜器、城市遗址及大型礼仪性建筑等考古资料进行探讨，同时利用后世文献史料为线索展开考证，因此许多具体问题至今依然扑朔迷离。商史研究由于有甲骨文字资料引以为据，故而殷商政权可以得到更为清晰的史学解读。

一、商族与商王朝

商王族子姓，其始祖名字叫契，传说契的母亲简狄吞玄鸟卵生下了契，这种卵生始祖神话普遍流传于古代东方族邦之中。在古史传说中，商人和夏人是并存的两个集团，契曾辅佐大禹治水有功，夏朝建立以后，商作为夏的一个方国活跃于东方。由契至汤，商族一共经历了 14 代，逐渐发展壮大。在这一历史过程中，商族首领相土作乘马，亥作服牛，牛车和马车的制造和利用在当时都具有极大创新意义，商族借助马车和牛车扩大了活动范围，加强了与各地族邦之间的交流。的确，古文献中有关商朝建立之前商族历史的记载难以考稽，但是，无可否认的是，在公元前 1600 年左右商王朝创立之时，商族已经发展成为中原地区势力最强的族邦。

与古史传说中的夏朝不同，商朝历史的真实性已经被商代甲骨文字资料所证实。1917 年，国学大师王国维发表《殷卜辞中所见先公先王考》和《殷卜辞中所见先公先王续考》，以甲骨卜辞资料为依据整理出历代商王世系，确认了司马迁《史记·殷本纪》中记载的商王传承谱系及商史脉络的可信性。商朝是一个以王为最高统治者并拥有一套较为完备职官体系的国家政体，这一点在国内外学界已经没有多少争议。然而，商王朝作为华夏国家的早期形态，其运行机制究竟如何？历史学家和考古学家仍在围绕这个课题做着不懈地探索。目前，殷商国家的地域支配模式和职官行政系统的基本面貌已经逐渐变得清晰。

二、内服与外服

商王朝势力的覆盖范围远远超过夏朝，统治管理相对严密，大体分为“内服”与“外服”。内服主要指商朝王畿，包括商王都邑及其附近地区，是商王室直接控制的区域。关于商朝王畿的具体地域，可以将古代文献和现代考古资料结合起来进行探讨。《汉书·地理志》中提道：“河内本殷之旧都，周既灭殷，分其畿内为三国，《诗·风》邶、鄘、卫国是也。邶，以封纣子武庚；鄘，管叔尹之；卫，蔡叔尹之；以监殷民，谓之三监。”由此可知，周初“三监”的辖境即殷商的王畿，尽管史家对于三监疆域争议颇多，但论者所指大体上都在冀南、豫北及豫中一带。另外，文献所载商代中期几次迁都的地点也均集中于这一空间范围，而郑州商城、安阳殷墟等商代都邑遗址的考古发现更进一步证明了豫中—豫北一线确属商王朝统治的核心区。那么，王畿内的组织系统和人员构成如何？《尚书·酒诰》记载：“越在外服，侯、甸、男、卫邦伯；越在内服，百僚、庶尹、惟亚、惟服、宗工，越百姓、里居。”由此可以推知，王畿由王朝中央行政系统直接管理，“百僚、庶尹”即担任各种职务的官吏。居住在畿内的上层集团，除了“百僚、庶尹”，还有“宗工、越百姓”等大小贵族。王畿的土地资源，很大一部分为王室直接占有，用以满足商王的各种需求，其余部分则是众贵族的食邑和封地。

外服是商王朝下辖邦国的疆地，商王通过邦国首领——邦伯实现对于外服区域的掌控。诸邦伯被授予“侯、甸、男”等封爵，向商王缴纳贡赋并担负拱卫王畿的职责，这就是《尚书·酒诰》所说的“越在外服，侯、甸、男、卫邦伯”。外服邦国大多位于商朝王畿的周边，根据历史文献和甲骨卜辞分析，其分布范围大致包括豫中、豫北、晋西南、鲁西南及陕西关中东部，这些地区大都发现有典型的商文化考古学遗存。此外，考古发现表明，商王朝在外服区域之外还辟有王朝统辖的“飞地”，例如，位于湖北黄陂的盘龙城遗址就属于此类商代城邑遗址，它很可能是商王朝为获取鄂东南铜矿而建立的一个“殖民”据点。

三、商朝职官系统

关于商王朝的职官行政系统,目前所知十分有限,无可置疑的是,商王之下确有一个行政集团维持国家的正常运转。上文提到的"百僚、庶尹"即指朝廷百官,"尹"亦常见于甲骨卜辞,应是商代掌管各种庶务的官员的泛称。商代甲骨文、金文还记有不少官称,但其具体职掌难以弄清,仅能大致区分为若干类属:甲骨卜辞中的"史""卜""巫"等称谓,当是负责宗教活动的官名;"师""亚""多马""多射"等应是一些武职;"宰""寝"及"小臣"之类被认为是内廷职官。

甲骨文中有不少关于商王出兵征伐的记录,可以断言,商王朝拥有强大的军事力量。学者们认为,殷墟卜辞中的"师""旅"应是商朝军队的编制,二者又都分编为左、中、右三个部分。商王出征之际要征募兵卒,这在卜辞中被称为"登人"。商代的兵种有步兵和车兵两类,甲骨文中的"右行""中行""上行"等词汇都是步兵的阵列,"马"和"射"往往指战车上的御手和射手。根据古代文献和殷墟卜辞的记载,商代后期,商王武丁对周边各部用兵频繁,阻止了土方、鬼方等游牧部落对王朝疆地西北部的侵扰,又多次发动"伐羌"战争,俘获了大批羌人。武丁在位期间,商朝社会经济发展至鼎盛,对外军事行动耗费了大量兵力、物力,但也巩固了商朝的统治,扩大了商文化的影响范围。商末,帝乙、帝辛(纣王)又多次征讨东夷,最终激化了内外矛盾,加快了商王朝灭亡的步伐。

知识窗

土方、鬼方,屡见于甲骨卜辞的记载,是活跃于商王朝北部和西北部的部落集团,在文明程度和经济发展水平上落后于商朝。土方和鬼方曾与商朝发生多次战争,同时也与中原华夏族逐渐融合。夏商时期,土方、鬼方等周缘部族的存在,客观上使得华夏集团内部的认同意识得到强化。

第二节　甲骨文与青铜器

一、安阳殷墟

公元前 14 世纪,商王盘庚将首都迁往殷,殷都故址即今天的安阳殷墟。殷墟位于今河南省安阳西北洹河两岸，这一地点西行20余千米即太行山东麓，向北约20千米为漳河，东侧为古黄河，南部还有淇水流经，地理位置十分优越。安阳殷墟的考古发掘始于1928年，1928年—1937年的十年间，考古学家主要针对殷墟遗址区内的小屯、侯家庄等地展开了15次发掘，发现了商代后期的宫殿遗址和王陵。1950年以后，安阳殷墟成为新中国考古界长期关注的焦点，考古学家经过不懈的努力，揭示了这座商代后期都城的基本面貌。

根据考古勘察资料，殷墟遗址总面积约30平方千米，这里都邑遗迹的起始年代大约为公元前14世纪末，恰好与盘庚迁都的时代吻合，终止年代约为公元前11世纪中期，也与商朝灭亡的时间一致。殷墟遗址洹河以南的部分以小屯为中心，主要分布着宫殿区、一般居址、平民墓葬，以及制作铜器、玉器和骨器的手工业作坊。洹河以北武官村、侯家庄地势较高的区域是王陵区的所在地，这一带发现了8座带有4条墓道的大型墓葬，这些高规格大墓的墓主人都应是商王，王陵东区则有规律地排布着大量的祭祀坑，推测这里曾为商王室举行先祖祭礼的地点。1999年，考古研究者又在洹河北岸发现了一座四周筑有夯土墙基的大型城址，城址南北长约2 200米，东西宽约2 150米，总面积达4.7平方千米，宫殿区坐落于城址中部偏南的位置。这座被称为“洹北商城”的商代城址，比先前发掘的殷墟遗址的其他部分年代略早。

安阳殷墟遗址还出土了难以计数的商代遗物，其中包括大量制作精美的青铜器、玉器、骨器、白陶器及釉陶器，这些器物充分展示了商代物质文明与精神文明的繁荣程度。更为重要的是，殷墟还发现有15万片之多刻有文字的甲骨，甲骨文字涉及商代政治、经济、军事及宗教等各个方面，是探究商代历史的第一手资料。

二、甲骨史记

商代甲骨文字是目前考古发现的我国最早的成熟文字，在甲骨文出现之前，我国文字应该已有一个较为漫长的演进历史。绝大部分的商代甲骨文字资料出土于河南安阳殷墟遗址，也正是缘于19世纪末商代刻字甲骨的偶然发现，安阳殷墟才得以重见天日。1899年，清朝国子监祭酒王懿荣染上疟疾，家人从中药店买回中药为其治病，无意当中，他从配方药品中所谓“龙骨”的碎片上发现了一些人工刻画符号，具有深厚金石学修养的王懿荣立刻意识到，这种刻画符号应是一种尚未为人所知的高古文字，于是，他开始追寻这些刻字“龙骨”——龟甲和兽骨残片的来源，最终弄清它们出自河南安阳的殷墟。自此，王懿荣倾注了大量精力、财力收集甲骨，在他逝世后，其藏品为另一位晚清学者刘鹗所得。作为甲骨文的发现

图 2-1 甲骨文

者和最早收藏甲骨的学者,王懿荣被后世誉为“甲骨学之父”。

甲骨文大多以龟的腹甲和牛的肩胛骨为刻写材料,文字内容主要是王室的占卜记录,而龟甲和兽骨本身则是占卜的用具(图 2-1)。占卜活动完毕之后,王室专职人员——史,将占卜内容及其结果刻写在占卜所用的龟甲和兽骨上,并且作为档案加以留存,这就是我们今天看到的刻辞甲骨。在殷墟的考古发掘过程中,考古学家发现了几处集中出土大量刻辞甲骨的遗迹,其中,1936 年发掘的小屯东北地 YH127 坑穴内埋藏的甲骨数量最多。YH127 是一处直径大约 1.8 米的圆形土坑,出土的刻辞甲骨多达 17 000 余片,坑内北壁还埋葬着一具人骨,推测应是这批甲骨的保管者的遗骸。另如 1973 年发现的小屯南地灰坑中的 H24,坑内出土了 1 300 多片刻辞卜骨,卜骨密密麻麻地堆叠在一起,卜骨堆中不含其他遗物,此类坑穴很可能是专门收存贮藏卜骨的窖藏坑。

我国使用甲骨占卜的历史,可以上溯至新石器时代晚期。在商代,用龟甲和兽骨占卜的具体步骤是:首先,找到尺寸合适的龟类动物的腹甲或偶蹄类动物(通常是牛)的肩胛骨,将之修治刮磨平整;然后,在甲骨表面挖刻出圆形的“钻”和枣核状的“凿”,钻孔和凿槽相互重叠;接着,用带有“钻”和“凿”的甲骨进行占卜,占卜之际,灼烧钻孔和凿槽的部位,使甲骨另一面出现裂纹,这种裂纹被称为“兆纹”,是判断吉凶的依据;最后,将占卜过程以文字形式刻在兆纹旁边。整个占卜活动及其结果记录,由多个专职人员共同完成,其中包括:代商王提出问卜事项的“贞人”,进行占卜操作的“卜人”,解释兆纹含义的“占人”,将占卜记录刻在甲骨上的“史”。

刻在甲骨上的完整的占卜记录,由叙辞、命辞、占辞和验辞四部分组成。叙辞说明占卜的日期和贞人;命辞提出问卜的事项;占辞陈说兆纹显示的结果;验辞记录占卜之后应验的状况。由此可见,甲骨卜辞主要是商王占卜活动的实录。尽管如此,由于商王逢事必卜,卜辞信息涉及商代祭祀、征伐、田猎、农事、出行、营建、生育、气象及天文等诸多方面,因此,甲骨卜辞是探讨商代社会形态及其历史变迁的珍贵资料,具有极高的史学价值。

甲骨文字是汉字的祖形,汉字的“六书”造字法在甲骨文中都有体现,以象形、指事、假借、形声、会意、转注六种方式创制的汉字在甲骨文字中均可找到相应例证，其中，象形字、会意字和形声字所占比例最大。迄今为止，已经确认的甲骨文单字大约 5 000 个，业已识读的仅有 1 500 多个，甲骨文字的研究尚有相当大的开拓空间。

三、钟鸣鼎食

商代文明所取得的成就，不仅表现在成熟的文字系统上，还体现在青铜器物的铸造上。就我国中原地区而言，虽然青铜器物早在商文化之前的二里头文化就已出现，但商代青铜器在铸造技术、器物种类、功能用途等方面都取得了显著进步。

到了商代，我国青铜器的范铸技术已经十分成熟，殷商先民能够利用陶制的模范铸造出各式各样复杂的器形和精美的纹饰。商代青铜器的铜成分的比例大致固定在 80%—85% 之间，其余成分为锡和铅，它们分别大约占到 11%—14%、0.5%—4%，以这样的配比铸造的青铜合金器物比纯铜制品更加坚实。商代青铜器以纳物容器为主，用于切、削、凿、砍、敲的实用工具和兵器数量较少。青铜容器的种类有鼎、簋、爵、盉、尊等。其中，鼎是一种用来炊煮食物或盛放牺牲的容器，按器形可以分为圆形三足和方形四足两类，王室宗庙用鼎体量硕大，象征着君主至高无上的权威(图 2－2)；簋是最为常见的盛食器，器身为圆盆状，大多配有圆盖和方座；爵是商代的常用饮酒器，也是中国青铜器物系统中最具代表性的器类之一，爵的造型轻盈别致，器腹之下附有三个锥状长足，器口一端作出流槽，另一端则做成尖状尾，流槽上还设有两个菌状柱；青铜盉用于注酒，器身前有管状注口，后带把手，下附三足；尊是一种大中型盛酒器，器形分为两类，一类圈足、敞口、圆腹，另一类则表现为牛、羊、象、鸟等各种动物造型，后者实为一种青铜立体造像，具有很高的审美价值。青铜器表面还铸有各种精美的装饰图案，常见的纹样包括：饕餮纹、夔龙纹、蝉纹、鸟纹、云雷纹和蕉叶纹等，图案制作采用了线刻、浮雕及圆雕等多种雕刻技法。

图 2－2　后母戊鼎

后母戊鼎

必须指出的是，商周时代青铜器大多属于礼仪性器物。首先，青铜器的分配和保有具有鲜明的阶序规制，是贵族明辨身份的标志性物品，不同等级的贵族所用青铜器的种类、数量各不相同。此外，青铜器主要用于宗教祭祀、典礼仪式等非日常的场合，在举行礼仪活动之际，贵族们按照特定的礼制，将青铜器具井然有序地摆放起来，各种青铜器以其浑朴厚重的造型、神秘诡谲的纹饰共同生发出一种摄人心魄的力量，从而强化礼仪场所的神圣氛围和宗教气息，使礼仪过程的参与者获得更为强烈的心灵体验。

青铜立人像

图 2-3
青铜立人像

有商一代，不仅中原地区的青铜文明开花结果，长江流域和北方草原地区的青铜文化也步入鼎盛。20 世纪 80 年代后期，在长江上游的四川广汉三星堆遗址发现了大量的青铜遗物，其中，尊、罍等青铜礼器与殷商同类器物在形制与纹饰上都表现出明显的相似性，而大量造型夸张的青铜人像（图 2-3）、人头像及人面具则不见于中原殷商文化分布区。学者们推测，三星堆遗址很可能是古史传说中古蜀国文明的历史遗存。1989 年发现的江西新干大洋洲商墓，反映出商代后期中原青铜文化对于长江中下游地区的辐射。各地区青铜文化遗存的考古发现，显示出殷商时期中国青铜文明的丰富性和多元性。

知识窗

新干大洋洲商墓，1989 年发现于江西新干县，是江南地区最重要的商代考古遗存之一。大洋洲商墓的年代大致相当于商代晚期，墓内随葬青铜器多达 480 余件，器类包括食器、酒器、兵器、农具及手工工具，青铜器在形制上与商代中原青铜器近似，但同时表现出不少地方特色。

第三节　华夏政体的壮大

公元前 11 世纪中期，崛起于陕西渭河流域的姬周集团成为了殷商政权的终结者。周王朝建立起来之后，夏人、商人、周人三大部族集团进一步融合，华夏族共同体得到加强，同时，周初分封制的实施使中原政权的政治支配力扩大到了华北北部、黄河下游及长江中下游等地，华夏国家政体随之发展壮大。

一、殷周革命

商纣王时期，殷商王朝内外矛盾激化，危机四伏，而偏居渭河流域的姬周部族则日益强大。周族首领周文王，在其执政晚期发起了翦商事业，姬周逐渐由一个远在边鄙之地的蕞尔小邦，发展壮大成为一支能够与商王朝对决的强大力量。另外，周文王还积善累德，在诸侯中树立了极高的声望，周人借此与商王朝周边的许多方国结成同盟，对殷商王畿形成包夹之势。

周文王去世后，太子发即位，是为武王。周武王是一位与文王一样德才兼备的领袖，他以太公望为师，以周公旦为相，同时起用召公、毕公等人分担政务，致力完成文王未竟的事业。即位第九年，武王率领军队东行至盟津（今河南孟津东北），在这里渡过黄河，大会诸侯，赶来会盟的诸侯有八百多个，诸侯都说“纣可伐矣”，但武王认为时机尚不成熟，最终班师西归。

又过了两年，纣王杀死王子比干，囚禁了箕子，激起了朝内臣僚更多的不满。于是，武王遍告诸侯，起兵伐纣，作《泰誓》历数纣王的罪状，表达了自己代天行罚的决心。次年二月甲子，武王率领诸侯联军抵达商都朝歌附近的牧野（今河南淇县南），又发布《牧誓》谴责纣王的行径，提振士气。商纣王得知武王率联军来伐的消息后，匆忙召集了一支大军前去抵抗。两军对垒之际，殷师纷纷倒戈投降了武王，纣王走投无路，登上朝歌（今河南淇县）城中的鹿台自焚而死。武王率诸侯进入朝歌，受到商民的迎接。自此，周人取得了华夏的统治权，建立起西周王朝。牧野之战的史实，在陕西临潼零口出土的周初青铜器《利簋》铭文中得到了印证，《利簋》铭文首句讲道：“珷（武王）征商，唯甲子朝，岁鼎：克，昏夙又（有）商。”大意是：武王征商，在甲子日这天的清晨，恰逢岁星当空，王进行了占卜，占卜结果显示，武王取胜并且在朝夕之间就能攻占商都。

考察武王伐纣的历史过程可以看出，在正式起兵之前，武王经过了充分准备和缜密安排。武王九年的盟津之会，实际上是武王对姬周族邦在诸侯中威望指数的一次检验，也是对敌我双方力量对比的一次确认。尽管第一次盟津之会，参加的诸侯有八百之多，而且大都表示支持武王立即伐纣，但是武王仍然认为时机未至而没有继续誓师东进。两年之后，武王下决心兴师伐纣之际，他依然表现得十分谨慎，先后作《泰誓》《牧誓》进行动员。

之所以如此，原因在于：首先，尽管武王征商是以讨伐纣王的名义展开，但这毕竟不是殷商内部发起的政权颠覆运动，而是一场两个国族之间的军事较量。如果除去诸侯介入的因素，商周双方力量对比悬殊，虽然姬周经过古公亶父、季历、文王几代筚路蓝缕的经营，由一个西鄙小邦变为一个强大方国，但与商政权相比，无论是域内田土，还是治下族众，都处于弱势。到纣王一代，殷商定鼎中原已经长达五百余年之久，文明程度之高、国力之强，远非周邦所能比。先前史家曾称，文王翦商导致“天下三分周占其二”，这只是就诸侯的向背而言，并不是指周人势力的实控范围,因此,武王伐纣实际上是以弱战强之举。其次,遭遇深刻危机的商政权尚未腐朽到大厦将倾的程度。在现存历史文献中,商纣王被定义成一个十恶不赦的末代君主,但有关纣王劣迹的描述大多源自武王所作《牧誓》等,而《牧誓》是出征誓词,旨在宣明征商战争的正义性,故而不可避免地带有夸张和渲染的成分。关于纣王的行径是否已经将商王朝推到了危如累卵的境地,尚有探讨的余地。事实上,武王伐纣的成功,很大程度上应当归因于纣王征东夷削弱了国力和军力。根据《左传》的记载,“商纣为黎之蒐,东夷叛之”,于是纣王起兵征讨东夷,最终“纣克东夷,而殒其身”。纣王虽然击败了东夷,却也损耗了殷师主力,使武王得以乘虚而入、直抵朝歌。

关于武王伐纣的年代,学界聚讼不一,迄今为止已经出现了 40 多种观点,研究者们提出的最早年代与最晚年代之间相差 100 余年,由此可知各种观点分歧之大。由于武王伐纣的年代即是商周分界年代,武丁以来历代商王年表及西周诸王年表的建立,都以武王伐纣年代的确定为前提。在 1996 年启动的“夏商周断代工程”中,武王伐纣年代研究成为关键课题之一,根据 2000 年发布的“夏商周断代工程”研究成果,武王伐纣年代被确定为公元前 1046 年。然而,关于武王伐纣年代的争论并未就此终止,可以预见,在未来相当长的时间里,学者们仍会围绕着这一课题从各种角度展开探讨。

知识窗

夏商周断代工程,1996 年启动,2000 年完成,是迄今中国先秦史及先秦考古学领域规模最大的研究工程。夏商周断代工程旨在通过多学科交叉的方法,确立夏、商、周三个历史时期的绝对年代坐标。工程专家组于 2000 年公布的《夏商周年表》,受到学界和社会广泛关注,同时也引发了不少学术争议。

二、封邦建国

西周建立之后,在伊、洛河流域营筑洛邑(今河南洛阳),洛邑的建成,不但使周人拥有了统治东方的据点,同时也将周朝的王畿由陕西关中地区扩大到了河南西部。这样,西周中央政权的直辖区域以岐邑—镐京—洛邑为东西轴线,覆盖了渭、泾、河、洛地带,东西绵延千里以上,成为西周王朝统御全国的政治心脏。

然而，武王征商没有遭遇激烈的抵抗，战争波及的地域和人群非常有限，并未引发殷民的人口骤减和大规模流徙，因此，西周建国之初，中原地区仍然为人数众多的商朝遗民所占据。此外，商周易代的政治大变局，使商王朝固有的诸侯支配网络不复存在，新生的周政权亟须开展自己的经营，为此，周王朝采取的主要策略就是封邦建国。

知识窗

洛邑，位于今河南洛阳，也称“成周”，始建于西周初年。武王克商之前，周人的政治中心位于今陕西中部的关中平原地区，建立洛邑的目的在于将其作为新的政治据点，加强对中原地区的控制，因此，洛邑在西周时期拥有“东都”的地位。西周亡于犬戎，平王东迁之后，洛邑成为日渐式微的东周王朝的首都。

冀南、豫北、豫中和鲁西南是旧商王朝统治的核心区，如何打破殷人固有的集聚状态、从空间上割裂殷遗民的集团势力，成为周初统治者需要首先解决的问题。克商之后，武王将纣王之子武庚封于殷都，让他统领殷遗民，又将自己的兄弟叔鲜、叔度分封在附近的管（今河南郑州）和蔡（今河南上蔡），监视武庚和殷民的活动。周王朝创建两年后，武王病逝，年幼的成王登位，周公旦摄政当国。管叔、蔡叔怀疑周公谋篡王位，联合武庚发动叛乱，而东方的薄姑、徐、奄等国也起兵响应，周王朝的统治顿时变得岌岌可危。在这种情况下，周公亲率周师东征平叛，诛杀了武庚、管叔，流放了蔡叔。之后，周公将一部分旧殷贵族迁徙到洛邑，又将微子启封为宋公，让他率领部分殷遗民在商丘一带的先商宗邑建立宋国，保持商人的宗祀。对于殷都旧地，则封康叔于此建立卫国，并将“殷民七族”分给康叔。此外，剩余殷遗民中的“殷民六族”被迁往鲁国，“怀姓九宗”被分到晋国。这样，不但殷都被改造成一个姬姓方国，而且凝聚于旧殷王畿的殷遗民势力也被稀释到了四土各方。

武王克商之初，为了加强对“东土”滨海地区的开拓，封功臣姜尚于营丘，建立齐国。齐国封疆辽阔，地跨山东东部、中部及河北东南隅，但这里原为薄姑故地，又邻近莱夷部落的栖息区域，真正实现对封地的控制有较大难度。周初以来，齐国不断兼并、融合土著族邦，大力拓土殖民，到了西周末年，齐国已经发展成周朝东土最为强大的诸侯国。

武王还封周公旦于曲阜，建鲁国，与齐国比邻，互为依托。鲁国的领地大致以山东南部为核心，兼及豫东、苏北、皖北之一隅，这一带原是反周的奄人集团的活动范围,周公东征平息了奄人叛乱之后,鲁国才真正具备了立国的条件。周公受封之际,同时接受了大量周王室的典策彝器和通晓礼仪制度的人才,这使得鲁国成为一个长期传承周人固有传统的诸侯国。

为了开拓"北土",武王封召公奭于蓟,建立燕国。燕国在今河北北部和京津一带,位于华北平原的北部边缘,也是华夏与戎狄的缓冲地带,尽管与周朝王畿相距遥远,但由于较少受到旧方国势力的束缚,故而拥有较大的发展空间。之后,燕国的势力范围逐渐越过燕山,一直延伸到辽西一带。

商周之际,山西中部和北部也是戎狄集聚的地区,这里的戎狄部落可以轻易地越过太行山东进或顺汾河南下,入侵周朝王畿和中原诸侯封国。成王即位后,将晋南一带的唐国故地封给了同母弟叔虞,建立晋国作为拱卫王畿的屏藩。叔虞奉行"启以夏政,疆以戎索"的国策,遵循唐国夏后氏遗民的政治制度,采纳周边戎狄的管理方法,赢得了当地华夏族邦和戎狄部落的支持,国力逐渐强大。

作为"南土"经略的重要举措,西周王朝将姬姓贵族封在淮河上游建立蒋(今河南固始)、息(今河南息县)等国,又在淮河和汉水之间建立了若干姬姓诸侯国,史称"汉阳诸姬"。武王克商后,对当时的吴国君主周章进行了重新封授,确认了周、吴之间的统属关系。周人势力在淮汉、江南的拓展无疑促进了我国东南地区的华夏化进程。

周初封立的诸侯国,以姬姓之国为主,上文提及的鲁、燕、卫、蔡、蒋、息等均属此类。异姓诸侯国中,除了规模较大的齐国和宋国,还有陈(河南淮阳)、杞(河南杞县)、申(河南南阳)等小国。通过封邦建国的策略,西周王朝不但在中原地区树立起政治威权,而且在边缘地带遏制了北方戎狄部落和东方夷人集团的侵扰。值得一提的是,齐、燕、晋等国的初封之地都被夷狄部落包夹,相比于中原诸侯国面临着更多源自外部的挑战,但通过与当地夷狄集团持续不断融合,这些边远封国反而焕发出更为旺盛的生命力,到了东周时期都发展成为能够左右区域局势的政体。沿循着相似的轨迹,后起的嬴秦也由一个西陲小邦壮大为最终吞并六国的强国。

三、共和行政

西周中期以后,周政权日渐衰微,到了第十代君王——周厉王执政时,各种社会矛盾更加突出。周厉王宠信佞臣荣夷公,独占山林河泽的收益,禁止普通民众渔猎樵采。这种王室垄断自然资源、与民争利的做法,在当时被称为"专利",大夫芮良夫曾劝谏厉王说:"匹夫专利,犹谓之盗,王而行之,其归鲜也。荣公若用,周必败也。"一针见血地指出,"专利"无异于劫掠,势必导致百姓离心,使王室失去威信,宠用小人则会将周朝推向衰败。但厉王依然我行我素，还将荣夷公任命为卿士执掌要事。

周厉王的“专利”行为，激起了国人的极大怨愤。所谓“国人”是指生活在都邑城市中的民众，他们主要由周部族成员、商人及手工业者组成。与国人相区别，居住在郊野村落的农人群体被称为“野人”。国人大多不务稼穑，故而需要多样化的生活来源，山林河泽之利原为族众共享，厉王将之纳为王室专有，直接危害到了国人的生计，国人对此议论纷纷，指摘厉王的贪暴行径。召公看到这种情况，谏告厉王说：“民不堪命也。”厉王不但不知悔改，反而派卫巫监察百姓的言行，遇有批评国政者就将其处死。在厉王的淫威高压之下，百姓敢怒不敢言，在路上碰面，只能相互交换眼神来表达对王室的怨恨。厉王以为天下就此太平，还向召公夸耀说：“吾能弭谤矣，乃不敢言。”召公答道：“是鄣之也，防民之口，甚于防水。川壅而溃，伤人必多，民亦如之。”并且向厉王讲明了让民众畅言就如同让水流畅通一样重要的道理，但厉王依然一意孤行。这样又过了三年，国人终于忍无可忍，一呼百应地发起暴动，矛头直指厉王，厉王仓皇逃到了彘(今山西霍县附近)，这就是历史上有名的“国人暴动”。“国人暴动”是我国历史上有文献记载的第一次平民起义。从现有史料来看，厉王之前夏商周历代政权的争夺、更迭及暴政的终结，都是由执政集团内部贵族或周缘部族集团发起的，作为一次自下而上以武力方式解决社会矛盾的事件，国人暴动在三代历史上具有特殊的意义。

厉王出逃之后，太子静藏匿在召公家里，国人知道了这个消息，就包围了召公的住宅，让召公交出太子。召公以自己的儿子冒充太子交给国人处置，太子静才得以幸免。根据《史记・周本纪》的记载，暴动平息后，召公和周公二相代行国政，史称“共和行政”，这一年也被称为“共和元年”，即公元前 841 年。我国现存历史文献自共和元年开始有了明确纪年，因此，共和元年在中国古史研究的时间坐标中一直被视为编年原点。

与《史记・周本纪》“周召共和”的说法不同，《竹书纪年》对于共和行政的解释是“共伯和干王位”，即共伯摄王政，此说亦见于其他若干文献。共伯是卫釐侯的世子，继位之前受封伯爵居于共地(今河南辉县)，而世子受土封伯是卫国由来已久的传统。按照“鲁连子”(《史记・周本纪》正义引)的记述，共伯和“好行仁义，诸侯贤之”，厉王外逃后，诸侯们公推共伯和代行天子之事。当前学界，赞成“共伯和摄政”说的学者也不在少数。

共和十四年(前 828)，厉王死在了彘，朝臣经过商议，请出一直隐伏在召公家中的太子静，让他登上王位。太子静嗣位，是为宣王。宣王主政前期，励精图治，继承周初文、武、成、康诸王的传统，使周朝显露出中兴的气象，各地诸侯也纷纷来朝。

但到了后期,宣王在内政外事上接连失策,激化了社会矛盾,周朝颓势重现。宣王在位 46 年离世,政权转移到了无能且昏聩的幽王手中,西周的覆亡成为必然。

从厉王"专利"引发平民反抗和政治变动的史实可以看出,周王朝虽有"溥天之下,莫非王土;率土之滨,莫非王臣"之说,但其政权结构与秦汉以后君主专制高度集权的体制存在很大差异。周部族共同体对于山林川泽等资源仍享有一定权利,而畿内贵族、邦国诸侯及都邑国人在周朝政体中都拥有各自相应的影响力,对王权形成制约,一旦周王专横独断,某方权益受到伤害,言路阻绝、申诉无门,政局就会出现动荡。

国人暴动和共和行政等历史事件的发生地点都是西周首都——镐京。镐京遗址位于今陕西西安市长安区西北的沣河沿岸,考古研究者在这一带发现了大规模的夯土建筑基址、数量众多的墓葬、车马坑、青铜器窖藏等西周时代的各类遗迹。透过这些考古发现,人们可以窥见这座庞大的西周都城曾经经历过的繁荣和劫乱。

【专题研讨】

1. 宗法制、礼制与"家国同构"

以嫡庶、长幼、亲疏的血缘谱系关系来决定宗族成员的地位高低和权力大小的制度,即是宗法制。宗法制曾对古代中国社会和中国文化产生过重要影响,这一制度的起源可以追溯至西周时期。礼制与宗法制相辅相成,礼是为了明确人际关系、维护社会秩序而设定的行为规范,我国素有"礼仪之邦"的美誉,西周正是崇礼风尚滥觞的时代。在古代中国,家族的成员关系结构及资源分配法则投射至国家层面,并与国家的政权构造、经济制度表现出极大的相通性与关联性,这种现象可以称为"家国同构",西周王朝的"家国同构"最为典型。

(1) 背景知识。

武王克商建立周朝以后,嫡长子继承制得到确立并从此固定下来。按照嫡长子继承制的原则,周王的嫡长子是唯一合法的王储,王位只能由嫡长子继承。这一原则将王权继承者的范围缩小到一条单线的血缘世系之内,从理论上消弭了权位传承过程中产生争议的可能。有周一代,嫡长子继承制的实施范围并不局限于王位的继承,其他各级诸侯、贵族的权力和财产的继承也都基本遵照这一制度。

不仅如此,宗法制还扩张至国家政治层面,成为西周王朝的一种统治手段。周代有所谓"周之宗盟,异姓为后"的法条,即姬姓贵族在周朝王畿内外的支配体系中要占据首要地位。这一点在周初的诸侯分封中得到充分体现,根据《荀子・儒效》的说法,周初"立七十一国,姬姓独居五十三人"。周代姬姓贵族集团以周王为核心,形成父系血缘联系与政治权力关系相互交叠的庞大网络。周朝王位由王室嫡长子继承，周王既是天下姬姓的宗族首领——“大宗”，也是天下姬姓和异姓诸侯的共主。由于诸侯之位的继承也遵循嫡长子继承原则，姬姓诸侯一方面相对于周王而言是“小宗”，另一方面相对于封国内的同姓庶支贵族而言又是“大宗”。诸侯之下各级贵族亦如是。

与宗法等级制相配合，西周统治者对殷商时期的礼仪系统加以完善，逐渐形成了一套缜密的礼乐制度——周礼。周礼的规定极其繁缛复杂，涉及一个人出生、成年、结婚、生育直至去世的每一个人生环节，也覆盖了一个人饮食、起居、会友及出仕的每一个行动角落。总之，一个贵族在所有时间、所有空间的重要活动，都可以在周礼中找到相应准则。每一种典礼仪式，都配有相应的等级化了的乐舞和器物，凭借章法分明的仪程设定、乐舞安排以及器物配置，礼的场合让所有参与者在获得一种超越日常的体验的同时，也完成一次彼此之间等秩关系的再确认。

此外，在先秦时代，礼与刑同为国家纲纪，“礼不下庶人，刑不上大夫”，是指商周时期原则上礼与刑各自对应不同的适用人群。尽管礼制与刑罚都是以维护国家和社会有序运转为目的的约束性规定，但是，刑罚重在民众活动条框的设定，表现为种种惩戒性的律条，而礼制则重在贵族行为范式的树立，物化为一整套训导性的文本。刑罚的律条拒绝人们去冒犯，礼制的文本却召唤人们来践行。通过对于礼制的持续不懈的实践，西周的贵族已经将礼内化为一种行为和思维的自觉，换言之，礼的践行已经成为西周贵族完成人格自塑与身份认同的不二法门。此外，周礼在场所、时辰及服饰器具等方面有着繁密至极的规定，这将周人的仪礼活动提升到一种美学的境界。

(2) 研讨论题。

宗法制、礼制与“家国同构”现象之间的关系。

(3) 思路提示。

就周代的情况而论，通过封邦建国的措施，周朝统治者将王族成员安置到各个征服地区，从而使姬姓宗族网络在空间上得到最大限度地伸张，同时，凭借宗法制把这一宗族网络变成了控制国家的有效工具。由此可见，周代的宗法制并未局限于家族伦序范畴，而是延伸至国家纲纪层面。为了巩固宗法制度并使其更好地发挥政治功能，在意识形态上，周朝统治者刻意在贵族中树立“尊祖”“敬宗”的观念；在礼教实践上，设立太庙祭祀历代祖宗，由周王亲自主持祭祖仪礼。此外，姬姓贵族还与异姓贵族结成姻亲关系，使姬姓封国与异姓封国的血亲网络彼此交织在一起，力图实现“溥天之下，莫非王土；率土之滨，莫非王臣”的政治理想。

西周创立的宗法制,对后世中国社会的变迁产生了深远影响。古代中国社会"家国同构"现象的形成脉络,可以在西周宗法制中找到源头。秦统一以后的集权帝制时代,宗族血亲关系依然备受重视,在权位及财产继承上嫡长子的优先特权长期得到维系。君主专权制的"国"与父权家长制的"家",拥有相似的结构形态和运转方式,而且对于帝王而言,国家即一己一家的私物。父系宗族关系网络的维护与利用,长期以来都是大到帝王将相、小到黎民百姓的生存策略的重要一环。

礼制渗透贯穿于由"国"至"家"的各个社会层面,既与国家法律相互结合以保障社会秩序,又与宗法条规彼此交织来维护家族等级秩序。礼制旨在通过一系列仪礼规范的设定,来明确人与人之间长幼、尊卑、亲疏的关系,并使各种带有阶序意味的人际关系固化为社会性的甚或政治性的等秩。

2. 三星堆青铜文明

商周时期,除了中原地区,我国其他各个区域也都孕育出了具有不同地域特征的青铜文明,其中,长江上游地区的三星堆青铜文明尤为令人瞩目。三星堆青铜文明的繁荣程度并不亚于商王朝中原腹地,三星堆青铜器的形制、纹饰及精神内涵与中原青铜器大相径庭,二者的平行并存反映出中国青铜文明的多元性和丰富性。

(1) 背景知识。

三星堆青铜文明分布于成都平原,因发现于四川广汉三星堆而得名,其年代大致相当于中原地区的商代,上承宝墩文化,下启金沙文化,是长江上游地区青铜文明的代表。三星堆遗址集中反映了三星堆青铜文明的考古学内涵,该遗址在 20 世纪 80 年代得到大规模发掘。三星堆遗址中发现的遗迹包括城址、祭祀坑、房屋基址、墓葬及灰坑等,其中,城址带有人工夯筑的城墙,两座大型祭祀坑中出土了大量青铜器、玉石器、象牙、贝及金器。就青铜器而言,三星堆遗址的罍、尊、盘等青铜容器与中原地区同类器物表现出较多相似性,但三星堆青铜神人立像、青铜神面具及青铜神树等则完全不见于中原地区。学者们大多认为三星堆文化是古蜀国的历史遗存,而三星堆遗址则可能是古蜀国的一个大型都邑。

(2) 研讨论题。

三星堆青铜文明的起源。

(3) 思路提示。

有人根据陶器的比较分析,认为三星堆文化最初是夏文化与成都平原土著文化融合之后逐渐演变而来的。然而,三星堆遗址祭祀坑出土的青铜神人立像、青铜面具等遗物,既不能从比之更早的夏文化青铜器中找到渊源关系,也无法在与之平行的商文化青铜器中发现相通之处。三星堆遗址的青铜神人立像,像高 1.7 米左右，连座通高 2.62 米，重约 180 千克，如此大体量的青铜立像，在商周时期是独一无二的；三星堆遗址 2 号祭祀坑出土的一件金面罩青铜人头像，头顶齐平，头发向后梳理，结成发辫垂于脑后，宽眉阔目，直鼻薄唇，脸型窄长，面罩由金箔制成；同祭祀坑所出的一件突目面具，宽 77.8 厘米，通高达 83 厘米，双目外突，双耳外伸，造型十分夸张，额正中还安装有勾云状额饰，向上高高挑起；三星堆遗址祭祀坑还出土了 6 件青铜"神树"，其中 1 号铜树残高 3.96 米，树上有三层树枝，每层 3 根枝杈，枝杈上带有花蕾，还栖息着"神鸟"。

三星堆文化青铜器的器种、造型及装饰均十分独特，具现了一整套与其他地区迥然相异的精神文化体系。有人将三星堆突目面具与《华阳国志·蜀志》"有蜀侯蚕丛，其目纵，始称王"的记载联系起来，推测三星堆文化的创造者即是古蜀族。但是，青铜人头像所具有的窄面、阔目、薄唇等面貌特征，又似乎显示着三星堆文化与某种域外青铜文明的联系。目前，关于三星堆青铜文化的起源问题，仍然众说纷纭，但毋庸讳言，任何一种有说服力的推测和假说都应找到大量考古材料和文献史料来支撑。

【拓展阅读】

1. 李学勤：《走出疑古时代》，长春出版社，2007 年。

2. [美] 张光直：《中国青铜时代》，生活·读书·新知三联书店，1983 年。

3. 中国社会科学院考古研究所：《新中国的考古发现和研究》，第三章"商周时代"，文物出版社，1984 年。

【超级链接】

1. 甲骨是商代占卜遗物，而且主要是属于王室的，因此虽然甲骨文的数量超过 10 万片，内容非常广泛丰富，究竟不能包括当时社会文化的一切方面。不能认为凡甲骨文没有记载的，当时就不存在；也不好用甲骨文作为尺度，去衡量传世有关商代的文献，以为与甲骨文文例不合的即为后人伪托。弄清楚这一点，既有利于进一步利用甲骨材料，也有利于把文献和甲骨文结合在一起研究。我们认为商代史研究应当依据文献、甲骨文和其他考古材料三者，才能全面。

——李学勤：《走出疑古时代》，长春出版社，2007 年

2. 商朝文明由诸多成分组成，如大麦、小麦、羊、牛、马、青铜和轮子等，若追溯到其新石器时代的起源，无疑将发现，它们最早发源于中东。但是，有一点

不容置疑,东亚的本土文化有它自己的特点,正是这些特点与外来文化相结合,构成了伟大、独特的中国文明,这一文明以举世无双的连续性从商朝一直持续到现代。

——[美] 斯塔夫里阿诺斯:《全球通史——1500 年以前的世界》,吴象婴、梁赤民译,上海社会科学院出版社,1988 年

【思考题】

1. 内服与外服的含义分别是什么?
2. 概述商周青铜器的特点。
3. 西周宗法制对后世中国社会有何影响?

第三章　多元一体

——中华大一统文明

【学习重点】

1. 了解早期中国区域文化的格局。
2. 掌握中华文明由多元到一体的发展进程。
3. 理解秦始皇、汉武帝在中华文明史上的贡献和地位。

从春秋战国到秦汉的近千年间，中华文明发展的最大特点表现为大一统文明的孕育、建构、整合，基本确立了多元一体的文明格局及其发展方向。

在西周王朝的衰亡中，中国历史进入春秋战国时代，以宗法制、分封制、礼乐制为主要内容的西周名义上的一元文明不再。在诸侯列国的争霸兼并、变法求新及百家争鸣中，中华文明呈现出多元化的格局，却也潜藏着一股走向一元化的暗流。大一统秦帝国的建立，以皇帝制、三公九卿制、郡县制为主要内容的大一统政治制度的建构和以书同文、行同伦、车同轨、度同制、地同域为主要内容的大一统文化的整合，使中华文明共同体初具雏形，大一统文明格局初具规模。降至汉武帝“罢黜百家，独尊儒术”，建构起一套“儒法并用”“儒表法里”的统治思想体系，完成了大一统国家意识形态的建构，标志着中华大一统文明格局的基本确立。

有汉一代四百多年，中华大一统文明日趋稳定，最终促成了中华一元文明格局的形成，为中华民族两千年大一统社会的发展奠定了坚实的基础，为中华文明的长期延续作出了巨大贡献，至今世界上仍用“汉”这个字来冠名我们的文字、语言、民族等。

随着一整套大一统政治、文化、社会制度在秦汉时期的创立及文明效应的释放，中华文明迎来了发展史上的第一个高峰。有汉一代，沐浴在大一统文明的光辉中，开拓进取，不断拓展文明发展空间，丰富文明内涵，在硕果累累的制度文明、物质文明创造的同时，精神文明成就也是异彩纷呈：醇厚浓郁的经学、汪洋恣肆的汉赋、气度恢宏的史学及独树一帜的科技。

第一节　社会变动与文明的多元格局

春秋战国是中国历史上一个社会大变动、大变革的时代。旧模式已经崩溃，新模式尚在孕育中，整个文明呈现出多元发展的态势。数百年间，各诸侯国政治上相互独立，军事上争霸兼并，文化上百家争鸣，造就了一幅异彩纷呈的文明发展画卷。

一、社会变动

西周幽王的昏庸，犹如压死骆驼的最后一根稻草，久已摇摇欲坠的西周王朝终于土崩瓦解，中国历史进入春秋战国时代，一场长达五百多年的社会大变动由此拉开序幕。

东迁洛邑后的周王室，国势不再，天子威严扫地，大权旁落于大国诸侯之手，“礼乐征伐自天子出”为“礼乐征伐自诸侯出”所取代。两百多年间，大国诸侯争相称霸，号令天下，其中最著名者就是所谓的“春秋五霸”。

知识窗

春秋五霸，指中国春秋时期先后起来称霸的五位大国诸侯霸主。关于其具体所指，文献记载不一，至今有近十种说法。其中流传较广的有二：一是指齐桓公、宋襄公、晋文公、秦穆公、楚庄王；另一是指齐桓公、晋文公、楚庄王、吴王夫差、越王勾践。

大国争霸是春秋时期最为显著的时代特征，霸业的盛衰和霸主地位的转移成为这一时期的政治主题。大国争霸，从实质上讲，是大国诸侯争夺春秋国际话语权的一种角力，是“礼乐征伐自诸侯出”的集中体现；就历史影响而言，它引发了各诸侯国之间的战乱纷争，给整个社会带来深重的灾难和破坏，当然也激化了各诸侯国内在的矛盾，引发了新旧政治势力的递嬗，演绎出一幕幕戏剧化的场景：天子倒了，诸侯起来；诸侯倒下，卿大夫起来；卿大夫失落，陪臣执国命。这种上下相克、新旧势力更替的活剧贯穿春秋时期政治变动的始终。三分公室、三家分晋与田氏代齐就是这一变动递嬗的鲜活事例。

经过春秋时期长期的争霸战争，至战国初年仅剩下十多个诸侯国，其中以齐、楚、燕、韩、赵、魏、秦七国最为强大，诸侯国相互兼并，战争规模更甚于春秋时期。大国的兼并战争，既有赖于强大的经济、军事实力，更需要一套适应形势的政治制度，于是各诸侯国掀起了一场以强兵、改制等为主要内容的变法运动，其中以魏国的李悝变法、楚国的吴起变法、秦国的商鞅变法最为有名。经过变法，各国都不同程度地削弱或取消了旧有的世卿世禄制和裂土分封制，逐步建立起一套以郡县制和职官任选制为特点的中央集权制。这些新制度，为后来秦朝大一统制度文明的建构奠定了基础。

二、百家争鸣

春秋战国时期，以礼崩乐坏、急剧变动的时代为背景，以重建社会秩序为目标，学术思想界出现诸子并起、学派林立、相互辩驳、百家争鸣的空前繁荣的景象，交织出一幅群星灿烂的画面，书写出中国思想文化史上最为光彩夺目的篇章。这些参加思想和学术争鸣的各派思想家和学者，史称“诸子百家”。按其思想倾向和学术主张，大体可以分为儒、墨、道、法、名、兵、阴阳、纵横、农、杂、小说等。其中，影响最大的莫过于道、儒、墨、法四家。

道家，又称道德家，通常认为春秋末期的老子是该派的创始人，庄子(约前 369 年—前 286 年)是战国中后期道家的代表人物。道家学说以“天道自然”的观念为中心，以“道”为宇宙的本体，强调人应效法“道”的自然无为。政治上主张“无为而治”，社会伦理方面主张“绝仁去义”，反对礼治法治，主张返归到“小国寡民”的远古时代。

在先秦诸子百家中，儒家以重血亲、重现实事功、重实用理性、重道德修养的醇厚之风独树一帜，成为时代的“显学”。孔子(前 551 年—前 479 年)是儒家学派的创始人(图 3－1)，他的学说前承文、武、周公之道，重视“礼”，强调“仁”，提倡“忠恕”“中庸”，重视伦理道德，后世尊称他为“圣人”。孔子死后，儒家发生分化，一分为八，其中以孟、荀二派最为知名。孟子(约前 372 年—前 289 年)继承发展了孔子的仁学思想，提倡“仁政”，被后世尊称为“亚圣”。荀子(前 313 年—前 238 年)继承发展孔子的礼学思想，

图 3－1　孔子

主张“礼治”,表现出儒法合流、礼法一统的思想倾向。

在诸子百家争鸣中,墨家与儒家一样居于显学地位。墨家的创始人是墨子(约前 468 年—前 376 年),其信徒大多来自社会中下层,故而主张兼爱、非攻、尚贤、尚同、尊天、事鬼、非乐、非命、节用、节葬等,都是墨子及其信徒基于自身生产生活的实际体验和良好愿望而提出,具有极强的现实针对性。

面对礼崩乐坏的现实,法家始终秉持深刻独特的理解,对人情之道、治国之法进行深入研究,从而能以冷眼静观的理智态度,直面冷冰冰的人际利害关系、冷酷无情的利己主义,并基于人性本恶的理论提出了治国以法、严刑酷罚的思想主张。法家起源甚早,春秋初期的管仲、子产通常被认为是早期法家的代表人物,战国以来先后产生了李悝、吴起、商鞅、慎到、申不害等代表人物,而战国末期的韩非子(前 280 年—前 233 年)则是集商鞅之重“法”、申不害之重“术”、慎到之重“势”于一体,成为法家思想的集大成者,最终完成了先秦法家理论体系的建构。

春秋战国时代的诸子百家,立足于社会现实,围绕哲学、政治、伦理等问题著书立说,从不同角度阐述自己的思想主张,并与别的学派展开激烈辩驳。以儒墨之辩为例:儒家主张仁爱,墨家则主张兼爱;儒家主张重义轻利,墨家则主张交相利;儒家主张天命论,墨家则主张非命论;儒家崇尚礼乐,墨家则主张非乐;儒家主张厚葬,墨家则主张节葬;儒家主张不事鬼神,墨家则主张事鬼神。二者在许多社会问题上,针锋相对。然而,恰如《易传》所言:“天下一致而百虑,同归而殊途。”诸子百家的主张,看似不同,实则都围绕天下重归于治这个根本目标而展开,客观上为后来大一统国家统治理论的选择及整合提供了丰富的思想素材。

值得一提的是,诸子百家不但重视学术思辨,而且强调学以致用,他们周游列国、游说诸侯、兜售自己的思想主张与治国方略。所以,当时各学派的巨子几乎都是伶牙俐齿、口若悬河的雄辩家,孟子可谓这方面的典型。孟子推崇君主制,认为只需使一个人——君主具有良好的品德智慧,就可能产生完美的统治。所以他热衷教诲君主,乐于担当君主的良师,并且一生乐此不疲。

三、区域文化

在春秋战国的社会大变动中,西周名义上的一元文明早已不再,这为中国早期区域文化格局的凸显提供了机会。千差万别的地理条件,从经济上决定了文化的区域构成;邦国林立的政治现实,从政治上强化了文化的区域分野;诸子百家的学术争鸣,从思想上凸显了文化的区域特色;源远流长的风情习俗,从民俗上增添了文化的区域差异。

齐鲁文化最早可追溯到传说中的东夷。西周初年吕尚受封于齐，周公旦长子伯禽受封于鲁，齐鲁文化由此得名。确切地说，齐鲁文化本由相对独立的两种文化构成。鲁人严格遵循周礼的规定，形成了质朴务实、尊重传统、重义尚礼的文化性格，文化风气保守。在对周礼的阐发、弘扬中，孕育出孔子、曾子、子思、孟子等儒学大师及儒家学派。齐人对周礼既有因循又有变通，形成了崇功利、重实用、轻伦理的文化性格，社会风气开放。唯其如此，齐国诸子并立，兼容百家，在此先后有管子、晏子、孙武子、邹衍等诸子大贤诞生于此，乃至孕育形成战国后期百家争鸣的中心——稷下学宫。

楚文化可上溯到传说中的祝融、三苗。商周之际，祝融部落的后裔芈姓荆人酋长鬻熊立国于荆山一带，周成王时其重孙熊绎又受封于楚蛮之地，立“楚”为国号，荆楚文化由此而得名。荆楚文化既与中原华夏文化有密切的联系，又有自己鲜明的区域文化个性孕育了以庄子的散文、屈原的诗歌为代表的浪漫主义文学风格；造就了发达的青铜冶铸、丝织和髹漆等手工工艺技术；以其独特的民俗信仰，使信鬼神、尚巫觋的风气盛行。

吴越文化因春秋后期的吴国、越国而得名。两国长期的争霸战争，使本就颇具亲缘关系的两种文化进一步融合，从而形成独具特色的东南滨海区域文化。吴越地区得天独厚的自然环境为文化的发展提供了理想的舞台。经济上，以发达的稻耕农业及先进的航海造船、青铜戈剑铸造技术著称；民俗信仰上，俗信鬼神，淫祀之风盛行，传承着“断发文身”的奇特习俗；语言上自成系统，文字上融合改造中原文字而形成的“鸟虫书”颇具特色。

巴蜀文化因古巴国和蜀国而得名。古巴蜀地区地理上自成单元，部族众多，文化上颇具地域风格。巴人能歌善舞，擅长酿酒；蜀地盛产锦及木棉布、细麻布。他们在文化习俗上与中原迥异，盛行船棺葬或悬棺葬的奇特葬俗，普遍流行一种被中原民族称为“魋髻”或“椎髻”的独特发式。

秦文化因秦人在此发展壮大而得名。秦人在物质文化上总体继承了周人的传统，农耕发达，冶铜、铸铁和建筑技术先进，擅长养马；在思想文化上，对仁、义、礼、乐等儒家哲学与道德不屑一顾，非常重视耕战，表现出鲜明的功利主义特点；在观念信仰上，宗法观念相对淡薄，奉行多神崇拜的信仰。

三晋文化因韩、赵、魏三家由晋分裂立国而得名。三晋地处中原，是中华文明的内核区。就社会经济而言，晋人继承了周人善于农耕的传统，农业经济发达；从学术思想看，三晋地区是法家的主要发源地和传播地，战国时代著名的法家人物大多出生或活动于三晋地区，著名者如李悝、吴起、商鞅、韩非等。三晋还是春秋战国时代各路诸侯逐鹿争雄的必争之地，于是列国纵横捭阖，纵横家应运而生。值得一提的是,赵武灵王(? —前 295 年)的“胡服骑射”,它以开放、发展的文化观为指导,极大地促进了农耕文化与游牧文化的交流融合,华夏文化因此而有了更加蓬勃旺盛的生机。

春秋战国时期区域文化的百花绽放,体现了中华史前多元文化在新历史时期的继承和发展,秦汉以后,尽管各个区域文化逐渐融于大一统文明中,然而他们依然不同程度地存在着,并由此展现着中华文明的丰富多彩性。

第二节 天下一统与文明共同体初成

对中国人来说,“秦始皇”是一个家喻户晓的名字,同时也是引起最多争议的中国历史人物之一。在大史家司马迁的笔下,秦始皇无疑是中国古代暴君形象的代言人。然而,从文明的视野考量,秦始皇却是中国大一统的象征符号,正是他所建立的大一统帝国及其制度建构、社会整合的伟大创举,促成了中华文明共同体的初步形成,大一统文明由此初具规模。

一、天下一统

人类历史的发展往往充斥着种种悖论。春秋以降,名义上的西周一元文明为多元文明所取代,然而在这种文明多元发展格局的表象背后,却又潜藏着重新走向一元的趋势。随着春秋战国历史的演进,一种新的文明模式在长期孕育中慢慢生成。

自春秋以来,在列国争霸和七雄兼并战争中,国家一统的因素在缓慢地积聚着,文明的一元发展趋向从暗流涌动渐趋明朗化:经济上,随着铁器和牛耕的广泛使用,社会生产力水平有了明显提高,推动了商业的发展和城市的繁荣,中原与周边地区的联系比以前更加密切,为统一局面的形成奠定了经济基础;政治上,在大国争霸和七雄兼并战争中,逐渐有了区域性统一的实现,加之在变法运动中,新兴的地主阶级势力的崛起及官僚制度在各国的先后确立,为统一局面的形成奠定了政治基础;民族关系上,在频繁的接触与碰撞中,各民族的联系更加紧密,华夏文明像滚雪球一样越滚越大,在中国境内逐渐形成一个相当巩固的民族共同体,为统一局面的形成奠定了民族基础;心理观念上,华夏文明内部的统一性日趋增强,并以其相对的先进性,吸引、感召、改造了周边各族。上述种种充分说明,在秦统一中国之前,一元文明形成的各项要素已基本具备,大一统文明的产生只待瓜熟蒂落、水到渠成。

天下一统已是历史的必然，关键是由谁、采取何种方式来统一，将这种可能性化为现实性。孟子指出，整个天下形势最后必定是“定于一”，只不过他主张以“仁政”而非暴力来完成统一。时势造英雄，伟大的时代造就伟大的人物。战国末年的历史舞台由此迎来了一位叱咤风云的伟大人物——秦始皇。秦始皇（前 259 年—前 210 年），姓嬴名政。他扫平关东六国，一统天下，在中国历史上第一次建立起一个大一统王朝，开创性地建立起一套前所未有的专制主义中央集权制度，随即又致力于大一统社会的整合。秦始皇是中国古代杰出的政治家，中国历史上第一位封建皇帝，被明代思想家李贽称为“千古一帝”。

秦始皇以军事手段结束了春秋战国以来数百年的分裂局面，统一天下，这是一个以咸阳为首都，东至大海，西至青藏高原边缘，南至岭南，北至河套、阴山、辽东的大一统帝国。

二、制度建构

秦帝国的建立，为大一统思想、制度及大一统文明的建构提供了可能。对于一个疆域如此辽阔的大帝国，可以用军事手段来建立，却难用武力来长期维系。要保证帝国的长治久安，则必须有一套与之相适应的政治统治制度。雄才大略的秦始皇，以法家思想为指导，在继承中加以创新，构建起一套与大一统形势相适应的帝国政治体制，史称“秦制”。这套体制主要包括：

皇帝制：秦始皇君臣将传说中的三皇五帝称号合而为一，以“皇帝”作为帝国最高统治者的称号。为凸显皇帝称号的神圣及其权力的至高无上，又做了一系列制度上的规定：皇帝自称“朕”，“命”称“制”，“令”称“诏”，印称“玺”……并废除传统的子议父、臣议君的谥法，规定皇帝按照世代排列，第一代称始皇帝，后世以二世皇帝、三世皇帝等计。尽管秦朝二世而亡，以后历代封建王朝却没有废弃“皇帝”这个称号及其相应制度。

知识窗

谥法，中国古代帝王、诸侯、卿大夫、大臣等死后，朝廷根据他们生前的事迹和品德，评定一个称号以示褒贬，称为“谥法”。始于西周中叶，秦始皇废而不用，汉初恢复。以后帝王谥号由礼官议上，贵族大臣死后由朝廷定谥赐予，称官谥。此外，还有始于东汉的私谥，大多是士大夫死后由其亲族门生故吏为之立谥，相对官谥而言称私谥。

三公九卿：秦朝继承发展了西周三公六卿制的形式并赋予其新的内容，建构完成了以三公九卿制为主要内容的中央政治体制。三公即丞相、太尉、御史大夫。丞相协助皇帝处理全国政务；御史大夫是副丞相，协助皇帝掌管图籍章奏、监察百官；太尉协助皇帝掌管全国军事。三公之下设九卿：廷尉掌管司法；治粟内史掌管租税收入和财政开支；奉常掌管宗庙祭祀礼仪；典客掌管民族事务与对外关系；郎中令掌管皇帝侍从；少府掌管皇室财政与官营手工业；卫尉掌管宫廷警卫；太仆掌管宫廷车马；宗正掌管皇室宗族事务。三公之间分权牵制，九卿之间分工负责，国家权力集中于皇帝之手，大政方针由皇帝最后裁决。

郡县制：鉴于西周宗法分封制的弊端，秦始皇将战国以降业已形成的郡县制全面推行于帝国，分天下为三十六郡。郡是地方最高行政区划，长官为郡守，副职是郡尉(分管军事)，还置有郡监(监察御史)。郡下设县，按照各县人口多寡设县令或县长。县令(长)下有县丞(副县令、长)、县尉(分管军事)。县下有乡，乡下设里。乡、里为基层组织。

秦始皇通过上述措施，在全国范围内建构起一个以皇帝为中心，从中央到地方、再到基层的严密统治网络。从此，“海内为郡县，法令由一统”。皇帝的政令通过中央的三公九卿下达于郡、县、乡、亭、里。秦始皇开创的这一套专制主义中央集权体制，主观上或许是为了维系和巩固秦帝国，但客观上确立了中华古代政治制度文明的基本框架，后虽然时有调整，但总体不出秦制的框架。

三、社会整合

春秋战国时代，天下分野，诸侯纷争，以致“车涂异轨，律令异法，衣冠异制，言语异声，文字异形”(许慎《说文解字》序)。秦始皇在创建大一统制度的同时，又雷厉风行地颁行一系列政令，将种种之“异”一变而为“同”，力图通过国家强制力量，实现社会的大整合。主要措施有：

书同文：周代流行的篆书，在春秋以来长期的列国分野中，文字形体已是极度紊乱，给大一统帝国政令的颁行和经济文化的交流造成了严重障碍。秦始皇命令李斯等人在西周大篆的基础上，创制出一种形体匀圆齐整、笔画简略的“小篆”(又称“秦篆”)作为官方标准规范文字，颁行全国，通用于公文法令。与此同时，小吏程邈创制的“隶书”，因字形扁平、书写方便，也迅速流传开来。秦始皇统一文字实为中华文明发展史上的一个伟大创举，它在一定程度上弱化了因各地语言差异所带来的交流问题，有力地维护大一统，无论是在中华文明的内在整合还是外在传播中都发挥着极其重要的作用。

车同轨：战国时各国车辆形制不一，道路宽窄有异，加之城郭、堡垒林立，交通十分不便。统一后，秦始皇首先下令拆除种种关隘，然后又修建了以首都咸阳为中心的帝国公路——驰道、北方边防公路——直道及五尺道、新道，还疏浚鸿沟以联通济、汝、淮、泗诸河，凿通灵渠以连接湘江与漓江。这样，一个以咸阳为中心的四通八达的交通网络把全国各地紧密联系在一起。更为重要的是，秦始皇统一规定“舆六尺”，即车宽以六尺为制，保证车辆在全国各地的畅通无阻，有力地加强了中央与地方的联系，方便了各地的交流。

度同制：战国时各国货币的名称、质地、形状、轻重各不相同，度量衡也各有自己的标准。秦统一后，对其全面整治。在货币上，规定货币分两种：秦原来通用的圆形方孔铜钱为下币，以半两为单位；黄金为上币，以镒(一说 20 两为 1 镒，一说 24 两为 1 镒)为单位；在度量衡制上，将商鞅变法时制定的度量衡作为标准器具推行于全国(图 3-2)。秦始皇统一货币和度量衡，便于国家赋税的征收，进而有助于各地的经济交流。

图 3-2　秦两诏铜权

行同伦：战国时期各地民众观念不同，风俗习尚有别。统一后，秦始皇以韩非子的法家学说为统治思想，又兼用阴阳家的学说，并力图以它们作为指导，实现民众心理、行为的大一统。如根据五德终始说，因周为火德，代周的秦即为水德，因而国家政治生活务求与水德相应：因水在地支属亥，于是历法以亥月(十月)为岁首；因水在五色中属黑，于是衣服旄旗皆尚黑，庶民要以黑布裹头，称为“黔首”；因水对应一和六两个数字，所以车轨统一为六尺，铜币为半两钱(1 两＝24 铢)；因水在阴阳中属阴，主刑杀，所以要尚法治，严刑酷罚。为保证“行同伦”的贯彻，秦朝在发挥刑罚作用的同时，又在基层的乡设“三老”掌教化。秦朝通过国家权力推行“一风俗、同道德”的统治手段，为秦以后历代因袭，成为中国古代制度文明的一大特色。

知识窗

五德终始说，是中国古代一种神秘的政治学说。战国时期，阴阳家的代表邹衍运用阴阳五行理论来阐释宇宙演变和历史兴衰，创“五德终始”说。“五德”是指木、火、土、金、水等五行所代表的五种德性。“终始”指“五德”的周而复始地循环运转。这是一种历史循环的历史观。后来历代王朝的皇帝常常自称“奉天承运”，其中所谓“承运”指的就是承应五德终始说的“德”运。

总而言之,从文明史的宏观视野考量,秦始皇统一全国及其在制度建构、社会整合等方面,在中华文明发展史上具有划时代的意义,它标志着中华文化共同体的初步形成,一元制度文明由此确立,并在一元意识形态的建构方面做了有益的探索和尝试。唯其如此,虽然短命,其国号却声名远播,乃至有学者以为无论是西洋的“China”一词还是最初“支那”称谓,可能都是“秦”的音译。

第三节　思想整合与礼治社会的确立

所谓“汉承秦制”,即说汉初统治者肯定了秦朝帝国政治体制,几乎全盘接收了这套制度文明遗产。然而,秦王朝的短命,也说明这套制度遗产本身存在某些致命的缺陷,汉初政治家、思想家深刻反省后,认为秦朝的统治思想存在问题。于是,他们走上了一条艰难的统治指导思想探索和抉择的道路。直到汉武帝时代,最终确立了儒家的统治思想地位,形成一套“德主刑辅”或“外儒内法”的统治政策,初步确立了中国礼治或德治社会的格局,大一统思想意识形态的建构到此基本完成。

一、思想整合

在春秋战国的“百家争鸣”中,各家学说无一不以匡时救世为自己的理论目标。从理论的或然性讲,它们都有可能成为大一统帝国的指导思想。但是,实践证明各派学说都有其片面性。战国末年的秦相吕不韦主持编撰《吕氏春秋》一书,综合诸子百家,希望为即将诞生的大一统帝国提供理想的政治思想蓝图。这本应该成为秦始皇治理天下最直接的理论依据,可历史偏偏向着另外的方向演进。统一后,秦始皇毅然抛弃了吕不韦及其《吕氏春秋》,坚决地选择了法家思想作为大一统帝国的统治思想。甚至为了确保法家学说的统治思想地位,不惜以铁血手段进行“焚书坑儒”。

秦始皇以法家学说为国家指导思想,严刑峻法,结果适得其反。秦朝二世而亡的教训,迫使汉初统治者深刻反省,进行新的抉择,最终选择了以“无所为而无所不为”为理论核心的黄老学说作为国家指导思想,推行黄老政治,与民休息,取得了重大成效。然而,随着时间的推移,这套思想的弊端逐渐凸显出来,调整统治思想势在必行。适应这种需要,董仲舒的“新儒学”应时而生。

董仲舒(前 179 年—前 104 年),汉广川(今河北枣强)人,汉代著名思想家、哲学家、政治家、教育家，是继孔子、孟子、荀子之后儒家学派最有影响的代表人物，人称“汉代孔子”。他以《公羊春秋》为依据，将周代以来的宗教天道观和阴阳五行说结合起来，吸收法家、道家、阴阳家等各家思想，建构起一套新的儒学思想体系，对当时社会所面临的政治、社会、历史等问题，给予了较为系统化、理论化的回答。

首先，重构“天人感应”。董仲舒继承并发展了周代以来的天命思想及儒家思孟学派、阴阳家的学说，建构起一套“天人感应”理论。他论证说，天是至高无上的人格神，不仅创造了万物，也创造了人，而且它有意志，与人一样有着喜怒哀乐之心。天与人之间存在着微妙的相互感应关系，祥瑞或灾异就是天人之间的对话，所谓“天命”其实就具体反映在天与人的互动中。“天人感应”说是董仲舒新儒学思想体系的哲学基础。

其次，强调“君权神授”。董仲舒在政治上超越了孟子，他的政治理想是“大一统”，不但要求政治上的大一统，而且追求意识形态上的大一统，而大一统的核心是君王。在他的理论逻辑中，天有目的地创造人类，使他们具备义利之性，又为其立君王以施教化。所以，王者是天之子，受命于天，代表天的意志，承天意行事，天下臣民都必须无条件服从君王，谁违背君王，就是逆天而行。董仲舒的“君权神授”说不仅适应了大一统政治的需要，更为专制主义中央集权制提供了理论上的支撑。

最后，提倡“三纲五常”。董仲舒根据阴阳五行学说，提出天分阴阳，地有五行。阳代表天之德，阴代表天之刑，而天德“任阳而不任阴，好德不好刑”，故天子顺天行事的话就须王霸并用、宽猛相济，即以王道、仁政为主，以霸道、刑政为辅，重视以道德来教化百姓。在此基础上，董仲舒提炼出了“三纲”（君为臣纲，父为子纲，夫为妻纲）、“五常”（仁、义、礼、智、信）两组道德范畴。董仲舒这种“儒法并用”“德主刑辅”及重视道德教化的思想，成为中国古代国家意识形态结构的圭臬。

二、独尊儒术

公元前 141 年，历经六十余年休养生息的汉家王朝迎来了一位意气风发的少年天子。汉武帝刘彻（前 156 年—前 87 年）在位五十四年，将西汉的统治推向鼎盛。公元前 87 年驾崩，谥号“孝武”，庙号“世宗”。在中国文献中，“秦皇汉武”常相衔接，他们都是中华文明发展史上的重量级人物，如果说秦始皇以其开创性的功绩促成了中华大一统文明建构的初步形成，那么汉武帝则以其文治武功推动了大一统文明格局的最终确立。

知识窗

庙号,是中国古代帝王死后在太庙里立宣奉祀时追尊的名号。一般认为,庙号起源于商朝,周代进一步发展,遵循“祖有功而宗有德”的标准,开国君主一般为祖,治国有成的君王才能为宗。汉代承袭了这一制度,对于追加庙号极为慎重,不少皇帝因此都没有庙号。魏晋以后,庙号日益泛滥。降至唐朝,除了某些亡国之君及短命皇帝,一般都有庙号。在称呼时,庙号常常被放在谥号之前,同谥号一道构成已死帝王的全号。习惯上,唐朝以前对殁世的皇帝一般简称谥号而不称庙号,如汉武帝、隋炀帝。唐朝以后,由于谥号文字长,则改称庙号,如唐太宗、宋太祖等。

公元前134年,汉武帝欣然接受董仲舒的奏议:“诸不在六艺之科、孔子之术者,皆绝其道,勿使并进。邪辟之说灭息,然后统纪可一而法度可明,民知所从矣。”(《汉书・董仲舒传》)由此有了所谓“卓然罢黜百家,表彰六经”之举,正式确立了儒学的统治思想地位,随之颁行了一系列尊儒举措:

首先,确立儒学的官学地位。董仲舒继承了儒家注重教化的传统,建议汉武帝通过兴学重教实现教化民众、培养人才。为此,汉廷罢黜汉初以来所设立的各家博士,将其他诸子百家之学排斥在官学之外,在长安建立太学教授儒家五经,设立“五经”博士,又在各郡国设立官学教授儒经。儒家官学地位至此确立,学术的道路从此限定为经学一条,经学由此大兴。

其次,将教育、考试和选官结合起来。按照汉武帝君臣关于太学的设计方案:五经博士教授的学生,由太常卿选择十八岁以上、仪状端正者充之,又特许地方郡国推荐各地优异者入太学作旁听生。太学生学习一年后,根据成绩考核的优劣,授以文学掌故、郎中等大小不等的官职。教育、考试和选官三者的紧密结合,是汉武帝时代的一大创造。士子想当官,唯有从儒习经这条独门路径可走,孔子“学而优则仕”的主张在此得到具体落实,思想大一统的目标由此悄然实现。

总之,经过以汉武帝、董仲舒为代表的西汉中期君臣全力改造、大力提倡,儒家从诸子百家中脱颖而出,取得了“定于一尊”的显赫地位。儒家学说成为国家统治思想,标志着中国古代国家意识形态建构的基本完成,影响深远。儒家经学成为有汉一代的显学,其思想学说和伦理纲常不仅指导着国家的政治实践,并逐渐融入民众的日常生活中,决定了中华文明深层精神风貌的方向。

三、礼治社会

中国历史悠久，号称礼仪之邦。

在中国礼文化发展史上，汉代处于一个重要而关键的阶段。汉儒在先秦儒家学说的基础上，对礼文化进行了更深入地开拓，建构完成了一套新的礼文化体系，关于“礼”文化的理论和实践臻于精密与完善。

第一，礼治理论的系统化。汉儒立足于改造后的儒家思想，对礼的内涵做了更为明晰的规范，尤其是就礼文化产生和存在的必然性做了充分的阐发。他们提出，礼之所以成为社会的伦理道德和国家的政治规范，关键在于它并非人为规定，而是在社会发展过程中自然形成的，它一经形成，就具有相当的稳定性，不会因为世事的变迁而丧失其社会意义和规范作用；礼之所以为全体社会成员自觉自愿地接受，关键在于它契合人的本质、人的本性的内在需求。

第二，礼仪制度的规范化。周礼在春秋战国时期的社会大变动中破坏殆尽，汉儒承亡继绝，重建礼制，并且进一步将其规范化。《礼记·王制》将这些规范概括为六礼、七教、八政。六礼，即冠、昏、丧、祭、乡、相见六种社会典仪，主要是关于人生仪礼及社会交往的礼制规范；七教，即七种人伦礼仪，主要指父子、兄弟、夫妇、君臣、长幼、朋友、宾客七种人伦关系之间各自应当遵从的礼制规范；八政，即饮食、衣服、事为、异别、度、量、数、制八大生活礼制，主要是关于日常生活的礼制规范。

第三，礼教实践的政治化。先秦礼教更多表现在思想层面，主要流行于上流贵族阶层。而汉代则不然，礼教成为一种面向全体社会成员的政治实践。董仲舒认为：“夫万民之从利也，如水之走下，不以教化堤防之，不能止也。”（《汉书·董仲舒传》）为此，汉儒不仅继承了先秦儒家重视礼义教化的传统，而且致力于借助国家政治权力，推动礼治精神和礼制规范在全社会的传播。他们大力提倡“德治”，主张以德服人，重视道德教化的作用，反对不教而杀，致力于融教化于政治实践之中。在汉代儒家官僚士人的大力推动下，礼的观念和规范逐渐在全国各地和各阶层中得到迅速的传播，礼文化的精神和规范向着内化为全体社会成员的道德观念和行为准则的方向迈进。

第四节　开拓进取与文化科技的成就

秦汉时代，大一统帝国如日东升。空前辽阔的版图，蒸蒸日上的国力，不仅开阔了人们的视野,造就了开拓进取的时代精神,更激发了人们的文化创造热情。在隆盛大汉这样一个大时代,迎来了中华文明发展史上的第一个鼎盛时期。

一、开拓进取

秦皇、汉武的雄才大略,锐意进取,造就了赫赫文治武功,可以说是这时期中华文明的写照。这一时期的人们,表现出一种开拓进取的时代精神风貌。开疆拓土既是秦汉帝王的政治追求,也是人们建功立业的最好舞台,于是开拓进取的时代精神在此得到最充分的展现。

汉武帝时代,张骞(约前 164 年—前 114 年)以郎官应募,出使西域,历尽艰险,九死一生,最后完成了开通“丝绸之路”的壮举。西汉后期,宫女王昭君自请前往匈奴“和亲”。呼韩邪单于死后,王昭君顾全大局,忍辱负重,维系了中原与匈奴的联系。东汉前期,班超(32 年—102 年)投笔从戎,率 36 人出使西域,立下不世功业。

开拓进取的时代精神的发酵,作用于中华文明共同体内部,有了国家政治上的开疆拓土,思想文化上的全面繁荣,社会风貌上的豪放尚武;作用于共同体外部的广阔世界,则是中外文明交流的空前繁盛。秦汉时代,中华文明从东、南、西三个方向与外部世界展开了多方面、多层次的交流。尤其是丝绸之路的开通,沟通了东西方世界,商人、使节、僧侣不绝于途。薄如蝉翼的丝绸、色彩斑斓的刺绣向西方世界展示了中华文明的绚丽风采;而甘甜醇香的葡萄酒、英俊健美的汗血宝马也在中国人面前展开了一个新奇的世界。在这种双向互动中,中华文明确立了自己在世界文明体系中举足轻重的地位,同时在汲取外部文明的营养中焕发出勃勃生机。

二、文史丰碑

缘于空前辽阔的版图、蒸蒸日上的国力及开拓进取的时代精神的综合效应,两汉文学、史学、艺术等众多文化园地,无一不是精彩纷呈、气魄恢宏。其中,汉赋与《史记》犹如中国文化史上的两座丰碑,影响深远。

两汉时代,开拓进取的时代精神急切呼唤着最适合于表现自己的文学样式,于是汉赋应时而生。作为一种新文体,汉赋的体式源于荀子的《赋篇》,并吸收了楚辞的某些形式要素而形成,具有不歌而诵、散韵结合、专事铺叙等特点。汉初贾谊的赋,尚未摆脱楚辞形迹,被称为骚体赋;枚乘的《七发》细腻铺张,规范了汉赋的总体风格,奠定了汉代大赋的形式格局。至汉武帝时代,辞赋大兴,涌现了一大批著名的辞赋家,司马相如(约前 179 年—前 118 年)为其中杰出的代表。他的《子虚赋》

《上林赋》，文辞华美，气势宏丽，将汉赋艺术推向顶峰。西汉后期扬雄的《甘泉》《羽猎》，东汉班固的《东都赋》《西都赋》和张衡的《东京赋》《西京赋》等，都是散体大赋中的煌煌巨篇。东汉后期，随着国力的衰微，小赋逐渐流行起来。总之，汉赋以其汪洋恣肆的文辞、叠沓煊烨的意象展示了丰饶的世界，凸显出盛大帝国政治的煊赫态势和社会心理的宏阔风貌，是中国文学史上不朽的丰碑。

汉赋以文学化的表现形式渲染了大汉帝国的盛大，而规模宏大的《史记》则以恢宏的历史视野尽显中华文明的风采。《史记》的作者司马迁怀着“究天人之际，通古今之变，成一家之言”的宏大目标，“网罗天下放失旧闻”，完成洋洋五十二万言，包括十二本纪、十表、八书、三十世家、七十列传共一百三十篇的鸿篇巨制。《史记》融前代五种体裁于一体，开创了一种史学编撰新体裁——纪传体，成为后世历代正史的典范，名列“二十四史”之首；它以纪传体为载体，以百科全书式的恢宏眼光关照历史，举凡政治经济、思想文化、典章制度及社会各阶层，乃至域外国家和地区，无不见载。与同时期西方史学名著相比，其视野之宽广、气魄之宏大可谓过之而无不及；在笔法上更是炉火纯青，鲁迅盛赞其为“史家之绝唱，无韵之《离骚》”。

三、科技华光

中国古代科技源远流长，长期走在世界前列。秦汉时期，不仅在造纸术、制瓷术等技术领域取得了重大突破，而且在数学、天文、医药学等领域取得了显赫成就。

在世界数学宝库，中国古代数学无论是在算术、代数，还是几何等方面，都有它鲜明的特色。西汉问世的《九章算术》，既是中国现存最古老的算术专著，也是一部集先秦以来数学成果之大成的书。全书以 246 个例题，分析了方田（面积）、粟米（比例）、衰分（比例分配）、少广（开平方、开立方）、商功（体积）、均输（正反比、复比、连比）、盈不足（盈亏）、方程（一次联立方程）、勾股（勾股定理）九类算筹方法。《九章算术》的成书，标志着一个以算筹为中心独具风格的中国古代算术体系的形成。

中国是世界上天文历法发展最早的国家之一，长期走在世界前列。秦汉天文学的成果首先表现在对天体结构的认识上：传统的“盖天说”在汉代得到较为精确的论证，“天圆地方”的说法修正为天如斗笠，地似覆盘，日月星辰附着于天旋转；在怀疑“盖天说”的基础上新提出“浑天说”，认为天地像一个鸡蛋，天包着地，犹如蛋壳裹着蛋黄一样；“宣夜说”尽管尚不成熟，但它突破了传统的有形质之“天”的观点，无疑是一个重大的进步。这一时期，天文历法家辈出，张衡（78 年—139 年）是其中杰出的代表。他不仅是“浑天说”的集大成者，还在落下闳等人的基础上设计出一种新的浑天仪，发明了世界上第一台测定地震方位的仪器——候风地动仪。

中国医药学源远流长，在世界医药发展史上独具特色。如果说中国古代医药学体系是以成书于春秋战国的《黄帝内经》为奠基的话，那么，秦汉时期则是其正式的形成阶段。在药学方面，成书于东汉时期的《神农本草经》是我国现存最早的中药学专著，它总结了战国、秦汉以来药物学知识，共收录药物 365 种，尤其是提出了“寒、热、温、凉”和“酸、咸、甘、苦、辛”的中药“四气五味”说。在医学方面，东汉名医张仲景（约 150 年—约 219 年）著成《伤寒杂病论》一书，集战国、秦汉以来医书之大成，在诊断方面已具备阴、阳、表、里、虚、实、寒、热八纲辩证的雏形；在治疗方面，总结出汗、吐、下、和、温、清、补、消八法。这些理论成为中医学的医疗原则，为后世中医所遵循，张仲景也因此被奉为“医圣”。名医华佗，以使用“麻沸散”进行精湛的外科手术而令人惊叹，其为强身健体而创造的“五禽之戏”亦名传千古。

【专题研讨】

1. 万里长城

长城是古代中国在不同历史时期，为抵御塞北游牧部族侵袭而修筑的规模浩大的军事工程的统称。它东西绵延上万里，因此称作万里长城。

长城始建于春秋战国，历代修治不绝。现存长城遗址主要为建于 14 世纪的明长城，犹如一条矫健的巨龙，越群山，经绝壁，穿草原，跨沙漠，盘旋起伏于崇山峻岭之巅。古今中外，凡到过长城的人，无不惊叹于它的庄严雄伟和气势磅礴。

（1）背景知识。

万里长城既是人类历史上罕见的古代军事防御工程，更是中华古代文明史的缩影，它凝聚着我们祖先的血汗和智慧，见证了中华文明的盛衰荣辱，象征着中华民族坚不可摧、永存于世的意志和精神。1987 年 12 月，长城被联合国教科文组织列入《世界遗产名录》，作为世界人类文化遗产的重点而加以保护。

（2）研讨论题。

认识·理解·评说——万里长城之我见。

（3）思路提示。

长期以来，人们更多地侧重于从长城的文物价值、文化价值、科学价值及爱国主义教育价值等视角解读它、认识它，肯定其正面、积极意义的一面。然而，对于长城，也有不同的声音：

一种观点认为，在中国古代历史上，长城固然在抵御北方游牧部落南下侵扰农耕世界中发挥过重要作用，然而不宜过分夸大其军事作用，因为无论是蒙古铁骑，还是满洲八旗，都曾轻松地跨越了它，君临中原。

还有一种观点，不仅否定长城的作用，甚至从文化观念的角度，提出长城是封闭、保守的文化符号，认为："它无法代表强大、进取和荣光，它只代表着封闭、保守、无能的防御和怯弱的不出击。由于它的庞大和悠久，它还把自诩自大和自欺欺人深深地烙在了我们民族的心灵上。"

2. 礼治与法治

在晚清变法修律的过程中，围绕《大清新刑律》等新式法典的修订产生了理论争执。以张之洞为代表的清廷上层官僚、贵族，认为修订新律不应偏离中国数千年相传的"礼教民情"，应把传统道德与现代法律融为一体，故而被称作"礼教派"。而沈家本、杨度等人基于对西方国家政治法律制度的理解，主张大力引进西方近代法律理论与制度，彻底改革中国旧有的法律制度，因而被称为"法理派"。这次著名的"礼法之争"，折射出中国政治思想发展史上的一个重要命题——儒法之争或礼法之争。

(1) 背景知识。

在春秋战国百家争鸣中，儒家以性善论为理论基础，提出了"仁"与"礼"两个重要伦理政治范畴，并在此基础上，确立了以"仁"为核心的"德治"政治理念，构建了以"礼"为核心的"礼治"为政策略。而与之针锋相对的法家，以性恶论为理论基础，反对德治、礼治，主张"以法治国"的"法治"思想。在具体的政治实践中，法家的法治思想在战国及秦朝一度占据上风。

西汉中期后，儒学独尊，儒家的德治或礼治与法家的法治或刑治思想由对立走向合流，形成了"儒法并用""德主刑辅""儒表法里"的政治理念和策略。儒表法里成为汉代及其以后历代统治者的治国秘诀。《汉书·元帝纪》曾记载了这样一个故事：汉元帝在做太子时，见其父汉宣帝所用的大臣多是一些精通法律的"文法吏"，以法治国，便劝谏说，陛下治国太偏用刑法，应该起用儒生，施行德政。汉宣帝勃然变色，斥责道："汉家自有制度，本以霸王道杂之，奈何纯任德教，用周政乎？"意思是说，汉朝治国的制度和精神，就是霸道和王道两手并用，不可能纯粹用周朝那套德政、礼教。从中透露出中国古代王霸并用、礼法并用的秘密。进入现代社会后，礼法之争早已不再是儒法之争，而是转变为以礼治为核心的中国传统文化与以法治为核心的西方现代文化之争。

(2) 研讨论题。

礼治与法治利弊谈。

(3) 思路提示。

一般认为，西方是法治的社会，人与人之间的关系依靠法律来规范和维持；而古代中国则是"人治"或"礼治"的社会，人与人之间的关系主要依靠君主一人的好恶或礼的规定来规范和维持。

中国传统社会是一个礼治的社会。费孝通先生认为,中国传统秩序的维持依靠的就是“礼”,礼就是社会公共的行为规范,合于礼的就说明这些事做得对。自五四新文化运动以来,迫于救亡图存的需要,革命知识分子急于学习西方,高喊“打倒孔家店”,偏激地全盘否定中国传统文化和道德观,“礼教杀人”的观念在现代中国人心中打下了深深的烙印。

【拓展阅读】

1. 余英时:《士与中国文化》,上海人民出版社,2003 年。

2. 钱穆:《中国历代政治得失》,生活·读书·新知三联书店,2001 年。

3. 黄仁宇:《中国大历史》,生活·读书·新知三联书店,1997 年。

【超级链接】

1. 宇宙风气,其变之大者有三:洪荒一变而为唐虞,以至于周,七国为极;再变而为汉,以至于唐,五季为极;宋其三变,而吾未睹其极也。变未极则治不得不相为因。今国家之制,民间之俗,官司之所行,儒者之所守,有一不与宋近者乎?非慕宋而乐趋之,而势固然已。

——[明]陈邦瞻:《宋史纪事本末·叙》

2. 由于一些无法解释的原因——或许仅仅由于巧合——在古代世界的三个相隔很远的地区,在大约同一时候都开展着高度的哲学运动。当希腊人正在探讨物质世界的性质、印度思想家正在思考灵魂和神的关系时,中国的圣人正试图去发现人类社会和贤明政治的根本原则。

中国的思想家对自然科学和玄学都没有多少兴趣,他们提供讨论的哲学是社会的、政治的和伦理的。从规劝和改良的语气来看,这种哲学无疑反映了一个屡起冲突、政治混乱的时期……哲学家们在晚周时期大动乱的形势下,力图提出稳定社会和安抚人心的原则。

——[美]菲利普·李·拉尔夫、罗伯特·E.勒纳、斯坦迪什·米查姆等:《世界文明史》,赵丰等译,商务印书馆,1998 年

3.《易大传》:“天下一致而百虑,同归而殊涂。”夫阴阳、儒、墨、名、法、道德,此务为治者也,直所从言之异路,有省不省耳。尝窃观阴阳之术,大祥而众

忌讳，使人拘而多所畏；然其序四时之大顺，不可失也。儒者博而寡要，劳而少功，是以其事难尽从；然其序君臣父子之礼，列夫妇长幼之别，不可易也。墨者俭而难遵，是以其事不可遍循；然其强本节用，不可废也。法家严而少恩；然其正君臣上下之分，不可改矣。名家使人俭而善失真；然其正名实，不可不察也。道家使人精神专一，动合无形，赡足万物。其为术也，因阴阳之大顺，采儒墨之善，撮名法之要，与时迁移，应物变化，立俗施事，无所不宜，指约而易操，事少而功多。

——[汉] 司马迁：《史记·太史公自序》

【思考题】

1. 概述百家争鸣中各家的主要思想主张。
2. 在文明史的视野下评价秦始皇在中华文明史上的地位和贡献。
3. “罢黜百家，独尊儒术”真的是儒家的胜利吗？

第四章　开放隆盛

——中华盛世文明

【学习重点】

1. 了解“兼容并包”与盛唐文明的关系。
2. 掌握盛唐文明的主要成就。
3. 从文明史视角评价京杭大运河。
4. 从佛教的中国化历程审视近代以降东西方文明的碰撞。

魏晋以降，中华大一统文明在多元激荡中曲折发展，逐渐走向第二个高峰：在儒玄颉颃中，玄学家用道家思想解释儒家经典，以思辨为武器荡除了两汉经学的烦琐习气和谶纬色彩，最终实现了道儒的合流；在三教冲突中，释、道二教从宗教的层面，自下而上，填补了儒学精神信仰层面的不足，三者从冲突逐渐走向融合；在胡汉碰撞中，游牧民族则以其野蛮但充满生气的精神，给高雅温文却因严格束缚而日趋冷淡僵硬的农耕民族及其文化带来了新鲜的血液。历经数个世纪的多元激荡、文明化合，终至推出气度恢宏、史诗般壮丽、空前繁荣璀璨的盛唐文明。

盛唐时期的中国，张扬着一种兼容并包的文明气度，将中华大一统文明的发展推向隆盛。这一时期，三省六部制的确立，职能分工，权力制衡，可谓中国古代整套国家机器运作至为良好的典范；科举制的创立，以考试的方式选拔人才，不失为中国古代相对公平的选举制度。而精彩绝艳的唐诗、极妍尽美的书法、灿烂求备的绘画、盛大欢腾的乐舞及三教九流的并兴、开放热烈的生活情调，则是盛唐文明气象的具体体现。帝都长安是盛唐文明气象的高度浓缩。

在源远流长的中华文明发展史上，盛唐文明是第二个高峰，因其隆盛，令人艳羡，四夷来朝，后世言必称之；在波澜壮阔的世界文明舞台上，盛唐文明像一条金光熠熠的腾飞之龙，声威远播，八方慕化，不仅缔造了东亚中华文化圈，而且泽被远西。

第一节　多元激荡的文明演进

汉末的军阀大混战，宣告大一统东汉帝国的土崩瓦解。乘中原王朝动荡之际，北方游牧民族如洪水一般从北方高原横冲直下，与农耕民族展开了激烈的争夺生存空间的斗争，一场长达四百年的大分裂时期就此展开。在社会大动荡的旋涡中，先有魏、蜀、吴三国鼎立，继之有西晋的短暂统一；西晋灭亡后，在北方先有十六国割据，后有北魏、东魏、西魏、北齐、北周的政权嬗迭；在南方，则有东晋、宋、齐、梁、陈诸王朝的频繁更替。在一般人的观念中，三国两晋南北朝是中国历史上分裂动荡、政治混乱、社会苦痛的悲剧时代。然而，在文明史家的眼中，它却是一个中华文明在多元激荡中走向另一个高峰的承上启下的时代。

一、儒玄颉颃

在儒学独尊的两汉时代，经学毫无疑问具有“国宪”般的地位，影响及于社会的各个层面。然而，今文经学循着“天人感应”的发展路径而日益谶纬化，陷入自欺欺人的深渊；而古文经学则循着“名物训诂”的发展路径而日趋烦琐破碎，坠入难以自拔的泥淖。经学自身的种种弊病必然削弱其社会规范的作用，同时由于社会大动荡，经学的式微及其价值体系的失落在所难免。

两汉素以儒家礼教治天下而著称，然则魏晋以降，兵戈屡兴，政权更迭频仍，尤其是曹魏代汉、西晋代魏等一出出“禅让”闹剧，让士人们真切见识到礼教虚伪的一面，引发了他们对名教的批判，从而加速了儒学的失落及名教的危机。名士阮籍提出“非君论”，主张无君无臣，天下太平；鲍敬言更为激烈，认为自从有了国君以后，人们便深陷无穷的灾难。因此，他主张消除国君，建立一个“无君无臣”的乌托邦社会。这些言论，无疑是对儒家“君为臣纲”的一种挑战。孔融(153 年—208 年)从纯生理的角度，将子女归结为父母情欲的产物，言外之意子女无须承担“孝顺”父母的必然义务，无疑是对“父为子纲”的蔑视。这种“大逆不道”的言论，居然出于孔圣人裔孙之口，不啻为莫大的讽刺。

面对魏晋以降政治的动荡与思想的混乱局面，士人们纷纷跳出儒家经学的圈子，寻求代替它的新信仰，于是玄学应运而生。玄学由先秦老庄哲学发展而来，早在汉末便潜流暗涌，降至魏晋，士人把《易经》与《老子》《庄子》结合起来，阐发玄理，诠释儒经。与两汉儒学着眼于实实在在的王道秩序和名教秩序的建构、热衷于“天人感应”的神学目的论不同,玄学注重思辨深邃的本体论,偏重辨析名理,关注名教与自然的关系。在此基础上,逐渐构筑起一种新的思辨哲学体系。

一般认为,玄学的发展历程大体分为三个阶段:第一阶段为何晏(?—249年)、王弼(226年—249年)以老庄学说解释《易经》《论语》等。他们生长在汉魏之际,深感信仰沦陷的痛苦,对现实又十分无奈,于是借谈玄说理来纾解心中的郁闷,从而开魏晋玄学风气之先。这样,披着儒家外衣的道家思想一时风靡天下,名士无不以谈玄为尚。第二阶段为阮籍(210年—263年)、嵇康(约224年—约263年)以老庄为师,反对名教,崇尚自然。他们反对礼教,蔑视礼法,行事我行我素,公然宣称“老子、庄周为吾之师也”,敢于“非汤武而薄周孔”,指斥“六经未必为太阳”,高唱“越名教而任自然”。第三阶段为向秀(约227年—272年)、郭象(?—312年)等主张名教即自然。他们致力于修正名教与自然的关系,相继提出“名教即自然”“以道合儒”等命题,推动了玄学向儒学的靠拢,这样儒、玄逐渐由对立走向合流。

魏晋之际是儒、玄颉颃最为激烈的时期,殊不知儒、道(老庄之学)其实内在地具有互补的意蕴,所以儒、玄虽然相互有所排斥,却也既排斥又相互有所吸收。西晋以后,随着“儒玄双修”之士的大量涌现,儒玄合流成为时代的大趋势。

二、三教冲突

汉末以降,社会的大动荡、儒学的失落及大一统文明的颓废,为宗教的产生传播提供了合适的气候和土壤,于是源自南亚次大陆与生于中国本土的佛、道两支宗教大军,浩浩荡荡地开进了魏晋以后的中国社会,形成了儒、道、佛三足鼎立的意识形态格局。

佛教作为一种外来宗教,大约在两汉之际传入中国内地。初入中土的佛教,传播速度缓慢,传播范围狭小。然而,魏晋南北朝时期战乱不已、血泪横飞,为它的传播提供了难得的契机。首先,人们将佛、菩萨看作大慈大悲、威力无边、能解救众生苦难的“救世主”,甚至宣称只要口诵佛、菩萨之名号,苦难便可得到解脱,这让挣扎在苦海中的绝望民众看到一丝光明。其次,佛教的“轮回说”传入中国后,与中国传统的人死神不灭思想结合,将不灭的灵魂看作轮回转世的主体,而来生形象与命运由今生善恶行为决定。这一思想,不仅减轻了人们对死亡的恐惧,而且在缓解了现实的骚动情绪的同时又积极为来世的好命好运而努力。总之,佛教以其别具一格、耳目一新的一套教义,为人们提供了一条完全有别于玄学、道教的精神解脱之路,从而在社会各阶层中赢得了大量的信徒。北朝的孝文帝、南朝的梁武帝无疑是其代表。在上层统治阶级的推动和下层民众的推崇下,佛教在中国广为传播,云冈、龙门、麦积山、敦煌等佛教石窟以物化形式记录北方佛教兴盛的局面，而“南朝四百八十寺，多少楼台烟雨中”则以文学的形式勾勒了江南佛风弥漫之景象。隋唐时期，天台宗、禅宗、净土宗等中国化佛教宗派的先后确立，标志着这种外来宗教已跻身中国文化系统，成为一种与儒学、道教鼎足而立的意识形态。

道教是中国本土的一种宗教。它的思想渊源博杂，主要以先秦道家哲学和神仙说为思想渊源和宗教理论。缘于此，老子被奉为道教教主，庄子被列为道教尊神，而《老子》《庄子》二书则被奉为道教经典——《道德真经》《南华真经》，从此道教与道家纠缠交织在一起。东汉末年以降，道教进入其开教时代，形成了诸多道派，并活跃于社会政治舞台。其中以张角在北方借助太平道发起的黄巾农民大起义、张鲁在西南借助五斗米道（天师道）领导的农民起义、孙恩在江南借助五斗米道领导的农民起义最为著名。进入南北朝后，道教在不断整合中初具规模。北魏嵩山道士寇谦之（365 年—448 年）、南朝刘宋庐山道士陆修静（406 年—477 年），借助国家政权的力量，整顿民间道派，并首次使用“道教”一词统一各道派。与此同时，逐步形成了一套完整的宗教仪式和斋醮程式、道德戒律、经书宝典、修炼方术、固定宫观，按教阶组织起来的道士集团日趋完备，道教作为一个完整意义上的宗教流派至此基本定型。道教“长生不死”及“神仙乐园”的信仰追求，一定程度上满足了上自皇帝官僚、下到普通民众的精神愿望，深深地植根于中国社会，影响及于中国古代的民俗、民风、文学、科技、建筑乃至政治斗争等诸多方面。

佛教的勃兴、道教的展开，以及佛教与中国传统儒家伦理纲常的矛盾和冲突，将魏晋南北朝时期多元文化激荡的进程推向高潮。儒、道、佛三家关系错综复杂。大体说来：“儒家对佛教，排斥多于调和；佛教对儒家，调和多于排斥。佛教和道教，相互排斥，不相调和。”（范文澜《中国通史简编》第二编）比较而言，佛教与儒家的冲突最为激烈，二者分歧突出地表现在伦理纲常问题上。儒家至为强调忠、孝等伦理观念，佛教却主张“无君无父”。在儒、佛冲突中，道教常以友军的角色给予儒家强有力的支持，而中国历史上的“三武灭佛”就是这种冲突激化的产物。

知识窗

三武灭佛，又称“三武之祸”，指北魏太武帝灭佛、北周武帝灭佛、唐武宗灭佛这三次事件的合称。汉代传入中土的佛教，在魏晋乱世中传播日广，以致中国南北各地，寺院林立，僧尼众多，严重影响了国家赋税收入。物极必反，佛教与政治、佛教与儒道的矛盾日趋尖锐，由此引发了社会上的反佛运动，其中有三次规模较大，而发起这场运动的皇帝谥号里都有个“武”字，所以就称为“三武灭佛”。三武灭佛，导致佛教由极盛而走向中衰，所以在佛教史上又称“三武之厄”。

佛教表现出惊人的调适性，积极顺应中国本土文化成为这一时期佛教发展传播的重要特点：在佛经的翻译中，主动以佛理附会勃兴的玄学；在传教方式上，重视依附中国民间习俗；在政治理论上，竭力迎合儒家伦理道德观念。佛教对中国本土文化的利用与融合，一方面使其逐渐适应中华文明生态环境，改变自身外来宗教文化的面貌；另一方面日渐削弱了儒、道的抗拒心理，促成它们转而从佛教中汲取营养。这样，三教从最初的激烈冲突逐渐走向相互吸收融合，并以求同存异的原则融会于中华文明系统中，终至孕育出“三教调和”的理论，为佛教中国化在隋唐的完成及三教合一的产物——理学在宋代的形成奠定了基础。

三、胡汉碰撞

三国两晋南北朝是中国古代民族融合的第二个高峰时期。这一时期民族关系错综复杂，匈奴、鲜卑、羯、氐、羌等北方游牧民族先后进入内地，建立政权。文明特质大体一致的游牧民族形成了一个被中原汉人所谓的“胡”文化共同体，与中原内地农业社会的“汉”文化共同体发生了持久而激烈的文化碰撞。

从文化发生学的角度而言，任何文明都生成于既定的生态环境，在这种环境下它自有其存在的合理性和特殊优势，然而一旦离开这个环境或环境改变，其文明原有的优势便可能大打折扣。这一时期进入中原地区的游牧民族，面对相对强势的汉族农耕文明，心态十分复杂，表现出迥然不同的两种趋向：一种反应是极度自卑。他们大多不自觉地流露出对自身文化的不自信，如匈奴人刘渊自称为“汉氏之甥”，而匈奴人勒准发出“自古无胡人为天子者”的呼声，以至于当匈奴人攻破洛阳后，得到西晋传国玉玺，竟然不敢据为己有，而是派人送往东晋。另一种反应是极度抗拒。部分内迁胡族胡人竭力利用政治权力维护其文化传统，表现出强烈的“扬胡抑汉”色彩。清人李慈铭、近人陈垣据《北齐书》《北史》考证，摘出当时胡人对汉族的种种诬蔑性称呼：“汉”“汉辈”“汉家”“汉妇人”“汉老妪”“汉子”“汉儿”“汉小儿”“一钱汉”“狗汉”“贼汉”。此外，还有“痴汉”“恶汉”“无赖汉”“破廉耻汉”“没分晓汉”。个别胡族统治者甚至放言“狗汉大不可耐，唯须杀却”(《宋书·索虏传》)。

胡族守旧派“扬胡抑汉”的努力终归是徒劳，在强大的汉族农耕文明的包围下，游牧民族终究走上了一条漫漫的“汉化”或“文明化”道路。这种“汉化”主要通过两种渠道展开：一是自上而下。内迁胡族政权统治者为了巩固其统治，自觉地通过政治手段予以强力推进。十六国时期的诸多胡族统治者都在这方面作出了极大的努力，而北魏的孝文帝改革则将这种汉化倾向推向高潮。二是自下而上。内迁胡族民众在与汉族错处杂居中，在共同的生产、生活中自发地推进。

胡汉文明大碰撞的结果是诸多游牧民族走上“汉化”轨道，逐渐被纳入汉族农耕文明系统，他们以其野蛮但充满生气的游牧民族精神，给深受礼教传统束缚而显得高雅温文却又冷淡僵硬的汉族农耕文明带来生机和活力。北魏崔浩说：“漠北醇朴之人，南入中地，变风易俗，化洽四海。”（《魏书·崔浩传》）随着多民族融合的日益深入，胡汉文明整合的综合效应开始向外释放。在公元七八世纪开出了空前繁荣璀璨的盛唐文明之花。

第二节　开放隆盛的文明气度

三国两晋南北朝时期多元文化的激荡，终至推出气度恢宏、繁荣璀璨的盛唐文明。在空前壮阔的历史舞台上，中华盛唐文明以其辽阔的疆域、博大的胸怀、强盛的国力、完备的制度、繁荣的经济、璀璨的文化，金光熠熠，腾飞在世界的东方，以气吞日月的磅礴声势，海纳百川的博大胸怀，锐意进取的开拓精神，书写出中华文明史上光彩夺目的一页，一度成为世界文明的中心。

一、有容乃大

在三国两晋南北朝时期，多元文化由最初的碰撞、冲突逐渐走向化合、融合。然而，由于南北分裂、社会动荡、地理隔绝等多种因素的制约，其文化融合的综合效应难以真正释放出来。有容乃大，随着天下重归一统，建构在多元激荡之上的盛唐文明，以辽阔的疆域为舞台，以强盛的国力为支撑，表现出一种无所畏惧、无所顾忌的兼容并包的大气派。盛唐时期开明的统治政策、宽容的文化气概乃是其具体反映。这既是盛唐文明气象的表现，也是其赖以产生的基础。

盛唐时期，在意识形态上，奉行三教并行政策——尊道、礼佛、崇儒，更鼓励三教自由辩论，造就了道教风行、佛教兴旺、儒学昌明的局面。三教并驾齐驱，不但有力地推动了儒、佛、道的相互吸收，而且造就了一种开放进取的文明心态，营造出一股自由热烈的社会空气。这一时期，无论对周边少数民族文化还是对外来文化，兼收并蓄,表现出异乎寻常的欢迎与接纳,整个社会“胡气氤氲”,汉人胡化之风臻于极致。

第一,血统上的“胡化”。魏晋以降,内迁的游牧各族与汉族错处杂居,在共同的生产生活中,相互通婚,带来血统上的交融。隋唐皇室以胡汉混杂的血统君临天下,标志着魏晋以降在多民族冲突融合中重构新民族的历史进程终告完成。唐人既不是魏晋以前汉人的简单延续,也不是胡族单向地融入汉族,而是在汉胡互化基础上形成的一个新的民族共同体,可称为新汉族,不免流露出“大有胡气”的时代色彩。

第二,气质上的“胡气”。魏晋以降,内迁的游牧民族将其粗犷豪迈之气注入农耕汉文化系统中。在盛唐时期的男儿身上,洋溢着一股有别于以往汉家子弟的气质,李白高吟“酒后竞风采,三杯弄宝刀。杀人如剪草,剧孟同游遨”(李白《白马篇》),尽显豪迈刚健、粗犷侠爽之气概。即便女儿家,也一反汉文化以阴柔为典范的传统,在审美情趣上崇尚健硕丰腴,生活行事上热衷于抛头露面,夫妻关系上喜好妒悍吃醋,表现出活泼勇健、无拘无束的性格。

第三,礼法上的“胡风”。相对汉人而言,胡人人际关系简单,礼法观念淡薄,婚姻沿袭旧俗,两性观念自由,凡此种种,均不容于中原礼俗。这种俗尚随着胡人进入中原而流播内地,并渐行于唐朝。在唐人的笔记小说中,时有“乘间欢合”“相许以私”之事见载,夫妻婚外偷情之事亦不乏见载;皇室中的“乱伦”也屡见不鲜。对此,《朱子语类》解释说:“唐源流出于夷狄,故闺门失礼之事不以为异。”言下之意,上述种种均源自“胡文化”的浸染。

第四,生活中的“胡味”。盛唐时期的中国是一个“胡化”的社会,胡文化的影响渗透到社会生活的方方面面。龟兹乐、天竺乐等从边疆或域外传入的“胡曲”大为流行,并由此产生了流传千古的《霓裳羽衣曲》;胡旋舞、胡腾舞、柘枝舞等“胡舞”,以舞步轻快优美而令人倾倒心醉。

其他如烧饼、胡饼、搭纳等“胡食”广为流布,成为深受民众喜爱的美食小吃;窄口裤、小头鞋、披紫绡等“胡装”,以及以“髻堆面赭”为特点的“胡妆”,引领时代潮流,成为时髦的装饰而风行一时。

盛唐文明毫无顾忌地吸收胡文化,还以开放性的世界视野、海纳百川的博大胸襟,从域外文明系统中采撷英华。南亚的佛学、医学、历法、语言学、音乐、美术;中亚的音乐、舞蹈;西亚世界的祆教、景教、摩尼教、伊斯兰教、医术、建筑艺术乃至马球运动等,如同“八面来风”,从大唐帝国敞开的国门一拥而入,赋予了盛唐文明以世界性的视野和内容。日本学者井上清在《日本历史》中指出:“唐朝的文化是与印度、阿拉伯和以此为媒介甚至和西欧的文化都有交流的世界性文化。”以“世界性文化”一语来概括唐文化的风貌确乎精当。值得注意的是，盛唐文明在与世界其他文化的大交流中，既能兼收并蓄，从域外文明中摄取营养为我所用，更能以我为主，对域外文化进行主动的选择和精心的改造，最终转化为中华文明机体中的有机物。来自南亚的佛教在这一时期的全面中国化，就是一个杰出的范例。

二、制度完备

秦始皇开创的以皇帝制、三公九卿制、郡县制为主要内容的大一统国家政治制度，历两汉、魏晋南北朝而不断调整。隋朝一统天下后，在综合南北的基础上重新整合，并经唐朝的进一步完善，整套制度趋于完备。这突出地表现在三省六部制、科举制以及法制三项制度上。

三省六部制，其源头最早可追溯到西汉武帝创立的“内朝”，经魏晋南北朝时期的发展及隋代的整合，取代三公九卿制成为国家中枢权力体制，到唐初最终定型。唐朝的三省分别为中书省、门下省、尚书省，六部分别为吏部、户部、礼部、兵部、刑部、工部。三省之间既分工合作又相互制衡：中书省为决策机关，掌出纳帝命，起草诏敕；门下省为审议机关，掌进规献纳，纠正违失；尚书省为执行机关，掌军政庶务，敷奏万机。尚书省下辖六部，六部下各有四属司，共二十四司，它们负责处理全国各类具体行政事务。与三公九卿制相比，在三省六部制下，政府各部门职责清楚，分工明确，互相制衡，不仅满足了君主专权和中央集权的需要，也兼顾了民主决策。至此，中国古代国家中枢权力体制臻于完备。

知识窗

内朝，又称“中朝”，与“外朝”相对而言。汉武帝为了削弱丞相的权力，选拔了一批中下层官员，作为自己的高级侍从和助手，他们虽然不是朝廷正式官员，也没有固定的官职，却可以预闻军国大事，替皇帝出谋划策，发号施令。这样，以尚书、中书、侍中等组成的“内朝”逐渐取代了以丞相为首的“外朝”，成为国家中枢决策机构。内外朝的形成，极大地强化了皇权，并揭开了秦汉三公九卿制向隋唐三省六部制转变的序幕。

科举制，发源于西汉以降的察举制及九品中正制，开启于隋文帝规定每年由各州按科目举荐人才，正式确立于隋炀帝所创立的进士科，初步发展于唐代，完善于宋代。科举制在唐代发展成为一种固定且常设的选官制度，有常科和制科之分。

科举考试以常科为主,定期举行,科目基本固定,录取人数比较稳定,其中最常设的是明经、进士两科;制科是常科的补充,时间、科目不定,录取人数多少不等,往往由皇帝亲自主持,以朝廷急需人才为选拔目标。科举制在唐代日渐完善,意义重大:首先,以公开考试来选拔人才成为一项制度,体现了机会均等的精神,而且十分便于操作;其次,确立了中央统一举行、定期、分科等原则,奠定了后世科举制的基本规范,自此后的历代科举考试大体不出这个模式;最后,立足公开考试又不唯成绩论,如"公荐""公卷""通榜"及"释褐试"等制度的存在,充分反映唐代科举制的合理性。正是由于制度设计的优越性,它很快被东亚邻邦所仿效,后来通过阿拉伯人于12、13世纪传到西西里王国,进而传入欧洲。

中国法制产生于原始社会末期,经夏、商、西周三代的发展,到春秋战国时,经法家学派的理论整合和各诸侯的政治实践,逐渐系统化,于是有了中国历史上第一部完整而系统的成文法典——《法经》的问世。两汉时期,在整合先秦法律条文的基础上,中国古代法系初具规模。值得注意的是,由于西周宗法制及儒家思想的深刻影响,中国法制在其早期发展中便有着浓厚的伦理道德色彩。唐初唐太宗命长孙无忌、房玄龄等修订成《唐律》(即《贞观律》),在唐高宗时经长孙无忌等人的精心注疏,编成《唐律疏议》12篇30卷。《唐律疏议》是唐朝最重要的成文法,它内容完整,条目简要,体式严格,司法机关职权范围清楚,执法人员责任明确。更为重要的是,它大量融入传统礼制的精神,法律的适用性由此得到进一步加强。在中国法制史上,它是现存第一部完整的封建法典,唐朝以后的各朝都以此为蓝本创制各自的法律制度;在世界法制史上,它是作为世界五大法系之一的中华法系臻于完备的标志,对周边的亚洲诸国产生了重大影响。中华法系由此成为中国的封建法律和亚洲一些仿效这种法律的国家法律的总称。

三、文化繁盛

规模空前的统一和强盛,气派空前的宽容和摄取,导致了南北文化、胡汉文化的交融乃至域内外文明的交流,不仅养成了唐人豪迈自由的生活情调,孕育出横绝百世的天才群星,更带来了一个辉煌灿烂的人文世界。这一时期,思想文化领域百花齐放,诗歌、音乐、舞蹈、书法、绘画方面的艺术成就几乎空前绝后,它们交相辉映,勾勒出美妙绝伦的盛唐气象。

在思想意识形态领域,三教并行,尤其是在佛学方面,大量的梵文佛经翻译成了汉文,产生了玄奘、义净、实叉难陀、菩提流志、金刚智、不空、般若等译经大家,形成了天台宗、华严宗、法相宗、唯识宗、净土宗、禅宗等中国化了的佛教宗派,其中以净土宗和禅宗影响最大。佛教在唐代进入全盛时期,以至在中国学术史上有"隋唐佛学”的说法；在史学领域，国家专设史馆，官修史书，二十四史中独占其八(《晋书》《梁书》《陈书》《北齐书》《周书》《隋书》《南史》《北史》)，并有中国第一部典志体专史——杜佑的《通典》和中国第一部历史学理论著作——刘知幾的《史通》的撰成传世，成就斐然；在科技领域，著名天文学家僧一行，制成水运浑仪观测天象，进行了世界上第一次实测子午线，第一个发现恒星位置变动，编成《大衍历》并在其中创立了不等间距的二次内插法。在医学领域，建立了在中国历史上空前、当时世界仅有的官方医药机构，颁行了世界上第一部由国家编修的药典——《新修本草》。医药学家孙思邈先后编成《备急千金方》《千金翼方》二书，他也因此被后世尊为“药王”。尤其值得一提的还有辉煌璀璨的盛唐文艺天地。

诗达到辉煌巅峰是在唐代。唐人尤其青睐诗歌，上自帝王将相，下到贩夫走卒，诗歌创作热情大发，其中既有李白、杜甫、白居易、王维、李贺、杜牧、李商隐等雄盖一世的诗坛巨匠，也有王勃、骆宾王等文思敏捷的神童诗人，还有上官昭容、薛涛、鱼玄机等才思超人的女诗人。一部《全唐诗》，收录诗作48 900余首，诗人 2 300余家。唐代诗歌风格纷呈，意境悠远，“诗仙”李白的豪迈奔放、“诗圣”杜甫的写实济世、“诗佛”王维的入禅淡薄，都深深地打上了时代思想的烙印。中国诗发展到唐代，在炽热的诗情氛围中趋于极盛，臻于成熟，无论内容、风格还是形式、技巧，均达到炉火纯青的地步，成为后世典范。闻一多谈及于此，情不自禁地说：“一般人爱说唐诗，我却要讲‘诗唐’。诗唐者，诗的唐朝也。”(闻一多《说唐诗》)

在魏晋玄风的浸润下，中国书法从秦汉的实用书写开始走向美的自觉。降至唐代，唐太宗李世民父子醉心书法，开创性地在最高学府中设立书学，将书作为铨选人才的标准之一，使书法在唐代成为最为普及的艺术，造就了一批书法大家：先有“初唐四大家”(薛稷、褚遂良、欧阳询、虞世南)融南帖北碑之长，开一代书风；后有书坛宗师颜真卿和柳公权，集楷书之大成，将其推至登峰造极之境(图 4－1)。其他如“颠张(张旭)狂素(怀素)”，将狂草带引至巅峰。书法在唐代臻于极美的艺术境界，达到不可再现的高峰。

图 4－1　颜真卿《多宝塔碑》(局部)

唐代也是中国绘画的极盛时期。唐代画坛题材广大而深厚，风格多姿多彩，画评空前活跃。各画科也生机蓬勃：人物画辉煌富丽，豪迈博大；山水画金碧青绿，山水交相辉映；花鸟画也登上画坛，规模初具。整个画坛新鲜活泼,充满生命活力。“画圣”吴道子,与诗仙李白、草圣张旭遥相呼应,以其下笔如风雨驰骤的气势,传递出盛唐文明所特具的浪漫激情,画作中满壁风动的神采、衣带飘举的技法,对中国画坛影响深远(图 4-2)。

图 4-2　吴道子《八十七神仙图卷》(局部)

四、盛世缩影——帝都长安

唐代都城长安,始建于隋朝,称大兴城,唐初改称长安。经百余年的经营发展,到盛唐时,以其雄伟博大的气势、海纳百川的精神,成为东西方文明的交汇中心,更被当时人看作世界中心中的中心,盛唐文明的隆盛、开放在此凸显无遗,可谓盛唐文明的缩影。

首先,规模宏大。经考古实测,唐都唐长安城东西 9 721 米,南北 8 651.7 米,共有城门十三座,城墙内的面积达 84 平方千米,是明清北京城的 1.4 倍,元大都的1.7倍,隋唐洛阳城的 1.8 倍,汉长安城的 2.4 倍,现西安城墙内面积的9.7倍,也是同时期巴格达的 6 倍,君士坦丁堡的 7 倍,规模之宏大,雄踞古代诸王朝或帝国都城的前列。

其次,布局精巧。唐长安城分宫城、皇城、郭城三部分。宫城作为皇帝及其嫔妃的居所,位于全城正中的北部,主要由巍峨高大的三大宫殿群构成;宫城之南为皇城(又名子城),是中书、门下之外的政府高级机关,城内有东西七街,南北五街;皇城以南和宫城、皇城的东西皆为市民居住区,是为郭城。整个长安城,宏大的规模与精巧的布局相统一：城垣方正，形如棋盘，东西对称，街道平直宽敞，槐树、榆树林立，既恰当自如地融入伦理观念和政治思想，又整齐有序，给人一种美的感受，实为世界古代城市建筑规划史上的伟大创举。

再次，建筑宏丽。唐都长安城的建筑，种类极其繁多，威严庄重的太极宫、雄伟壮丽的大明宫和豪华绮丽的兴庆宫是长安城的三大宫殿群，被称为“三大内”。“三大内”是唐都长安城中最具代表性的建筑，集中反映唐代中国高超的建筑水平。

最后，文明多元。唐代长安城不仅是帝国的政治、经济、文化中心，而且是举世闻名的国际大都会、东西方文明的交汇中心。八方慕化，四夷来朝，“万国衣冠拜冕旒”，这里汇聚了大量来自世界各国的使节和商人，他们带来了各自的文明成果，又将中华文明的成就传向四面八方。美国学者罗兹·墨菲在《亚洲史》第七章“中国的黄金时代”中谈及“盛唐时期的长安”时说：长安是连接中国和中亚及更遥远国家的贸易路线的东端终点，……从亚洲各处来的人——突厥人、印度人、波斯人、叙利亚人、越南人、朝鲜人、日本人、犹太人、阿拉伯人，甚至聂斯脱利派基督教徒和拜占庭人——充塞着它的街道，增添了它的国际色彩。

第三节　强劲有力的文明辐射

盛唐时期的中国，规模空前的统一和强盛，气派空前的宽容，不仅吸引了世界各地的人们前来一睹其风采，呈现出“八方归附，四夷来王”的盛况，而且它还敞开胸怀输出文明，表现出强劲有力的文明辐射。

一、八方慕化

顺应魏晋以降民族大融合的形势，唐太宗(599 年—649 年)一如他“自古皆贵中华，贱夷狄，朕独爱之如一”(司马光《资治通鉴》卷 198)的名言，确立了“华夷一体”的民族政策。这种平等的民族政策，赢得了周边各少数民族的拥戴，大大提高了唐朝中央政权的威望。公元 630 年，西域和北部边疆各族的君长来到长安，共请尊奉唐太宗为各族共同的首领“天可汗”。从此，唐太宗不仅是唐朝的皇帝，还是各民族的“天可汗”。以唐太宗为代表的“大有胡气”的盛唐统治者，在华夷一体思想的指导下，怀柔与征伐相结合，促成了魏晋以来民族大融合的成果在盛唐时期的巩固和发展，有力地推动了中华民族、中华文明多元一体化格局的深入和发展。

唐代辽阔的版图和高度发展的文明,引得世界各国人民的仰慕和向往,而盛唐时期的中国又敞开国门,一时间域内外使臣往来不绝,经济文化交流不断。当时,大量中亚、西亚人来到唐朝,或者经商,或者留学,乃至定居生活。据统计,"在长安城一百万总人口中,各国侨民和外籍居民约占总数的百分之二左右,加上突厥后裔,其数当在百分之五左右"(沈福伟《中西文化交流史》),外来人口在都城人口中所占比例之高为历朝罕见。

公元7—8世纪的中国,是当时世界文明的中心。帝都长安的鸿胪寺,经常接待数十个国家的外交使团,这种盛况至今依稀可见于乾陵。在乾陵陵园朱雀门外的东西两侧,分布着61尊石人像,人们习惯上称其为"蕃像""宾王像"。据史载,他们是唐高宗死后,前来参加葬礼的使臣,武则天将其石刻像立于朱雀门两侧。值得一提的是,一位来唐礼谒的梵僧,在即将离开唐朝回国之际,写下了《礼五台山谒一百十二字》一诗:"长地阔杳难分,中国中天不可论。长安帝德谁恩报,万国归朝拜圣君。汉家法度礼将深,四方取则慕华钦。文章浩浩如流水,白马軳经远来临。故来发意寻远求,谁为明君不暂留。将身岂惮千山路,学法宁辞度百秋。何期此地却回还,泪下沾衣不觉斑。愿身长在中华国,生生得见五台山。"(法国巴黎所藏敦煌文书3644号卷)他对中华文明的钦慕及留恋之情,跃然纸上。

二、泽被东亚

自秦朝以降,中国就是东亚历史舞台上的主角,先进的中华文明以文化母国的角色滋润并影响着周边国家和地区。到8世纪前后,大唐帝国进入空前隆盛时期,文明的输出与辐射更为强劲,在东亚世界自发形成了一个以中国本土为中心、以中国文明为轴心,包括中国、日本、朝鲜、越南在内的中华文化圈。这个文化圈以汉字、儒教、中国式政制、中国式科技、中国化佛教为基本要素和特征。

公元7—9世纪的亚洲,东亚、东南亚深受中华文明辐射的影响,其中以朝鲜、日本最为明显。朝鲜半岛与中国山水相连,文化交往源远流长。尤其在唐代,新罗派遣来唐的留学生,前后达两千人之多,甚至创造了一年有二百名留学生来唐的纪录,以致有朝鲜半岛"衣冠同于中国"(《三国史记》卷23《杂志》第二)情况的出现。日本与中国一衣带水,有明确记载的交往开始于东汉。公元600年,日本第一次派出以小野妹子为团长的遣隋使团,新兴、强盛的隋帝国给日本使节留下了深刻的印象。而随之建立的大唐帝国,更以完备的政制、强大的国力、繁盛的文化让尚未回国的日本使团仰慕万分。在遣隋使的推动下,日本于630年派出了他们的第一批遣唐使,又于 645 年发起了著名的大化革新。大化新政以唐制为蓝本,如仿照均田制推行班田收授法、仿效三省六部制设立二官八省制。如果说日本近代明治维新是以“西洋化”为最高目标,那么大化革新则是以“中华化”,即唐化为最高理想的。

从 630 年到 894 年的二百多年间,日本先后派出遣唐使十多次,次数之多、规模之大、时间之久、内容之丰富,可谓中日交流史上的空前盛举,他们的事迹被后人传为佳话。如留学生阿倍仲麻吕,中文名晁衡,在唐担任官职,与李白、王维等著名诗人诗词唱和;学问僧空海,在长安潜心学习三年,回国后把佛教密宗传入日本,采用汉字偏旁创造日本文字。遣唐使大量移植盛唐文明,盛唐文明深刻影响到日本政治:日本的历代都城,无论是最初的浪速(大阪),还是后来的平城(奈良)、平安(京都),无不是仿照长安城样式;日本的制度和律令,也是在大体采用唐制和唐律的基础上,根据日本国情稍加损益。日本学者木宫泰彦在《中日交通史》中强调说:“日本中古之制度,人皆以为多系日本自制,然一检唐史,则多知模仿唐制也。”不仅如此,公元 7—9 世纪的日本,唐风大行:攻读五经,吟诵唐诗,雅好唐乐,行唐礼,着唐服,食唐式点心,用唐式餐具。

总之,以唐文化为代表的中华文明,哺育并深刻影响了日本,正如日本著名史学家内藤湖南所说:“日本民族未与中国文化接触以前是一锅豆浆,中国文化就像碱水一样,日本民族和中国文化一接触就成了豆腐。”(转引自朱勃《比较教育史略》,广东教育出版社 1988 年版,第 25—26 页。)

三、辐射远西

盛唐时期的中国,是一个充满活力的世界性帝国,它不仅深刻影响和改变了东亚世界的文明面貌,而且将其光辉辐射至远西世界。在其极盛时期,唐朝势力范围达于中亚,声威及于远西,对南亚、中亚、西亚乃至欧洲都产生了一定的影响。

开凿于西汉时期的陆上“丝绸之路”在唐代进入全盛时期,它东起长安,中经河西走廊,越过葱岭,西至地中海以达欧洲。当时在丝绸之路上,商人、僧侣、使臣络绎不绝,东西交流空前兴盛,中国的丝绸及科技等文明成就循着这条文明交流之路,源源不断地输送到西方,而著名的“昭武九姓”则承担着东西交流的重要沟通之职。不仅如此,这一时期还开辟了由南海经印度洋到非洲的海上“陶瓷之路”,极大地拓展了文明辐射的孔道。来自中国的精美的陶瓷制品,源源不断地输入西亚、非洲和欧洲,极大地丰富了当地人们的生活。美国学者德克·卜克盛赞说:“自太古以来,几乎所有的人类都会用黏土烧制陶器碗、盘、瓮等物品,但是瓷器却被公正地作为中国人独具的智慧的产品而受到赞誉。”(德克·卜克《中国物品西传考》,《中国文化》第二辑)

知识窗

昭武九姓,是中亚粟特地区来到中原的粟特人或其后裔的泛称,有康、安、曹、石、米、史、何等姓。粟特人素以经商著称,长期操纵着丝绸之路上的转运贸易。不仅如此,祆教、摩尼教,以及中亚音乐与历法的传入中原,中原丝绸、造纸技术的传往西方,昭武九姓是重要的中介。

当然,由于空间的限制,中国对西方世界的文明辐射效应大不如东亚那么强劲,其影响更多局限于物质和科技层面,如作为中国四大发明之一的造纸术在唐朝与域外各国的频繁交往中,同纺织技术、金银锻造技术等科技一起通过昭武九姓,传到了中亚、西亚地区。唐玄宗天宝十载(751年),唐帝国与大食帝国在怛罗斯(今哈萨克斯坦江布尔城)发生激烈的军事冲突,唐军大败,大批士兵被俘。其中有不少造纸、纺织等行业的工匠,大食帝国利用他们设厂造纸,于是中国的造纸技术西传到阿拉伯世界,继而传入非洲、欧洲,极大地方便了这些地区文化的传播。

孟子说:“充实之谓美,充实而有光辉之谓大。”(《孟子·尽心下》)盛唐便是古代哲人观念中“充实而有光辉”的文化隆盛时代。它的光辉甚至越过文明的疆界,以强劲的向外辐射力度不仅促成了东亚世界“中华文化圈”的形成,而且辐射到远西世界,有力地推进了世界文明的发展进程。“唐”“唐人”“唐山”“唐言”等海外至今流行对中国及与中国相关事物的惯称,生动形象地显示出盛唐文明在世界文明史上留下的巨大而不可磨灭的烙印。

【专题研讨】

1. 京杭大运河

2006年,古文物专家罗哲文、古建专家郑孝燮、中国工艺美术大师朱炳仁三位老人联合署名,致信运河沿线城市市长《关于加快京杭大运河遗产保护和“申遗”工作的信》,引起了全国媒体及社会的轰动,继而又有58位政协委员联合向全国政协十届四次会议提交了一份提案,呼吁从战略高度启动对京杭大运河的抢救性保护工作,并在适当时候申报世界遗产项目。这让拥有两千多年辉煌历史的京杭大运河再次进入人们的视野，也由此拉开了运河保护与申遗的序幕。

(1) 背景知识。

京杭大运河，又称京杭运河或简称为大运河，是中国古代最宏伟的工程之一，也是世界上开凿时间最早、里程最长的大运河。它北起北京，南至杭州，流经天津、河北、山东、江苏和浙江四省一市，沟通海河、黄河、淮河、长江和钱塘江五大水系，全长 1 794 公里。比苏伊士运河长十倍，比巴拿马运河长二十倍，是世界上最长的一条人工开凿运河。

今人所说的大运河，始凿于春秋末期，完成于隋朝，繁荣于唐宋，取直于元代，疏通于明清。19 世纪后期，随着海运的勃兴以及津浦铁路的通车，京杭运河的作用逐渐减小。进入现代社会后，大运河的传统运输功能大为削弱，又面临着城市现代化、农村城镇化建设的严重挑战，对大运河进行抢救性保护、实现可持续发展已经到了紧要关头。

(2) 研讨论题。

文明视野下看京杭大运河。

(3) 思路提示。

受旧史家的影响，人们谈及京杭大运河，往往不自觉地将其与隋炀帝联系起来，认为隋炀帝为了满足自己南游江都的个人欲望，不惜动用二百万人而兴起这项浩大的工程。其实，这是一种误解，隋朝大运河的开凿，实出于当时政治、经济、军事等多方面的考虑，所以即便不是功在当代，但利在千秋却是毫无疑问的。正如唐朝诗人皮日休在《汴河怀古二首・其一》中咏道："尽道隋亡为此河，至今千里赖通波。若无水殿龙舟事，共禹论功不较多！"

京杭大运河的开通，在中国南北经济文化的交流中具有难以估量的重要意义。它连接海河、黄河、淮河、长江、钱塘江五大水系，是贯通中国南北的一条交通命脉，不仅密切了南北经济文化的联系，而且有利于国家的统一，更促成了中华文明真正成为一个整体。

京杭大运河是我国古代劳动人民创造的一项伟大工程，是祖先留给我们的珍贵物质和精神财富，是活着的、流动的重要人类遗产。它经历了上千年的风雨沧桑，哺育了一代又一代的中华儿女，积淀了内容丰富、底蕴深厚的运河文化，记录了中国古代政治、经济、文化、科技、军事等方方面面的丰富信息。它是中国悠久历史的缩影，是中国人民智慧和勤劳的结晶，是中华民族弥足珍贵的物质和精神财富，是中华文明传承发展的纽带，与长城一样是中华文明的象征。正如"运河三老"中的郑孝燮、罗哲文所言："如果将京杭大运河的历史价值、文化内涵和对中国历史发展的贡献相加，在某种程度上说可以与长城媲美。"

2. 观音菩萨

中国四大佛教名山,被认为是四大菩萨的道场。其中,浙江舟山的普陀山是观音菩萨的道场。观音菩萨,在中国民间可谓家喻户晓,妇孺皆知。提起观音,在我们的眼前立刻浮现出一位头戴宝冠、身披璎珞、锦衣绣裙、秋波流慧、玉容含情、左手托净瓶、右手拿柳枝、足踏莲台、法像端庄、亭亭而立的女性形象。千百年来,这一形象似乎已经固化在人们的头脑里,殊不知观音最初从印度传到中土时是男性形象。个中原因,值得探讨。

(1) 背景知识。

观音菩萨是“南无大慈大悲救苦救难广大灵感观世音菩萨摩诃萨”的简称。在梵文佛经中,观世音菩萨被称为“阿缚卢枳帝湿伐逻”(Avalokitevara)。在中文佛典中,或译作“观世音”,或译作“光世音”,或译作“观自在”,以前者最为流行。唐初时因避唐太宗李世民的名讳,略去“世”字而简称观音。

观音菩萨信仰大约在魏晋时期传入中国,随着魏晋时期净土宗的盛行而日益深入人心。净土宗声称,只要称名念佛便可往生阿弥陀佛净土,即西方极乐世界。在动荡的魏晋社会中,天灾人祸频发,人民束手无策,陷于失望甚至绝望境地的平民百姓,需要一位救世主。在佛教庞大的佛、菩萨王国里,苦难的民众很快选择了观音菩萨。

观音菩萨端庄慈祥,手持净瓶杨柳,具有无量的智慧和神通,大慈大悲,普救人间疾苦。在佛教诸菩萨中,观音菩萨位居各大菩萨之首,是中国百姓最崇奉的菩萨,信徒最多,影响最大。同时也是大乘佛教慈悲救世精神的最深刻诠释,象征泛在的真理,无形而无所不在,因而在国际上有“人类的仁慈保护者”之称,成为慈悲的化身。

(2) 研讨论题。

观音菩萨形象的流变及其启示。

(3) 思路提示。

观音菩萨是久已成道的古佛,号“正法明如来”,为度众生倒驾慈航,现菩萨身,计有三十二应,众生应以何身得度,菩萨则现何身而为说法,随缘救度。菩萨无极之体,无皮囊色身和男女之相的执着。

在古印度佛教中,观音菩萨像既有现男相也有现女相的。初入中土的观音,以“伟丈夫”男菩萨的形象高坐佛殿神堂。例如甘肃敦煌莫高窟的壁画和南北朝的木雕,观音造像都是以男子汉形象出现,嘴唇上有两撇小胡子。北魏时,开始出现女相观音像。如大同云冈石窟中便有观音菩萨女相一尊。入唐以后,无论是男相还是无性相的观音,都已显示出女性的端倪,进而变得端庄美丽,成为一位美丽的女菩萨。降至宋代，观音造像完全女性化，不过没有了唐代那般妩媚，也不再像一位美丽的少女，而更似一位慈爱的中年女性。至此，观音形象定型下来，并逐渐植根于中国民众的心中。

观音菩萨传入中国后，其形象经历了由男到女进而由年轻女性到中年女性的流变。这不仅是佛教中国化的缩影，也是文明交流融合的写照，更启发了当代中国人如何因应西方文明的冲击。

【拓展阅读】

1. 柳诒徵：《中国文化史》，上海古籍出版社，2001 年。

2. 陈寅恪：《隋唐制度渊源略论稿·唐代政治史述论稿》（第 2 版），中华书局，2009 年。

3. 许倬云：《从历史看管理》，广西师范大学出版社，2005 年。

【超级链接】

1. 汉代宰相是首长制，唐代宰相是委员制。最高议事机关称政事堂，一切政府法令，须用皇帝诏书名义颁布者，事先由政事堂开会决议，送进皇宫画一敕字，然后由政事堂盖印中书门下之章发下。没有政事堂盖印，即算不得诏书，在法律上没有合法地位。

在唐代，凡遇军国大事，照例先由中书省属官中书舍人各拟意见，称为五花判事。再由中书令即宰相审核裁定，送经皇帝画敕后，再须送经门下省，由其属官给事中一番覆审，若门下省不同意，还得退回重拟。因此必得中书、门下两省共同认可，那道敕书才算合法。

中国传统政治，皇帝不能独裁，宰相同样地不能独裁。而近代的中国学者，偏要说中国的传统政治是专制独裁。

——钱穆：《国史新论》，生活·读书·新知三联书店，2001 年

2. 与 20 世纪前中国历史上任何其他时代相比（除了 20 世纪），初唐和中唐时的中国人自信心最强，最愿意接受不同的新鲜事物。或许是因为来自异邦的世界性宗教使中国同波斯以东所有其他亚洲国家建立了联系，或许是因为当时很多士族豪门为胡人后裔，或许是因为中国有强大的军事力量镇守丝绸之路，保证了商旅畅通无阻……总之，这个时期的中国人非常愿意向世界敞开自己，

希望得到其他国家优秀的东西。

——[美] 伊沛霞:《剑桥插图中国史》,赵世瑜、赵世玲、张宏艳译,山东画报出版社,2002 年

3. 在整个第七、八、九世纪中,中国是世界上最安定最文明的国家……在这些世纪里,当欧洲和西亚敝弱的居民,不是住在陋室或有城垣的小城市里,就是住在凶残的盗贼堡垒中,而许许多多中国人,却在治理有序的、优美的、和谐的环境中生活。当西方人的心灵为神学所缠迷而处于蒙昧黑暗之中,中国人的思想却是开放的,兼收并蓄而好探求的。

——[英] H.G.威尔士:《世界史纲》,徐建萍、朱凤余译,陕西师范大学出版社,2006 年

【思考题】

1. 魏晋南北朝时期从哪些方面为盛唐文明的产生奠定了基础?
2. 概述盛唐文明的具体表现。
3. 结合所学知识概述盛唐文明的世界影响。

第五章 成熟内敛

——中华近世文明

【学习重点】

1. 了解中华文明重心的南移进程。
2. 了解中华文明在宋代发展的表现。
3. 理解理学的主要观点及其影响。
4. 从宋代文治与武功的悖论中关照当代中国现实。

中华文明发展到盛唐时期,以其相对外向张扬的文明性格,将文明推至阶段性集大成的高度,表现出宏大隆盛的灿烂风采。越过这一顶峰,中华文明向着别样的巅峰攀登。

唐宋之际是中国历史的大变动时期。早在二十世纪初,日本学者内藤湖南从历史分期的角度提出"唐宋变革论",认为唐代是中国中世纪的结束、宋代则是中国近世的开始。这一观点在史学界产生了不小的影响。

爆发于755年的安史之乱影响深远,引发了连锁的文明效应。自此以后,唐朝由盛转衰,大一统帝国陷入内忧外患的境地,北方游牧民族再次活跃。从10世纪开始,契丹、女真、蒙古等北方游牧民族相继兴起,建立政权,对中原农耕世界发起了日益猛烈地冲击。在应对游牧民族的冲击中,中华文明重心的南移进程进一步加速直至最终完成;在专注于文明的内在建设和整合中,文明性格由外向张扬转向内敛含蓄;在兴盛而精致的文明成就的创造中,中华文明进入了成熟内敛的近世阶段。

在传统史家的笔下,两宋是一个屡遭非议、获评不高的王朝,因为它不仅从未实现天下的大一统,而且在与游牧民族的较量中,经常失败。然而,从文明史观的视角看,它专注于内在建设和整合,在文明的各个领域都取得了辉煌的成就,将中华文明的发展推向了另一个的巅峰:政治上,国家制度设计臻于完备,尤其是科举制的成熟及全面实施,结束了武人政治,促成了文人政治的形成;经济上,农业、手工业以及商业的全面发展,尤其是商业空前兴盛,以致在海外史学界有“商业革命论”的提出;文化上,无论文学、史学、艺术还是科技都空前繁荣,臻于中国传统文化发展的极致。正如著名史学家陈寅恪所言:“华夏民族之文化,历数千载之演进,造极于赵宋之世。”(陈寅恪:《邓广铭〈宋史职官志考正〉序》)尤其在思想意识层面,在三教合流的基础上,理学最终形成,这是一套以儒学为主体,吸收、改造释、道哲学的新儒学思想新体系,表现出大成、精致、内敛的特点,这些特点正是中华文明走向成熟的重要标志。理学的形成,标志着中华文明的精神特质最终定型,并直接影响和规范着中华文明未来发展的格局和方向。

第一节　从隆盛到成熟的演进

中华文明经过盛唐一百多年的隆盛时期,自安史之乱以降的数百年间,中原大一统帝国在北方游牧民族的轮番冲击下,不复往日的风采,文明特质逐渐由相对开放外倾转向封闭内敛,因此在更加专注于文明内在整合,在文明重心南移的背景下,文明臻于极盛,进入了它的成熟内敛阶段。

一、安史之乱的影响

大诗人杜甫《忆昔》诗云:“忆昔开元全盛日,小邑犹藏万家室。稻米流脂粟米白,公私仓廪俱丰实。”唐朝经前期近百年的经营,国力日益强大,到唐玄宗开元(713 年—741 年)年间达到极盛,史称“开元盛世”。

“渔阳鼙鼓动地来,惊破霓裳羽衣曲。”(白居易《长恨歌》)爆发于公元 755 年的安史之乱,前后历时 8 年,战火燃遍北部中国,对大唐帝国产生了重大影响,成为唐朝由盛转衰的转折点。自此以后,赫赫大唐盛世一去不复返。

从更广阔的视野来看,安史之乱不仅引爆了大唐帝国内部潜藏已久的种种危机,成为唐朝由盛到衰的转折点,而且引发了中华文明发展进程的重大转变,一个文明新时代由此启动。对于唐宋之际的社会变迁,前人多有精彩论述。例如,陈寅恪先生写道:“综括言之,唐代之史可分前后两期,前期结束南北朝相承之旧局,后期开启赵宋以降之新局面,关于政治社会经济如此,关于文化学术者亦莫不如此。”(陈寅恪:《论韩愈》,载《金明馆丛稿初编》)周积明先生也指出,安史之乱启动了中华文化从唐型文化到宋型文化的嬗变。他认为唐型文化是一种相对开放、相对外倾、色彩热烈的文化类型，而宋型文化则是一种相对封闭、相对内倾、色彩淡雅的文化类型。（冯天瑜、何晓明、周积明：《中华文化史》，上海人民出版社 2005 年版。）

基于唐宋之际中国社会的重大变迁，海外学术界有了“唐宋变革论”的兴起。20 世纪 20 年代，内藤湖南指出，宋代与唐代社会有着显著的差异。在他看来，唐代是中国中世的结束，而宋代则是中国近世的开端。（内藤湖南：《概括的唐宋时代观》，载刘俊文主编《日本学者研究中国史论著选译》第 1 卷）自此后，“唐宋变革论”成为唐宋史学界的一个热点论题。

二、游牧民族的冲击

安史之乱前，大唐帝国国力强盛，致力于边疆的经略，极大地促进了少数民族地区的开发与发展。安史之乱后，国力式微，加之其前期边疆经略效应的释放，北方游牧民族进入一个空前活跃的时期。从唐末五代开始，原活跃在中国北方草原的游牧民族对中原农耕世界发起了日益猛烈地冲击。

唐朝曾有多位皇帝被周边少数民族首领尊为“天可汗”。而黄袍加身的宋太祖赵匡胤（927 年—976 年）面对周边民族时有心经略却无能为力，甚至萌生通过金钱手段从契丹人手中赎回燕云十六州的念头。宋太宗（939 年—997 年）继位后，曾两次大举北伐辽国，冀图一举收复燕云失地，无奈铩羽而归，损兵折将，北宋精锐由此丧失殆尽，不得不放弃收复幽云的打算，改取以守代攻的策略。宋太祖、宋太宗兄弟尚且如此，他们的后继者更不足论。在契丹、党项、女真及蒙古等游牧民族的轮番冲击下，手足无措，悲剧一再上演：北宋先受困于契丹、党项，最后亡于金人之手；继之而起的南宋，先长期受迫于金人，后亡国于蒙古人的铁骑下。

知识窗

燕云十六州，又称“幽云十六州”，指位于燕山、太行山一线的幽、蓟、瀛、涿、应、朔、云等十六州之地，大致位于今北京、天津及山西、河北北部一带。燕云十六州地势险要，易守难攻，是中原的门户或屏障，有着至为重要的军事战略位置。五代后晋时，石敬瑭为获得契丹的支持，把燕云十六州之地献给了辽国。自此，中原暴露在北方骑马民族的铁蹄下，对北宋的政治格局乃至灭亡有着很大的影响。

总体而言,契丹、党项、女真相继崛起,建立政权,形成了北宋—辽—西夏及南宋—金—西夏鼎足对峙的格局。13 世纪初,成吉思汗崛起于大漠,率领剽悍的蒙古铁骑,东征西讨,南征北战,在空前辽阔的版图上建立起蒙古帝国,继而忽必烈在此基础上建立元帝国。在中国历史上,大河上下、长江南北第一次统一于草原游牧民族之手。公元 10 世纪到 14 世纪的这次游牧民族大冲击,对中国社会造成了多方面、多层次的文明影响。

首先,政治统治上由开拓转向守内。汉唐君王热衷于开疆拓土,而两宋君王专注于内在建设。如两次北伐惨败后的宋太宗留下了这样的训话:“国家若无外忧,必有内患。外忧不过边事,皆可预防,惟奸邪无状,若为内患,深可惧也。帝王用心,常须谨此。”(李焘:《续资治通鉴长编》卷 32)从此,“守内虚外”的消极国防策略成为两宋的国策,导致了在对外战争中屡屡被动挨打。当然,缘于“守内”,两宋得以专注于内在的建设整合,文明的发展臻于极盛:制度文明趋于精细完备;物质文明因农业、手工业、商业的空前繁荣而趋于极盛;精神文明因文化科技的空前发达及理学体系的建构完成而臻于极致。

其次,思想意识上由外王转向内圣。先秦儒学讲求“外王”与“内圣”并重,汉唐君臣在实践“外王”经世路线中赢得了空前显赫的权威和功业。到了宋代,君王将相“外王”不成,转而走上了一条“内圣”的治世理念。随着“内圣”路线的高扬,最终有了理学的产生。在理学的理论框架下,以诚意正心为主要内容的内在“修身”成为“经世”的根本。这种思想意识随着理学的张扬而日益浸润到文明的各个层面,并塑造着中华民族的性格,深刻影响了中国古代后期社会。

最后,民族融合上由浅而深。公元 10 世纪至公元 14 世纪是中国古代民族融合的第三个高峰时期。与魏晋时期的民族大融合不同,这一时期的契丹、党项、女真及其后的蒙古,不但以剽悍的草原游牧民族气质进入中原,建立政权,甚至囊括整个中国,君临天下并以正统自居。虽然他们在军事上节节胜利,但在文化碰撞中逐渐被潜移默化,相继步入了他们前辈无数次践履的征服者被征服的轨道——汉化。经过这次民族大融合,汉民族经历了又一次新鲜血液的大补充,中华各族的联系更加紧密了。

三、文明重心的南移

中唐以降,在少数民族日益剧烈的冲击下,不仅促成了民族大融合,而且推动了文明重心南移的加速与完成。由于地理环境等因素的影响,黄河流域作为中华文明的重要起源地,历经夏、商、周、秦、汉历代积累,经济和文化发展水平远远超过南方。然而,东汉末年以降,作为中华文明重心所在的黄河流域,在一次又一次的战乱冲击后,社会经济遭到严重破坏,而南方地区的开发则明显加速,文明重心在六朝时期出现了南移的迹象,京杭大运河在隋朝的凿通便是其产物。从总体格局上看,北重南轻的格局尚未被打破,中华文明的重心依然在北方,但六朝时期南方的发展,为此后文明重心的南移奠定了基础。

中华文明重心的南移进程的加速是在中唐安史之乱以后。自此之后,北方长期动荡,南方则相对安宁,在一乱一治之间,大量人口流向南方,南方经济逐渐超越北方。唐朝后期,中央政府的财赋完全仰给江南,江南已成为“国命”所在,诚如唐宪宗所言:“军国费用,取资江南。”经济重心率先南移,而文化重心的南移完成于南宋。北宋厉行“重文抑武”的国策,有力地推动了南方文化的发展。这一时期,文化重心南移的态势已经十分明显。尽管北方士人在经、史等学术文化领域依然有传统优势,把持着话语权,产生了张载、邵雍、二程及司马光等一批大家,但南方也有周敦颐、王安石及三苏等一批学者的崛起,何况二程在洛阳讲学,弟子却以南人居多,以致程颢为弟子杨时南归送行时不禁发出“吾道南矣”(脱脱等:《宋史・杨时传》)之语。至于散文、诗歌、辞赋及书法、绘画等文学艺术领域,有声名成就者多为南人。

知识窗

重文抑武,是宋朝的基本国策,即所谓“重文教,轻武事”。宋太祖赵匡胤以担任禁军将领的身份,发动陈桥兵变,从后周夺得政权。为了防止此类事件的重演,宋初的统治者制定了削弱禁军高级将领及节度使兵权、抑制武人势力、提升文官地位等制度,并作为基本国策予以执行。这些基本国策也为后世的宋代皇帝所奉行,影响贯穿整个宋代。

1127 年的“靖康之祸”给中华文明重心的南移进程以最后的推动。“靖康之祸”后,赵宋政权南迁,以临安为行都,直到南宋灭亡而不改。一百多年间,临安成为国家政治的中心,由此带来国家政治官僚阶层的南人化。其实,这种现象早在北宋时期就已经显现出来。根据美国学者贾志扬的统计,北宋可考的进士计 9 630 人,其中南方诸路达 9 164 人,占 95.2%;北方诸路仅 466 人,占总数的 4.8%。到南宋,淮河以北尽为金人所占,则更不待言。在科举制大兴的时代,某个地方进士、官员的人数直接反映着该地区的文化发展水平。从这个角度而言,南宋时代的中华文明重心已经完全转移到了南方,江南、两浙、福建等地成为宋代学术中心。中华文明重心的南移宣告完成。

从元朝至近代,作为王朝政治中心的首都虽然基本在北方,文明重心却在南方的格局始终不改。在地理上,南方因为远离中国北方这个民族激烈碰撞之地,受草原游牧民族的冲击相对较小,因而后期中华文明在这片相对安宁的土地上,平稳、持续而缓慢地发展着。但进入晚清后,由于它濒临海洋,自然也先于北方受到来自海上的异质西方文明的冲击,从而最先出现文明的嬗变。

第二节　臻于极致的文明气象

如果说盛唐中华文明以隆盛且外向著称的话,宋代中华文明则以成熟且内敛著称,无论是物质、制度还是精神文明,都在这一时期臻于极盛。陈寅恪先生曾评价道:“华夏民族之文化,历数千载之演进,造极于天水一朝。”(陈寅恪:《邓广铭〈宋史职官志考证〉序》)哈佛大学著名汉学家费正清教授也指出:“宋代是伟大的创造时代,使中国人在工技发明、物质生产、政治哲学、政府、士人文化等方面领先全世界。”(费正清《中国新史》第四章《中国最伟大的时代:北宋与南宋》。)

一、商业革命

中国传统农业发展到宋代,无论是耕地面积、农作物品种、粮食产量还是生产工具、生产方式都出现了突飞猛进的新发展,达到前所未有的高度,从而为工商业的发展提供了广阔的发展空间,带来了商业的高度发达和繁荣,导致西方学者所谓“商业革命”的发生。宋代商业的高度发达和繁荣,集中表现在如下四个方面:

第一,城市新格局的确立。自西周以来,中国城市的功能主要在于政治,具体反映在坊市制格局上。坊(住宅区)与市(商业区)相分离,市内不住家,坊内不设肆。唐代将坊市制的管理与服务功能发挥到极致,而宋人则把坊市分离的制度转变为坊市合一的格局。在空间上,不仅城里各处均可开设商铺,城郊和乡镇也可以有市集;时间上,商铺的营业时间完全由店主决定,不再受官府的制约。街巷的市民,中、晚饭往往到“市店旋买饮食”,不再置办菜蔬,至于酒肆瓦市,更是“不以风雨寒暑,白昼通夜”。开封城的马行街,拥有长达数十里的街巷,两边遍布铺席商店,其中还夹杂着官员宅舍,形成了坊巷市肆有机结合的新格局。《清明上河图》以艺术的形式,展现了北宋都城开封商贸繁荣的景象(图 5－1)。从坊市的分离到坊巷市肆的混杂,不仅有力地促进了宋代城市的高度繁荣,而且确立了中国古代城市的新格局。

《清明上河图》(局部)

图 5-1 《清明上河图》(局部)

第二,市镇经济的勃兴。宋代在全国形成了以汴京为中心的北方市场、以苏杭为中心的南方市场、以成都府和梓州为中心的西南市场、以太原和秦州为支点的西北市场这四大区域性市场,以这些大城市为中心,辅以发达的水陆交通线,周边的镇市、墟市和草市自然地组合联结,形成了交叉重叠、上下贯穿、左右逢源的蛛网式的交换市场,极大地推动了城乡商品的流通。这意味着一个城镇时代已然出现,这对宋以前根据政治军事目的而建设城市的模式来说,是一个极大的变革。从此,城市不仅是政治中心,也是商业中心。

第三,海外贸易的繁盛。自安史之乱以来,陆上丝绸之路阻塞,海上丝绸之路出现勃兴之势,有力地推动了海外贸易的发展。由于宋代农业、手工业、商业的巨大发展,加之对海外贸易的重视,使宋人在贸易制度、航海技术、贸易范围等诸多方面达到的成就,在中国海外贸易史上具有转折和创新意义,对后世也有深刻影响。宋初置市舶司,专司海上贸易,制定了系统完备的市舶管理制度,修订了中国最早的市舶管理条法——《元丰市舶条法》,使海外贸易成为有比较完善的管理制度的独立行业。宋代在造船技术和航海技术上颇多创新,指南针运用于航海为宋人首创,有力地推动了海上"丝绸之路"的拓展和繁荣。宋人的海上贸易,遍及东南亚、印度西海岸、红海,更延伸到东非海岸,这一点已被非洲大陆发现的大量宋代瓷器所证明。海外贸易的发达,使宋代的贸易港口极其繁荣,其大致可分广南、福建、两浙三个相对自成体系的区域,有大小港口数十座,尤以杭州、明州、泉州、广州为最大。

第四,交子的产生。北宋真宗时,在唐代"飞钱"的基础上发明了交子——世界上最早的纸币。宋仁宗天圣元年(1023 年),朝廷在成都设立"交子务",专遣京朝官主理,"置抄纸院,以革伪造之弊",严格其印制过程,这就是"官交子"——中国最早由政府正式发行的纸币。降至南宋,交子的通行范围进一步扩大,发行量猛增,成为普遍使用的通货。

二、文化顶峰

中国传统文化，发展到宋代臻于极致。王国维先生这样评价说："天水一朝人智之活动与文化之多方面，前之汉唐，后之元明，皆所不逮也。"

文学领域成就突出。散文方面，古文运动虽以"唐宋"连称，但"唐宋八大家"中宋人独占六席，欧、王、苏、曾均有独特的风格，各极其致而各异如面。宋诗继承唐诗，又大胆地"以文入诗"，其与唐诗孰优孰劣，争论经久不绝。钱锺书先生指出："瞧不起宋诗的明人说它学唐诗而不像唐诗，这句话并不错，只是他们不懂这一点不像之处恰恰就是宋诗的创造性和价值所在。"（《〈宋诗选注〉序》）可见宋诗足以与唐诗双峰并峙。不仅如此，宋人还开拓地发展了词这一新的诗体，有艳情与风雅之分，豪放与婉约之别，并大胆地"以诗入词"，使宋词与唐诗一样，成为极具时代特征的文学品牌。诗论方面，宋代诗话大量涌现，并出现了《沧浪诗话》这样的杰作，它"以禅喻诗"具有了现代人的审美特征，为文学批评创造了新样式。宋代话本发展了唐传奇、变文、俗讲，为中国小说的发展注入了新鲜的活力，促成了明清小说的繁荣局面。宋代杂剧则成为元代戏剧的先驱，南宋戏文则构成元明南戏的源头。综上所述，宋代文学高峰标举，承前启后，历史地位显而易见。

史学推陈出新。宋代史学在唐人基础上也有了新的变化，从而更加繁荣。宋依唐制，修史机构有起居院、日历所、实录院等，开创了架阁库制度，在朝廷内外各部门均设立架阁库以保存档案，这为宋人编修史书提供了异常丰富的史料。宋代官府、私人所修的著名史书，如司马光的《资治通鉴》、李焘《续资治通鉴长编》、欧阳修《五代史记》、徐梦莘《三朝北盟会编》、李心传《建炎以来系年要录》、朱熹《资治通鉴纲目》等无不在大量利用档案的基础上编制完成。史学体裁上，有发展更有创新，司马光的《资治通鉴》振兴了编年体通史，袁枢的《通鉴纪事本末》创立了纪事本末体，朱熹的《资治通鉴纲目》开创了纲目体，乐史的《太平寰宇记》和王存的《元丰九域志》完善了地方志，李心传的《道命录》与朱熹的《伊洛渊源录》则是学术史体裁的滥觞。史学思想上，欧阳修的庐陵史学开一代新风，司马光的涑水史学推崇名分等级，二程与朱熹的史学以天理论历代兴衰，李焘、李心传则专注总结当代史，郑樵则倡史学批评与史学会通，反映了宋代史学注重当代史、重视民族交往史、重视对史学价值的思考、重视史学理论批评的特点。

哲学领域趋于大成精致。宋代哲学的成就集中表现在理学的产生与兴盛。赵宋统治者公然承认"三教之设，其旨一也"，明确号召"以佛修心，以道养生，以儒治世"，是以两宋时期最终形成了以儒学为主体，以佛、道为辅翼的文化格局。宋代没有唐代那么激烈的佛道之争，三家基本上和平共处，不仅新儒学各家出入佛老，佛门也在学理上融合儒道。被陈寅恪推许为“于宋代新儒家为先觉”的名僧智圆，公然宣称“三教之大，其不可遗”。道教则从佛教哲学中汲取养分，将其融入自身的养生思想，进一步向儒家士大夫渗透；同时还吸纳佛教因果轮回思想与儒家纲常伦理学说，向普通百姓渗透。在士庶日常生活中，儒、佛、道更是并行不悖，不但儒家学者与高僧、名道有着密切的往来，普通百姓读儒书、拜佛祖、做斋醮更是习以为常。

艺术领域更是盛况空前。就书法而言，宋人一改“唐人尚法”的风气，以“外师造化，中得心源”为创作意旨，以“气韵”生动为审美原则，借书法作品来表现人格精神的“言志”和“怡情悦性”，被后人誉为“尚意”，从而开创了一个新时代。苏轼、黄庭坚、米芾、蔡襄四大书家，各擅所长，身为帝王的赵佶更创造出了“瘦金体”。南宋书坛虽略消歇，但陆游、范成大、朱熹等均有盛名，流芳千古。宋人将五代时官方画院发展成阵容庞大的翰林图画院，在院画师专司宫廷所需画件及皇家建筑的彩饰，创作崇尚工笔，真实细腻，风格富丽，时称“院体”。然而，喜爱绘画的文人贵族则视宫廷画师为“画工”，刻意和他们“两水分流”，以苏轼、文同、李公麟等为代表的文人所创作的“士夫画”，当时虽不能与宫廷画家抗衡，但其深远影响在于后世。经济的异常繁荣激发了社会对绘画作品的需求，能起到“卧游”“装堂遮壁”作用的山水画和花鸟画日益受世人欢迎，使得民间职业画家数量大增，他们对题材的选择和意趣的追求也反过来对宫廷画师和上流社会产生影响，宫廷画师、文人、民间画家这三类宋代画苑的主体，互为补充、互相促进，共同使宋代成为中国绘画史上一个全面发展的高峰时期。宋代工艺美术、建筑和雕塑，在继承汉、唐艺术优良传统的基础上，也呈现出独特的风采。两宋制瓷业兴旺发达，制艺之高、样式之多，远非前代可比；宋代的建筑规模虽然普遍不如唐代宏大，但在结构、装饰、着色等方面，都显得更为精美，同时更加注重建筑与环境的整体关系；在雕塑方面，宋代除了继承前代大型雕塑的工艺，在小型雕塑方面，更注重实用性，讲究用工用料，在风格、样式诸方面多有创新。

三、科技发达

宋代在天文历算、农田水利、医药领域拓展了唐代的辉煌。天文领域，宋代开始大规模观测恒星和超新星，将漏壶、圭表、浑仪等传统的天文仪器进一步改进，并出现了苏颂《新仪象法要》等关于天文学的专著；算术领域，秦九韶《数书九章》、杨辉《算法》，朱世杰《四元玉鉴》，在世界算术史上都堪称杰作，而除此三人，宋代的算术著作尚有二十余种，足见当时算术之发达；医药方面，宋代也进入全面发展的新阶段,由唐代的四科发展到了九科,苏颂《本草图经》、唐慎微《证类本草》、寇宗奭《本草衍义》是宋代编纂医药书籍的代表作;以宋慈《洗冤录》为代表的一系列著作反映了法医学的发展,吴简的《欧希范五脏图》、杨介《存真图》则标志着中国解剖学发展到了新的阶段;针灸铜人与《铜人腧穴针灸图经》则说明宋代在针灸方面的新成就。

宋代在手工艺方面的成就较唐代更为突出。宋版书的精美世所称道,杭州、扬州、建阳等城市书肆林立,私家刻书者众多,毕昇所发明的活字印刷术,在激光照排技术出现前持续影响着整个世界。宋代制瓷业非常发达,形成了定、钧、景德镇等八大窑系,汝窑更是后出转精,质量与工艺位居宋代之冠,其代表性的"天青釉"技术至今尚不能完全还原。长期以来,一直有国人误以为古代中国仅仅把火药运用于烟花爆竹而未能运用到枪支等火器上,实际上宋朝军队发明了"霹雳炮""震天雷"等大中小型火炮,到南宋还有管形火枪的出现。除此以外,宋代有金银、玉器、铜器等手工行业三百余种,这都是商业与科技互动的结果。

总之,宋代是中华文明的成熟时期,相比盛唐文明,它不论是在文史哲艺还是医农工商等领域,都实现了全面超越,可以说是中国文明史上远超汉唐、遑论明清的鼎盛时期。

第三节　大成精致的理学体系

理学一词,最早出现在南宋,朱熹曾说"理学最难"(《朱子语类》卷六三),陆九渊亦说"惟本朝理学,远过汉唐"(《陆九渊集》卷一《与李省干》)。在中国学术思想史上,理学盛行于宋代、明代,所以有"宋明理学"之说。中华文明在宋代进入成熟时期,很大程度上是因为大成精致的理学体系构建完成。

一、从经学到理学

经过汉武帝、董仲舒的提倡与改造,儒学取得了"定于一尊"的显赫地位,成为汉代文化思潮的主流,其表现形式就是儒学的经学化。而所谓经学,从西汉到东汉,由注重微言大义的今文经学,再变而为专重训诂考据的古文经学。魏晋南北朝之间,王、郑之争,南、北之争,经学日益衰微乃至分离。唐初官修《五经正义》与《五经定本》,一举结束儒学内部的纷争,然而唐儒严守汉代家法,致力于文字训诂、名物考据与章句分析,着意于汉儒笺注经传之"注"而作"疏",且信奉"疏不破注",忽略先哲经传中所含义理的讨究，遂与孔、孟、荀“尊德性”“论政治”的学风距离愈来愈远。盛唐时期的啖助、陆质师徒首创自由解经的学风，二人所著《春秋统例》《春秋微旨》等书，大胆打破《春秋三传》的束缚，专凭己意说经，随意驳斥《五经正义》，甚至对《春秋三传》提出异议，他们在学风上开了宋学“空言说经、任意附会”的先河。

知识窗

王学与郑学之争出现在曹魏时期。郑学，指郑玄所创立的经学体系。郑玄是古文经学的集大成者，他以古文经学为基础，吸收今文经学中的优点，网罗众家、遍注群经而自成一家之言。东汉末年郑学的兴盛，标志着今古文经学之争的终结，也标志着今文经学的消失。王学，指王肃所创立的经学体系。王肃是司马昭的岳父，所以王学获得了司马氏的支持，王肃注解的《尚书》《诗》《论语》、“三礼”和《左氏春秋》及其父所作的《易传》当时都被列为官学。王学和郑学的纷争，带有强烈的政治斗争的意味，并非纯粹的学术争论，而这场纷争同时也标志着两汉经学的衰落。

疏不破注是训诂学术语，指在作疏时完全依照注文诠释，不改变旧注的任何观点，即便旧注有错误亦不会指出，反而代为解释维护。疏不破注是唐代注释家的成例。

与此同时，儒学与佛、道思想的交融进一步深化。自魏晋以降，儒学深受佛、道二教的冲击。魏晋南北朝时，崇尚老庄的玄学占据意识形态的主流，“越名教而任自然”之说被广泛认同，汉代经学极为看重的“纲常论”被魏晋士人彻底摒弃，士人思想动荡，王朝更迭频繁，从经学的视角来看可谓人心大坏，而自西域而来的佛教则渐趋昌盛。儒家有识见之士，如隋末的文中子王通，遂着意整合儒家思想，力图从人心、人性重新找回儒家正宗。唐宋两朝三教并重，而禅宗“明心见性”之说，从哲学推理上讲远在当时儒家之上，这就迫使儒学人士不得不思考如何建构儒家思想的“形而上”之学以作抗衡；而理学中的“宇宙论”“本体论”，显然吸收了道家思想关于宇宙本体的概念；儒家素重入世，讲求经世致用，故而其理论体系仍以伦理为主。可见，在儒学的发展中，越来越多地融入佛、道思想元素，儒、释、道由以往的对立日趋走向合流。

北宋立国以来，奉行“崇儒右文”的国策，又立下“不得杀士大夫及上书言事之人”的铁券誓言。各种重教兴学的政策和措施，加之印刷业的发达，极大地促进了文化的发展与传播;而相对宽松的文化政策,带来书院制度的异军突起,私人讲学蔚然成风,学术氛围空前活跃。更为重要的是,它不仅使宋儒从汉唐"疏不破注"的传统束缚中挣脱开来,可以自由阐发自己的见解,甚或"疑经改经",而且无所顾忌地糅佛入儒、糅道入儒,进而推出新的儒学思想体系,实现了中国儒学从经学到理学的转型。

二、理学的建构

理学诞生于北宋中期,其代表人物为周敦颐、张载、程颢、程颐、邵雍,传统上称他们为北宋五子。在南宋的代表人物则为朱熹、陆九渊与吕祖谦。

宋代理学的宗派,就地域而言,可分为濂、洛、关、闽四派。濂学的开宗者是周敦颐;洛学即洛阳的程颢、程颐;关学是关中的张载;闽学是曾于福建(闽)讲学的朱熹。此外尚有邵雍的百源学、陆九渊的象山学、吕祖谦的浙东学等。依学理划分,则有"象数""理气"与"心性"三种主要派别。"象数"派,以《周易》象数的理论及道教所传图书来立论,如周敦颐、邵雍、张载等都属这一派;"理气"与"心性"两派的理论多根据四书来发挥,程颢、程颐与朱熹以"理"为形式法则,"气"为实质内容,乃"理气派"的代表人物;"心性"派的代表是陆九渊,他认为"宇宙即吾心",重在探讨主观之心,阐发天赋之性。宋代理学的宗派如下图(图5-2)所示:

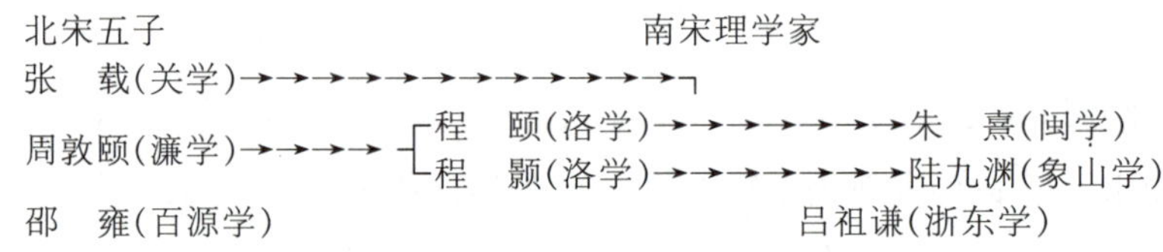

图5-2　宋代理学宗派

至于理学各派代表人物的学说要旨,概述如下:

濂学:代表人物周敦颐,世称濂溪先生,著有《太极图说》及《通书》。周敦颐的学说源自道家"太极""阴阳五行"之说,从宇宙观论及人生观。他认为,宇宙的起源是"无极而太极"。"太极"是宇宙的本体,太极动而生"阳",静而生"阴"。太极为理,阴阳五行为气(阴阳二气,五行为五气),阴阳交感,"化生万物"。人生观方面,周敦颐认为人的阴阳五行配合得最恰当,所以人居万物之长,有太极之理、五行之性。禀受太极"纯粹至善"的"理",故人之性本来是善。宇宙既然由金、木、水、火、土五行构成,则人亦有仁(木)、义(金)、礼(火)、智(水)、信(土)五常,其见诸实施,则不外乎仁义二者(所以配合阴阳)。仁义之性,都是善的,但如果用得不当,就会变为恶。正因如此,人要不离乎中正以立“人极”(做人的标准)。而如要立“人极”,必须无欲、主静。只有无欲,才能心灵虚静,才能在是非利害的考虑上居于中道,而行动上便自然做到正直无私。能做到这样的话,便能达到至诚的境界,也是一个圣人的境界,同时也是一个太极的境界,达到儒家追求的最高境界——天人合一。周敦颐的学说,首次把宇宙论与修身为人之道糅合在一起,确立了理学伦理哲学的基本趋向,故而他一向被视为道学宗王、理学开山。

关学:代表人物张载,世称横渠先生,有《张载集》传世。张载系关中人,故其学说称为关派。张载的学说从宇宙现象展开立论,他认为万物的生长发展都是由于气的聚散、动静。气有阴阳二性,沉、降、静之性是阴性,浮、升、动之性是阳性。气有聚散,气聚则物成,气散则物毁。气的聚散,有一定的规律,所以物的产生,也有一定的秩序,这就叫作“理”。“人”也是由气聚而产生的,所以也具备气“性”的部分,即“天地之性”和“气质之性”。人与万物生于天地之间,天地是人与万物的父母,人就应该努力破除“我”与“非我”的界限,从而使个体和天地万物合一。要达到这一目标,人首先要变化“气质之性”,使它恢复为原来的“天地之性”,而“天地之性”就是后来程朱所说的“理”。张载在《西铭》一文中阐明人对宇宙所应持的态度,认为“吾人之体”即“宇宙之体”,“吾人之性”即“宇宙之性”,人应当视宇宙为父母,应当以事父母之道对待宇宙,应当视天下之人皆如兄弟,应当视天下万物皆如同类,由此他提出“民胞物与”的主张,立下“为天地立心,为生民立命,为往圣继绝学,为万世开太平”的抱负。张载首次确立了“气”在理学中的地位。

百源学:代表人物邵雍,后称康节先生,著有《观物篇》《先天图》《伊川击壤集》《皇极经世》。邵雍少时随父居苏门山百源之上,故名。邵雍的学说从宇宙论推论到人生观,认为人是万物之一,亦为万物之灵,而“人心”是一切的主体。宇宙万物万事的变化,皆由于人心的观察而生,所谓“万化万事生于心”,而以心为“太极”。因此,他主张人要“养心”“去利欲”,而任“至诚”,如此则宇宙之道无所不通,亦可穷天地性理之奥秘。

洛学:代表人物程颢、程颐兄弟。二程均不喜欢探讨宇宙问题,主张直接从人生实际经验来建立人生的道理,由此他们教人从实际生活与内心体验上来寻求修养的方法。

程颢认为,天下一切真理,必须经过亲身体验才不会流于空谈。他认为“天理”在于“仁”,人如能具有仁德,便能与天地万物为一体,所以“学者须先识仁……义、礼、智、信皆仁也”。他认为“仁”在人的本性之中,不须费力外求,应侧重“心”的修养,认为“舍心之外天下无理”,要人“自其心体验天理”,只要“明心”,便能“见性”,便能“求仁”“得仁”。明白了这个道理,便须谨记不忘,更要身体力行,一切行事,皆本此心去做,即所谓以“诚敬存之”。所以“诚”与“敬”,是明道、修身、养性的法门。

在“心性”观上,程颐与程颢相同,但论“诚、敬”方面的修养则不一致。程颐主张“持敬”与“穷理”并重,提出“存天理,去人欲”的方法在“涵养”和“进学”两方面,程颐认为“涵养须用敬,进学在致知”“诚意在致知,致知在格物”。此即说,一方面修己的意志,使之专一集中,不为外物所动(敬);另一方面今日格一物,明日格一物,然后加以归纳,便会豁然贯通,明白万物都是一理。

闽学:代表人物朱熹,后称晦庵先生。朱熹本是南宋婺源人,因讲学于闽,故称其学派为闽学。

朱熹认为,宇宙间万事万物都有一个真理存在,这个真理就是“太极”。至于“真理”要表现成为具体的形象,则有赖于“气”。“理”与“气”合而构成人。由于气中有清、浊,因而人性亦有善、恶。因此,朱熹教人从善,要“存天理,去人欲”。而要去人欲,必须“敬”与“致知”。所谓“敬”,是要使人的一己之心,常常受到警策监督,一旦有私念私欲萌芽,便要马上加以克制;所谓“致知”,即求取学问之意,朱熹以为天下之物理精髓皆具于圣贤书中,所以读圣贤典籍便是致知的所在,而古书则以《大学》《中庸》《论语》《孟子》为六经的阶梯。人若做到“敬”与“致知”,是绝对可以到达至德、至善、至理的境界。朱熹的思想集北宋理学的大成而融之为一,又上接孔孟,乃理学一大系统。

象山学派:代表人物陆九渊,世称象山先生,有《陆九渊集》传世。陆九渊特别注重持敬的内向工夫,主张心即理,不容有二。他认为即物穷理则支离破碎,而教人先发明本心之明,而后博览,以应万物之变。是以他曾说:“学苟知本,六经皆我注脚。”陆九渊的学说与朱熹读书穷理的见解,大异其趣,后经王阳明等充实、发挥,成为明清以来的主要哲学思潮,一直影响到近现代中国的思想界。

浙东学派:代表人物吕祖谦,世称东莱先生。吕祖谦与朱熹、陆九渊同时,而学问渊博似在二人之上,惜早逝。吕祖谦虽讲“理学”,但重视学以致用,论者称之为“事功派”。此外,叶适与陈亮亦同样反对正心诚意之学,而提倡事功。浙东学派的出现,是宋代思想界的一大转变。

三、理学与中国社会

从整个人类思想发展的历史角度来观照理学,其对中国社会有着诸多正面意义。

首先,理学重建了中国古代社会的人文信仰。自东汉以来,儒家思想受到释、道两教的剧烈挑战,中国人的文化观、价值观、理论体系随之日益混乱。理学吸收整合三教思想，弃佛道之空幻而返儒家之实学，建立了“性与天道”思想系统，提出了“修齐治平”的观念，使儒家的学术宗旨回归到孔孟之人文关怀的学术传统之中，使儒学的知识系统回归到人伦日用的生活实践之中，个人、家庭和国家三者关系自此得以正确处理，儒教的至上性与可行性自此重建。不仅如此，理学精神中的求理精神、主体精神、忧患精神、理性精神、求实精神、道德精神、开放精神等也成为中华民族精神的整体体现。

其次，理学开拓了中国古代社会的知识形态。理学所倡导的知识体系深化了对自然、社会、个体存在的理性思考，对求知与养心、个人与社会、伦理与政治等一系列重要的关系做了清晰地阐述，它扫除了《五经》为至人之言的种种光环和权威，实现了思想解放，使此后的中国思想史上出现了罕见的学说纷呈、学派众多的繁荣格局。

最后，理学影响了古代科技的发展。宋元时期，中国古代科学技术的发展呈现出高度繁荣的景象，农田水利、冶铁造船、天文历象等均在当时的世界上处于领先地位，理学思辨性的理性主义特征及他们提出的“格物穷理”的理念，对科技的繁荣有着重要意义。明代科技亦很发达，而至清代则大为衰落，这与清朝统治者利用理学，在思想上鼓吹蒙昧主义，在政治上鼓吹专制、实行奴化教育不无关系。

当然，在理学的社会实践层面，也引发颇多负面效应。

首先，理学所尊崇的“三纲五常”理论、“存天理，灭人欲”思想，被元明清历代封建帝王所力捧和演化，只因它是统治阶级禁锢人民思想的最佳工具，广大民众在其所宣扬的封建礼教和“安分”“守命”思想的压迫下，精神枷锁日益沉重。

其次，理学所构建的“性与天道”的理论体系，其本身是一种客观唯心主义的天理观，由其而推演的从“理”出发和以“理”剪裁客观事物的理学教条主义思想路线，成为历代统治阶级对人民实行政治专制和文化专制的根据。

最后，宋以后以理学为代表的中国传统学术研究，把对儒家经典的解释当作整个民族发展的知识源泉，其全部学术研究的目的是论证传统社会秩序的合理性。这种学术研究，不是以实践为本位，不是以现实为本位，不是以民众为本位，而是以典籍为本位，以传统为本位，以君主为本位，这种研究旨趣，不仅不能推动社会进步，反而阻碍了社会发展。

总而言之，中华文明在两宋时期进入了极盛精致的发展阶段，尤其是大成精致化的理学体系构建的完成及其统治思想地位的确立，它将中国文化重伦理重道德的传统精神推到极致，中华文明的性格最终定型下来，从而引出了极为复杂的文化效应，直接影响了中华文明未来发展的格局和方向。近代著名思想家严复指出：“古人好读前四史，亦以其文字耳。若研究人心、政俗之变，则赵宋一代历史，最宜究心。中国所以成今日之现象者,为善为恶,姑不具论,而为宋人之所造成,什八九可断言也。”(王栻:《严复集》,中华书局 1986 年版,第 668 页)从这个角度而言,宋代可以称为是中华近世文明的开端。

【专题研讨】

1. 靖康之祸

“怒发冲冠,凭栏处,潇潇雨歇。抬望眼,仰天长啸,壮怀激烈。三十功名尘与土,八千里路云和月。莫等闲,白了少年头,空悲切。靖康耻,犹未雪;臣子恨,何时灭。驾长车,踏破贺兰山缺。壮志饥餐胡虏肉,笑谈渴饮匈奴血。待从头,收拾旧山河,朝天阙。”这首题名《满江红·怒发冲冠》的词,一般认为是宋朝著名抗金英雄岳飞留下的。全词气壮山河,诵之让人悲壮不已。那么,词中的“靖康耻”是怎么回事?透过事件,它又留给世人怎样的历史教训和现实启示?

(1) 背景知识。

1125 年 2 月,在宋、金的联合夹击下,辽国灭亡。正当朝野上下为百年世仇的覆亡而一片欢腾之际,同年 10 月,金军分东西两路大举侵宋,次年 1 月金军包围了开封城。开封军民在李纲的领导下,坚守不降,金军久攻不破,答应了宋廷的求和要求,在获得了大量赔款与割地后退兵北归。金军撤退后,宋廷以为万事大吉,并未引以为戒。1126 年秋,金军再次分东西两路大举南下,一路势如破竹,短短两个月便渡过黄河。10 月 24 日兵临开封城下,次日开封城破。1127 年 2 月,金太宗下令将徽、钦两帝废为庶人,继而册立北宋宰相张邦昌为傀儡皇帝,国号“大楚”。同年 3 月底 4 月初,金人分两批撤兵,并掳徽钦两帝、皇后、妃嫔、诸王、公主、宗室、驸马、一干朝中重臣及无数的金银珠宝、文物典章、工匠技师等北归。至此,北宋王朝宣告灭亡。对于这段惨痛的历史,史称“靖康之变”“靖康之难”或“靖康之祸”。

(2) 研讨论题。

北宋灭亡的历史教训与现实启示。

(3) 思路提示。

在中国传统史家笔下,宋朝是屡遭非议、评价不高的朝代,认为它虽然文治兴盛之极,然则武功不振,在与契丹、女真、蒙古等游牧民族的较量中,总是处于下风,屡战屡败,乃至遭遇“靖康之祸”这样的惨剧。不过,在西方学者的口中,它却备受赞誉。英国历史学家汤因比说:“如果让我选择,我愿意活在中国的宋朝。”美国历史学家罗兹·墨菲在其所著的《亚洲史》中称宋朝是“中国的黄金时代”。为什么会出现这样截然不同的评价呢?

对于一个国家或民族而言,是“文治”重要还是“武功”重要?北宋灭亡的历史教训是：武功与文治是一对孪生体。一个没有尚武精神、没有强大国防作后盾的国家，无论经济如何发达繁荣，也可能会挨打，会丧权辱国。

当代中国，经过数十年的改革开放，经济日益强大，文化科技也得到长足发展，但似乎缺乏与之相应的国防军事力量的发展。历史的教训，现实的启示。面对风云变幻的国际形势，超级大国的虎视眈眈及动荡不安的边疆局势，我们应该如何应对？

2.《西游记》

明人吴承恩的《西游记》是中国古典四大名著之一，它记叙了唐僧、孙悟空、猪八戒、沙悟净师徒四人历经八十一难去西天取经的故事。它自问世以来便广为流传，甚至被翻译成多种语言，被拍成各种版本的电视连续剧、电影，影响了一代又一代的中国人。然而，许多人关注的只是它玄幻离奇的神仙鬼怪世界和孙悟空降妖除魔的故事情节。殊不知，整部小说浓缩了大量中国传统思想文化元素。一部《西游记》，同时也是一部中国文化史。

(1) 背景知识。

玄奘(602 年—664 年)取经是一个真实的历史事件。佛教传入中国之后，各种佛经宝典纷至沓来，但中国人在对佛经的理解与阐释中却出现了诸多分歧和困惑。为追求佛家真义，高僧玄奘在贞观三年(629 年)前往天竺，他经历百余国，费时 17 载，取回梵文大小乘经论律 657 部。回国后，他奉诏口述所见所闻，由弟子辨机和尚辑录成《大唐西域记》一书，这本书虽然“皆存实录，匪敢雕华”，但难免有些神异的色彩。其后，玄奘弟子慧立等人又撰写《大唐大慈恩寺三藏法师传》，在赞颂师父、弘扬佛法的过程中，也不时用夸张神化的笔调穿插一些离奇的故事。故事愈演愈奇，唐代末年的笔记如《独异志》《大唐新语》等已收录了玄奘取经的神奇故事。北宋《大唐三藏取经诗话》作为一种“说经”话本，首次出现了猴行者的形象；元末明初人杨景贤所作杂剧《西游记》，首次出现了猪八戒与沙和尚的形象。而与之同时或稍早，一部内容结构和现在流传本比较接近的平话本《西游记》也已产生，可惜此书早佚，仅有“梦斩泾河龙”的故事见于《永乐大典》的残卷。

(2) 研讨论题。

《西游记》的文化透视。

(3) 思路提示。

《西游记》在明代中后期的问世，是当时政治、经济、思想文化等因素相互作用的产物。明太祖朱元璋明确提出三教并用的主张：“若绝弃之而杳然，则世无神鬼，人无畏矣，王纲力用焉。于斯三教，除仲尼之道，祖尧舜，率三王，删诗制典，万世永赖。其佛仙之幽灵，暗助王纲，益世无穷。”到了明中期，三教的融合已然非常成熟,“儒教的孔庙,佛教的庵院,道教的寺观,虽数十户集居的小村落,亦必有一混合式的庙宇”。(王治心:《中国宗教思想史大纲》,东方出版社 1996 年版。)

《西游记》是体现三教合一的典型作品,它从玄奘取经的真实故事逐渐演化为虚幻的神魔小说。这是一部地地道道的佛教故事,但在流传过程中逐渐被掺入儒家文化、道教文化,最后定型成书。因此可以看出《西游记》是在故事的基础上,不断附会各种思想教义而产生的。

《西游记》作为中国传统文化语境的产物,它的宗教文化思想包含了儒、释、道三家的教义。三教合一思潮是一种复杂的文化现象,由于立场不同,主张人在表达时有很大的内涵差异,因此儒、释、道三家思想平分秋色之说还有待商榷。

【拓展阅读】

1. 梁漱溟:《中国文化要义》,学林出版社,1987 年。

2. [法] 谢和耐:《蒙元入侵前夜的中国日常生活》,刘东译,江苏人民出版社,1995 年。

3. [美] 刘子健:《中国转向内在:两宋之际的文化转向》,赵东梅译,江苏人民出版社,2002 年。

【超级链接】

1. 论中国古今社会之变,最要在宋代。宋以前,大体可称为古代中国,宋以后,乃为后代中国。秦前,乃封建贵族社会。东汉以下,士族门第兴起。魏晋南北朝定于隋唐,皆属门第社会,可称为是古代变相的贵族社会。宋以下,始是纯粹的平民社会。

——钱穆:《理学与艺术》

2. 从很多方面来看,宋朝算得上一个政治清平、繁荣和创造的黄金时代。期票、信用证及后来官方大量发行的纸币,适应了商业的发展。政府官员印刷发放小册子来推行改进农业技术;灌溉、施肥、精巧的新式金属工具和最早的机器,以及改良的作物新品种。经常得到城市富商和宋朝廷赞助的绘画有了光辉的进步,低廉印刷术的推广促进了文学的繁荣,小说和故事书激增。

——[美] 罗兹·墨菲:《亚洲史》(插图修订第 6 版)第七章《中国的黄金时代》,黄磷译,世界图书出版公司,2011 年

【思考题】

1. 从中华文明发展史的角度而言，安史之乱具有哪些影响？
2. 概述中华文明在宋代臻于极致的具体表现。
3. 你认为文治与武功孰重孰轻？

第六章 中西易位
——中西文明的碰撞

【学习重点】

1. 了解世界近代文明发展之大势。
2. 理解明清之际中西文化的差异。
3. 了解洋务运动与戊戌变法两个历史事件。
4. 理解新文化运动的文明史意义。

15 世纪以降，随着葡萄牙人的东进与西方传教士的涌入，中华文明自成一体的格局被打破。在东西方文明的正面接触和剧烈碰撞中，近代世界文明一体化的进程悄然启动。在中外形势急转直下之际，明清王朝的君王、大臣、士子们却还沉浸在“天朝上国”的美梦中，1793 年马戛尔尼使华事件，正折射出他们认知外部世界时的迷惘与自大。鸦片战争以后，西方人用坚船利炮轰开了“天朝”的大门，触发了部分有识之士的警惕，意识到此为“三千年未有之变局”，于是有了一系列求变的探索和实践：以“师夷长技以制夷”为目的的洋务运动，嫁接西方制度模式的戊戌变法运动，以创建共和为目标的辛亥革命，反思中国传统思想、学习西方文化的新文化运动。

第一节 世界文明大变局

梁启超先生在《中国史叙论》中将中国历史分为“中国之中国”“亚洲之中国”“世界之中国”三个阶段。根据这种划分方法，自秦到清，中国是亚洲历史舞台的主角。直到 15 世纪前后，中华文明的发展总体上仍然处在一个相对独立的地理空间中，其演进的步伐虽显缓慢，但其脉动却依旧绵长。然而，在地球的另一端，却正发生着剧烈的变化，一场人类有史以来最大的文明变革正揭开帷幕。14 世纪以后，文艺复兴运动在地中海之滨展开，人文主义的大旗随之高扬，欧洲文明从中世纪的黑暗中苏醒过来，世界文明大变局由此发端。在激荡的历史洪流中，中华文明再也不能置身事外，不可避免地卷入其中。

一、中华文明的深入发展

中华文明在宋代达到了一个前所未有的高峰，但从整体性文明演进的角度看，明清时期仍然在扩展。中华文明在明清时期进入一个稳定的发展阶段，在农业、手工业、商业等方面都取得了巨大成就。江南市镇和工商业繁荣，人口和耕地面积空前拓展，手工业水平提高。这一时期的中华文明，即便不如汉、唐、宋时期那么璀璨夺目，却依然保持相当的活力，并按照自身逻辑和轨迹，继续缓慢发展着，在不断累积中拓展、深入。至 18 世纪前后，中国古代的制度文明与物质文明皆达到了一个前所未有的高度，诸如精巧绝伦的工艺品、美轮美奂的园林建筑、包罗万象的戏剧小说、博大精深的制度礼仪等，都向西方世界展示了东方文明的风采，并赢得西欧人的青睐，一度在欧洲引发了中国文化热。

明清时期，中国社会经济持续发展，社会风尚与社会观念亦随之变迁，思想与文化都取得了较大的成绩。在哲学思想上，明代中期王阳明承宋代陆九渊之学说，发展了“心学”体系，其心外无理、知行合一、致良知等哲学主张对后世产生了极为深远的影响。“心学”的提出使当时士大夫关注的重心从外在的“天理”规范秩序转向了内在的人的主体性，颇有禅宗明心见性、直指本心的意味，这在很大程度上起到了解放思想的作用。在文化科技上，中国古代小说在明清时期发展成熟，先后有《西游记》《水浒传》《三国演义》《红楼梦》等名著问世，还有李时珍《本草纲目》、宋应星《天工开物》、徐光启《农政全书》等集大成的科技类著作相继编撰完成。

尤其是在文化典籍整理上，清朝中叶兴起的图书事业盛况空前。据杨家骆统计：“清代出书达十二万六千六百四十九种，一百七十万卷。以目录书而论，从汉魏到明末，目录书共计一百五十一种，而有清一代却有一百八十种。”（转引自冯天瑜、何晓明、周积明：《中华文化史》（第二版）下册，上海人民出版社 2005 年版，第 678 页。）其中，以大型类书《古今图书集成》与大型丛书《四库全书》最负盛名。这种图书事业的繁荣，充分折射了当时文化的昌盛与成熟。

值得一提的是，明末清初，以顾炎武、黄宗羲、王夫之为代表的思想家们，在反思明朝灭亡教训的基础上，对中国传统治学理论和方法、政治制度、哲学等都进行了反思、批判、总结乃至发挥，并掀起了一股经世致用的实学思潮。受这种思潮的影响,清代中期逐渐形成了乾嘉考据学,并成为当时最具特色的学术主潮。其实事求是的治学风格、怀疑否定的批判精神、敢于超越前人的创造性思维,以及"不攘人之美"、反对抄袭的学问修养与近代西方传入的学术规范不谋而合。

二、近代世界文明的开启

15 世纪前后的欧洲,掀起了开拓新航路的热潮。葡萄牙航海家达·伽马首先开辟了从欧洲绕好望角到达印度的航线,其后意大利航海家哥伦布在 1492 年到 1502 年间四次横渡大西洋,到达美洲大陆。1518 年至 1520 年间葡萄牙航行家麦哲伦的船队,又完成了全球航行。这些伟大的航行开辟了新的航路,也使欧洲人发现了新的大陆,更为重要的是新航路的开辟引发了欧洲文明一系列的变革。

地理大发现并不是一个孤立的事件,在此前后发生的还有文艺复兴及宗教改革。文艺复兴时期,艺术兴盛,科学昌明,人的情感与理智的均衡发展到了前所未有的高度,其所表现的人文主义精神最终发展成一种为创造现世的幸福而奋斗的进取精神,地理大发现就是在这种精神的鼓舞下完成的。欧洲"中世纪只知道一种意识形态,即宗教和神学"(《马克思恩格斯选集》第四卷),文艺复兴推动了宗教的改革,人文主义者对黑暗腐败教会的谴责,为宗教改革派挑战天主教提供了论据,他们对《圣经》原文及基督教原始教义的研究,则为新教教义的形成播下了种子。地理大发现及宗教改革的成功,反过来又促进了文艺复兴深入发展。三者之间的互动从不同的层面为资本主义的兴起奠定了基础:文艺复兴向新兴的资产阶级树立了一种乐观积极、果敢进取的精神;地理大发现为资产阶级提供了大显身手的广阔天地;宗教改革则极大打击了欧洲天主教教会在精神思想领域的统治,动摇了天主教会在欧洲各教区享有的政治、经济等诸多特权,由此分裂出来的新教更是为资产阶级提供了精神归宿。

新航路开辟后,葡萄牙、西班牙、荷兰、英国等相继称霸海上,这些国家在向海外扩张的同时,也在文化、思想、宗教及政治等领域内完成了重大的变革,而这些变革都极为深刻地影响着此后世界历史的进程。在这世界文明重大转折时期,明代中国却早已过了巅峰期,各种危机此起彼伏,深陷内忧外患不能自拔,明初郑和下西洋不过昙花一现,在历史长河中仅留下丝丝涟漪。

三、郑和下西洋的困惑

郑和下西洋是中国历史上的特殊事件,华夏文明自古以农为本,历代王朝施政的重心皆聚焦于大陆。唐、宋、元诸朝虽在广州、泉州、明州(今属浙江宁波)等沿海口岸设置了市舶司,但官方从未派遣大规模的航队远涉西洋。明初,为了防范海盗与倭寇,朱元璋屡次颁布禁海令,由此构成后世所谓的明代海禁政策。迨至永乐朝,呈现出一幅看似矛盾的景象:一方面明王朝的海禁政策一仍其旧,严禁民众私自出海;另一方面却诏令郑和组织大规模的船队,七下西洋。郑和下西洋的动因,历来众说纷纭,诸如寻找建文帝、耀兵异域、发展海外贸易、颁示"正统"、扫清海寇等说法不一而足,莫衷一是。

知识窗

市舶司,中国古代管理海外贸易的机构。市舶司机构的设置,始于唐朝后期,发展于宋代,元明承之。与唐、宋、元时期市舶司以经济功能为主不同,明代市舶司以政治功能为重,它是配合官方统制贸易而设,接纳的贸易对象仅为贡舶,即明朝指定各国官方派赴中国做贸易的船舶,非官方的各类贸易船舶则一概拒绝验关。

郑和下西洋前后跨度长达28年,无论是海船吨位、船只数量还是船队人数及航行次数,皆前所未有,由此,可以看出造船技术的先进性、行政编制的系统性、人员管理的高效性及明帝国调动资源的集约性,在当时世界范围内都是无与伦比的。与半个世纪后的西方迪亚士、达·伽马、哥伦布、麦哲伦等人的海上航行相比较,从航海技术与开拓新航路的角度来看,二者之间看似有可比性和相似性。然而从更多方面看,却又有着实质性的差异。

首先,郑和下西洋的目的在于畅通南洋海道,重新确立朝贡册封制度,以恢复洪武初年诸蕃朝贡、内外宾服的局面,进而满足封建帝王君临天下的虚荣心。而哥伦布等人航行的目的则在于打破意大利人、阿拉伯人及奥斯曼土耳其人对东方贸易的控制,开辟新的航路,设法直接与中国、印度等地进行贸易,从而获取黄金、香料,进而占领土地、奴役人口及贩卖奴隶。

其次,就组织方式而言,郑和船队是明王朝特遣,其船只系由国家所属的府卫、工部、地方提举司在各地分别承造,船队每次率领人数在27 000左右,其中以军人居多,航行经费与物资来源于国家拨付。哥伦布等人的航海则是游说后受葡萄牙、西班牙等宫廷特许,其船只一般求助于商人,并与之签订契约。船队人员过千即属较大规模的航行,其中不少人员来自民间招募,航行的经费与物资一方面由葡萄牙、西班牙等皇室襄助,另一方面则依靠行进中海盗式的掠夺。基于上述比较分析,郑和的船队是王朝特遣舰队,其扮演的角色是官方外交使团、朝贡贸易使团。哥伦布等人的船队属王室特许私人航海探险队,其扮演的角色为征服者、殖民者、基督教传播者、通商者及海盗。

最后,就结果和影响而言,哥伦布等人的航海无疑推动了西方历史的进程,促成了近代西方资本主义的崛起,而郑和的航海仅留下了一段历史。重新审视这段历史,它给人以曙光乍现之感,在惊喜之余不免遗憾。

第二节　农耕文明的瓶颈

论及明清时期的中华文明,以往人们往往将其概括为盛极而衰。然而,西方人却有不同的看法。贡当・弗兰克与彭穆兰都曾谈到,中国的经济总量在 1800 年之前始终位居世界首位,这是一个听起来让人振奋的数据。按照常理,1800 年前后中国的国势理应强大,而中华文明也必然是先进的。对此,应该审慎地辨析,直到英国工业革命前后,中国的 GDP 仍然处于世界的前列。然则人均 GDP 呢?综合国力呢?从这个角度看,自明朝中叶后,在世界文明格局的急剧变化中,中华文明尚能以其辽阔的疆域、悠久的历史、深厚的积淀,维系表面的繁荣和体面的地位。但从内在来讲,中华文明的确陷入了发展的瓶颈。郑和下西洋事件,充分折射出历经数千年发展的中华文明,至明清时已发展到了极致,农耕文明本身所固有的缺陷由此日益凸显出来。

一、政治制度的僵化

明代元而立,重新恢复了以汉人为主导的中原王朝统治模式。洪武十三年(1380 年)胡惟庸案后,朱元璋有感于相权对君权的制约与威胁,于是废除中书省的相职,将原来隶属宰相的政务分配于六部,并由君主总裁,皇帝实际兼掌了宰相的权力。地方行政体制上,明代沿袭元朝的行省制,设立两京十三司,将地方权力一分为三,以布政使掌民政,按察使掌司法,都指挥使掌军事,直属中央,这样三司之间自然地形成一个相互制约的局势。

清代大体沿用了明代的政治制度,但在用人行政上处处防微杜渐,谨防汉人掌握权势,以保证满族的统治权。清代无论内阁或六部,其人员的编制一般都是满汉并设,且以满族官员为尊。地方行政制度上,以总督为地方行政最高长官,其职权包括统辖下属文武官吏及治理军政、民政,辖地由一省至三省不等。总督之下有巡抚,职权与总督略同而稍小。督抚大员,贵为封疆大吏,多以满人充任。其下又有布政使掌财政及官吏任免,按察使掌刑狱,两司还参与相应的政务,以分总督、巡抚之权,防止其权力过大。

总体来看,明清两代在制度设计上的种种变革创新,无一不着眼于中央集权与君权的强化,将专制主义中央集权推至登峰造极。顾炎武概括其特点为“今天下一切之权,而收之在上”(顾炎武:《日知录集释》卷九《守令》篇),而黄宗羲在《明夷待访录·原君》中揭露其流弊云:“今也天下之人怨恶其君,视之如寇仇,名之为独夫,固其所也。”明清时期的中华制度文明已趋僵化,失去了制度创新的能力,既然如此,又何以能应对“三千年未有之变局”呢?

二、农耕经济的问题

中国传统农业在两宋时期取得了突飞猛进的发展,尤其是江南地区的农业达到了一个前所未有的高度,学术界所谓“宋代江南农业革命”的概念正是基于此而提出的。然而,农业的大发展,也带来了人口的剧增,中国古代人口在宋代首次突破了1亿,人地关系的矛盾开始显现出来。

这种人地关系的矛盾,在清朝中期之前,因为社会动荡、土地大量新垦、大规模移民及番薯、玉米、土豆等美洲高产粮食作物的引入,总体尚在可容忍的范围内。但进入清朝中期后,随着天下承平日久,尤其是清朝康熙年间“摊丁入亩”政策的推行,极大地刺激了人口的迅猛生殖,到乾隆时人口已突破了3亿。人口的剧增意味着人均耕地面积的减少,进而造成人均可分配食物的减少及粮食价格的持续上涨。

清朝中期后,人口的迅猛增长给社会带来巨大的压力。乾隆不无忧虑地指出:“承平日久,生齿日繁,盖藏自不能如前充裕。”“生之者寡,食之者众,朕甚忧之。”显然,他已认识到,由于人口的日益增加,物资已大不如先前充裕,土地上的出产已经难以满足越来越多的需要。正是在这样的背景下,著名学者洪亮吉提出了他的“人口论”,其理论之要有三:一是耕地增长的速度赶不上人口增长的速度。二是必须有赖于“天地调剂之法”与“君相调剂之法”来解决过剩的人口。所谓“天地调剂之法”,就是依赖水旱瘟疫等自然灾害来淘汰人口;所谓“君相调剂之法”,就是依靠政府力量,通过移民、开荒等措施来养活人口。三是听任人口激增必将引起社会动乱。

中国传统农业发展到明清时期,就农耕文明时代而言,潜力挖掘殆尽,生产力水平可谓臻于极致,却依然难以承载剧增的人口,造成大量农业剩余人口的存在。

这些“过剩”的人口部分自发地转移到手工业、商业等领域,一度形成资本主义经济在江南各地的萌芽。只可惜,由于传统“重农抑商”观念,明清王朝海禁、抑商等政策的推行,极大地妨碍了农业过剩人口的分流,造成明清资本主义经济始终处于萌芽状态而不得进一步发展,中国传统农耕经济由此陷入瓶颈而始终不得突破,并最终酿成了晚清中国社会贫穷、落后的面貌。

三、开放意识的丧失

在相当长的时间内,中华文明确实在世界处于领先地位,唐宋时期的中国常以一种开放的胸怀对异域文化兼收并蓄。逮至明清,开放精神失去,故步自封。就对外关系而言,明清王朝在与周边国家和地区的交往中构建起了一套完备的“朝贡”体制。“朝贡”的依据主要在于“天朝上国”这种观念,主要是由以下几个原因促成的:

(1) 从新疆、西藏延伸至中亚的广大地区海拔极高,地势险峻,气候及生产环境相对恶劣,在工业时代未曾来临之前,受生产力及交通运输的限制,各封建王朝对新疆、西藏地区的军事征服、行政管理与生产开发受到天然制约,古代中国疆域随封建王朝的国力及其周围势力的消长而伸缩,也正是基于上述原因,即便是国势鼎盛的朝代,对西端疆土的拓展亦只能止于中亚地区。因此一般情况下,中国古代西部地理疆界最远以中亚为界,由西往东延伸至大海,分布于欧亚大陆的东端,疆域广袤,自成一格。

(2) 农业经济时代的中国,生产以家庭为单位,消费基本能够自给自足,物物交换与货币交易在经济中的份额微乎其微,各经济单位相对分散。经济上亦独自成一体系,较之周围邻邦无论总量抑或门类体系皆占有压倒性优势。

(3) 以中国为中心的东亚儒家文化圈甚早形成,而君主集权下的郡县制与文官制度亦为东亚地区各邻邦所效仿。

地理疆界自成一格,经济物质自给自足,文化制度自成体系,在得天独厚的地势空间内,古代中国农业文明犹如浑然天成,相较于邻邦,其优越性显而易见,因此在中国文人士大夫群体中很早产生了所谓的华夷观念,而天朝上国的观念则是此种华夷观念的延伸。以古代封建王朝统治集团及士大夫官僚阶层的观念而论,他们认为中国地大物博,文教昌明,制度礼仪完备,是为“天下”之中心,本质上不存在同“化外蛮夷”交往与贸易的需要,朝贡体系适合天朝威仪,是对“蛮夷”诸邦格外的施予和特殊的恩惠。

15 世纪以后,西方经历了地理大发现、文艺复兴、宗教改革乃至工业革命,其社会面貌日新月异。迨至1840年鸦片战争以后，西力东渐的进程加快，欧美列强以雷霆万钧之势强行打破了清帝国深闭固距的大门。中国面临史无前例的民族危机，诸如李鸿章这样的开明官僚发出“三千年未有之变局”的惊呼。无奈当时绝大部分的士大夫并没有意识到彼时中国与西方国家间真正的差距，夷夏观、天朝观尚支配着他们的认识，在他们看来中国是天下文明中心之所在，对外部过于开放，只会招来诸多蛮夷，扰乱文教完备、礼治粲然的华夏文明，西方的坚船利炮只属“奇技淫巧”的范畴。

黄仁宇先生曾谈道：“俾斯麦曾认为德国经他经营，至19世纪末年已达到饱和点，因之此后不再拓土。而500年前朱元璋也有类似的看法。他决心固守中国‘内地’，不再向外发展以避免额外之枝节。他以朝代创业人的地位，传示于他的子孙，声称明军‘永不征伐’的国家凡15个，这15个以朝鲜与日本及安南（越南）领先，及至南海各小国。”（黄仁宇：《中国大历史》，生活·读书·新知三联书店1997年版，第181页。）这段分析，很好地揭示了明代对外政策的总体基调，也从一个侧面揭示了这一时期中华文明在对外关系上的保守，以至于在面对异质文明时缺乏应有的敏感与鉴别，中华文明的开放意识趋于僵化。

第三节　东西文明的碰撞

《托德西利亚斯条约》是地理大发现时代西班牙与葡萄牙两个早期海洋帝国瓜分世界的著名分赃协议，该条约大体将亚洲、非洲划为葡萄牙势力范围。自1494年以后，葡萄牙持续在其势力范围内开展殖民活动，至16世纪初，兵锋直指中国。紧随这种殖民活动而来的，是西方传教士的纷至沓来，由此有了中华世界与西方世界的第一次正面接触与碰撞，形成了中西文明交流的第一次高潮。在这次交流中，耶稣会士充当了桥梁和纽带。一方面，为了传教的需要，他们将西方的科学文化知识传入中国，使中国知识界对“西学”有了直观的了解和认识，西方科学文化的传播向纵深发展，呈现出繁盛局面。另一方面，天主教教义的排他性亦决定了其布教活动的褊狭与局限，在“大礼仪事件”之后，中西文明的交流在冲突中趋于停滞。

一、葡萄牙人东来

正德六年（1511年）葡萄牙攻陷当时明朝的藩属国马六甲，之后葡萄牙人以马六甲为桥头堡，开始了其在东南亚广泛的殖民活动。正德十三年（1518年），西蒙·安德拉率葡萄牙舰队到达屯门,在未经广东地方官许可的情况下强占该地,并建屋筑寨,架设大炮,开始走私贸易。这让当时明朝不少官员感到不安,开始整顿广东夷务。明武宗死后,明朝方面按国丧定制,要求葡萄牙人退出屯门,葡萄牙人不仅蛮横拒绝,还向中国水师发动攻击,广东海道副使汪鋐奉命督师,击溃了葡萄牙舰队,史称“屯门之役”。嘉靖二年(1523 年),葡萄牙再次挑衅,于是爆发了“西草湾之役”,明朝方面再次获得胜利。

“西草湾之役”以后,明朝政府对广东实施了严厉的海禁,其主要目的是防止葡萄牙人的侵扰。自此,广东地区的海外贸易被完全禁绝,这就迫使葡萄牙及之前同广东有贸易往来的东南亚国家急切寻找新的贸易点,而当时并未实施海禁的福建与浙江就成了这些国家进行走私贸易的绝佳选择。其间自然存在一个由南往北的过程,葡萄牙人在福建的主要据点为漳州,并以此为基地,继续向浙江沿海推进,最终占据了浙江宁波沿海的双屿港作为其主要活动地点。对此,葡萄牙人平托在其《远游记》中有详尽的描述:宁波港(Liampo)由两个对峙的岛屿所组成,相隔约两里路。到 1540 年或 1541 年,葡萄牙人已在其地建造了一千多所房屋……葡萄牙人的贸易总额达三百万葡元以上。绝大多数贸易是以来自日本的银锭进行交换的,宁波的葡萄牙人在两年前就与日本建立重要的通商关系了。([葡] 平托著,张天泽译:《远游记》。转引自汤开建:《澳门开埠初期史研究》,中华书局 1999 年版,第 32 页。)

双屿港这一走私基地于嘉靖二十七年(1548 年)为浙江巡抚朱纨所剿毁,这使葡萄牙海寇势力受到了极大的打击,但是其间涉及与之相关的沿海势家大族的利益,通过家族的影响力怂恿言官弹劾朱纨,以其在地方擅杀为由罗织罪名,嘉靖皇帝认可了这种说法,朱纨自知难免,在朝廷采取行动前即自裁了。朱纨死后,明廷“罢巡视大臣不设,中外摇手不敢言海禁事”(《明史》卷 250)。此种局势的发展无疑使本已式微的葡萄牙海寇势力死灰复燃。

1552 年,葡萄牙人重新回到广东。当时广东的海禁业已解除,他们通过多方奔走钻营,成功贿赂了海道副使汪柏,经由其周旋,终于在 1554 年,葡萄牙人被允许在广东贸易。其后,葡萄牙人私自迁入澳门,进而强行租借,开始了其长达几个世纪的居留。

早期来华的葡萄牙人采用暴力手段进行殖民掠夺,不可避免地与明朝政府发生军事冲突。西方当时处于资本主义发展的初级阶段,相较于明代中国,葡萄牙在军事技术上虽占上风,但有限的技术优势尚不足以转化为战场上的胜势。通过早期在华的一系列活动,令当时的西方殖民者意识到中国并非“蕞尔小国”,纯粹凭借武力难以征服。此后,来华欧人转而以贸易、传教等方式作为打开中国局面的新手段。

二、传教士来华

嘉靖三十年(1551 年),耶稣会士圣方济各・沙勿略到达广东上川,谋求在中国传教,限于当时明朝政府对外国人入境的严厉管制,他在中国传教的计划未能成功,却开启了西方传教士直接来华的先例。迨至万历九年(1581 年),耶稣会士利玛窦抵达广州香山澳,开始布教。万历十一年(1583 年)又来到广东肇庆,并以之为据点,进一步传教。其后,利玛窦还到过南昌及南京,至万历二十九年(1601 年)进入京师,万历三十八年(1610 年)四月卒于京师。

总体来说,利玛窦在华期间取得极好的传教效果,这与他传教的策略密切相关。

首先,顺应中国观念习俗。针对当时中国人对外国人怀有强烈的排斥感与防范心理,利玛窦逐渐认识到要想在中国顺利传教,必须顺应中国的风俗民情,融入中国社会。如他在《上明神宗疏》中所述:“臣本国极远,从来贡献所不通……航海而来……缘音译未通,有同喑哑,僦居学习语言文字,淹留肇庆、韶州二府十五年,颇知中国古先圣人之学,于凡经籍亦略诵记,粗得其旨。”

其次,走上层精英路线。在中国生活一段时间以后,利玛窦认识到中国士大夫视本国文化高于一切异域文化,倘若照搬他们以往从普通民众开始传教的方法,则会被士大夫阶层视为不入流的“旁门左道”。所以利玛窦传教过程中非常注意渗透西洋科学、哲学、艺术,欧洲的古典哲学、逻辑学、美术、音乐、建筑、天文、历算、地理等高学术含量的知识被大量引进中国,受到徐光启、李之藻等开明士大夫的青睐。

再次,采用非常手段。熟悉中国国情后的利玛窦,非常注意去打通官场关节,如向地方官员乃至皇帝贡献日晷、钟表、玻璃镜等方物,又如以重金贿赂太监马堂,获得觐见皇帝的机会,这些手段使其在不同程度上取得了中国官方的支持。

在利玛窦取得成功以后,西洋耶稣会士竞相来华传教,其流风余韵一直延续到清初,其间著名者如意大利传教士龙华民、高一志、熊三拔、艾儒略、毕方济、罗雅谷、利类思,西班牙传教士庞迪我,葡萄牙传教士阳玛诺、傅汛际,德国传教士汤若望,法国传教士金尼阁,瑞士传教士邓玉涵,等等。明末清初,欧洲天主教士的东来,其本意是传教,但客观上将大量西方文化引入中国。在此之前的宋元时代,欧洲文化的东传,常是间接的、片段的、模糊不清的。而明末清初的欧洲传教士则是将西方的学术著作翻译为中文,系统地介绍到中国,众多科目、门类及理论为当时中国人闻所未闻,特别是在天文历法、数学、地理学、物理学、火炮制造技术等几个方面对中国产生深远影响,在中西文化交流史上非常引人注目。

三、东西文明的冲突

明末传教士来华,一方面带来了当时西洋先进的自然科学,另一方面则在条件允许的情况下尽可能地传播天主教教义。对于西方传教士及其带来的宗教和文化,晚明的士大夫群体表现出两种截然不同的态度,以徐光启、李之藻、孔贞时、王徵等为首的官员学者对西学表现出了极大的热忱与包容的态度,所谓“以为五经之外,冠冕之表,别自有人,不必华宗夏士,亦不必八索九丘”,“遐方文献,何妨并蓄兼收”,“令彼三千年增修渐进之业,我岁月间拱受其成”。而以沈㴶、黄贞、周之夔等为代表的士大夫,对西方天主教的传播深怀戒备与忧虑,出言排斥:“据彼云:国中君主有二,一称治世皇帝,一称教化皇帝。治世者摄一国之政,教化者统万国之权……是一天而二日,一国而二主也……嗟夫,何物妖夷,敢以彼国二主之夷风,乱我国一君之统治。”(转引自冯天瑜、何晓明、周积明:《中华文化史》下册,上海人民出版社 2005 年版,第 634、637 页。)当时欧洲的二元政治形态同中国的一元政治形态大相迥异,而基督教泛爱的伦理观同儒教等差的仁爱观亦存在实质性的差别,中西文明交汇时的冲突与矛盾是显而易见的。

明末西学主要通过传教士与徐光启、李之藻等士大夫的交流得以传播,逮至清初,传教士通过各种努力,进入宫廷传布西学,皇帝一度成为西学的支持者与推广者。1644 年,当时汉族、回族、西洋各派天文学家都预测八月初一将发生日食。当天,在清朝官员的监督下,各派天文学家进行了测试,结果以汤若望为代表的西洋历法最为精准。此后,汤若望受到清廷的信赖与器重,并被授予钦天监监正的职位。之后,顺治、康熙两代皇帝都很信任汤若望,对西学也是兴致盎然。

然而,两种异质文明的接触注定了彼此之间的剧烈冲突。1704 年 11 月 20 日,罗马教皇克雷芒十一世针对在中国传教的教士发布禁约:① 不准以天或上帝称天主;② 不准礼拜堂悬挂有“敬天”字样的匾额;③ 禁止基督教徒祀孔、祭祖,违者视为异端;④ 禁止教徒在家供奉牌位,以免神主等字眼出现。罗马教廷粗暴的干预及其蛮横的态度,引起康熙的强烈不满,最终引发了著名的“礼仪之争”。康熙五十九年(1720 年),针对罗马的禁约,康熙下谕:“以后不必西洋人在中国行教。禁止可也,免得多事。”(转引自冯天瑜、何晓明、周积明:《中华文化史》下册,上海人民出版社 2005 年版,第 694 页。)此后,西方传教士在中国的布教活动被禁绝。

关于康熙时期对西学的观感,《四库全书总目》卷一〇六“乾坤体义”条有论:“欧罗巴人天文推算之密,工匠制作之巧,实逾前古,其议论夸诈迂怪,亦为异端之尤。国朝节取其技能，而禁传其学术，具存深意。”所谓“节取其技能，禁传其学术”者，实与清末“师夷长技以制夷”“中学为体、西学为用”等论断一脉相承，而这种认知上的褊狭也注定了中西发展道路只能是渐行渐远。1793年马戛尔尼使华事件，更进一步凸显了清王朝处理外部事务上的无知与迷茫，日后鸦片战争的爆发亦源于此。

第四节　中华文明的求索

人类社会的发展，从来就是不同文明相互交流互鉴的结果。衍生发展于一个相对独立文明空间的中华文明，历史上在无数次融合外来文明的基础上，不断演进，成为亚洲文明舞台的主角，长期处于世界文明的前列，从而逐渐形成一套“天朝上国”的保守观念。当中华农耕文明在明清时期发展到极致之际，面对来自西方的异质文明，却因“天朝上国”的观念，错失了一次吸收西方文明合理因素的大好机会，不仅造成了已经陷入文明发展瓶颈的局面不得突破，加重了文明自身矛盾的积累，而且直接导致文明优势地位的丧失，中西文明地位的易位。西方殖民者凭借其坚船利炮，轰开中华的国门，终于惊醒了部分有识之士。《周易·系辞》云：“易，穷则变，变则通，通则久。”在残酷的现实面前，中华文明走上了一条艰难融入世界的求索之路。

一、“取乎其下”的洋务运动

洋务运动，又称自强运动。第二次鸦片战争后，清朝内外交困，当时掌权的恭亲王奕䜣在同洋人的谈判与周旋过程中认识到西方的强大与先进（奕䜣原本对西方持反对态度），使其对西方的态度发生了转变。在此背景下，为了应对危局，清朝中央作出了一系列的安排，如设置总理衙门、设立通商大臣、办理同文馆、建立海关及引进国际法等，这些具实质性内容的改良举措都是从外交层面开始着手的，是洋务运动的先导。与之相呼应，地方上的自强运动则由曾国藩、左宗棠及李鸿章等督抚大员发起，如江南制造总局、福州船政局、金陵机器制造局、轮船招商局、水师学堂、武备学堂及北洋水师，皆成于自强运动时期。

1895年中日甲午战争的惨败，宣告了洋务运动的失败。洋务运动的失败，主要在于洋务运动是由清王朝部分皇亲贵戚与地方封疆大吏所推动的，他们希望通过洋务运动来抵御外国侵略、抑制国内动荡，以巩固清王朝的统治，这就决定了洋务运动只能是一场有限的近代化改良运动。张之洞“中学为体、西学为用”这一著名论断所主张的,就是在农业的儒家社会基础上移植近代资本主义和工业。客观地讲,洋务运动是在极为不利的社会环境和政治氛围中艰难展开的,其获取的成就虽不完满,却殊为不易,似不必苛责古人。但若以历史的眼光审视,洋务运动之所以失败恰在于其目标的局限与狭隘,诚如《论语》所云:“取乎其上,得乎其中;取乎其中,得乎其下;取乎其下,则无所得矣。”

二、“不可为而为之”的戊戌变法

1895 年 4 月的“公车上书”事件是中国士大夫对中日甲午战争及《马关条约》的一种直接反应,实为“戊戌变法”之先声。1897 年 11 月,德国强占胶州湾、法国强租广州湾、英国强租新界和威海卫,这一系列攫取特权的行动交织成一场新的民族危机,将摇摇欲坠的清王朝再次推向风口浪尖。在康有为第八次上书后,1898 年 6 月 11 日,光绪皇帝发布《明定国是诏》,戊戌变法自此正式开始。

在维新期间,光绪帝根据康有为等人的建议颁布了几十道新政诏令,其中涉及政治、经济、教育、军事诸方面的革新内容。

同年 9 月 21 日,慈禧太后发动政变,废除了变法,前后仅 103 天,史称“百日维新”。维新运动虽然得到光绪帝的全力支持,但由于慈禧太后独揽大权和保守派极力反对,同时维新派缺乏政治实践经验,因此,在诸多改革措施的推行与布置上有欠周全,戊戌变法最终也归于失败。

对比洋务运动与戊戌变法,二者的目的都是振兴清王朝,前者的失败在于其所设置的目标不够高远与推行的措施流于肤浅,而后者的失败则在于目标上企图嫁接西方模式与实施中操之过急,由这两个事件的结果来探究中国近代化的方向,或令人首鼠两端,莫衷一是。实际上,中国近代化本来就不应该建立在封建政体之上,也不存在折中路线,诚如乔治忠先生所说:“中国历史步入近代社会,是当内部条件尚未充分积累的情况下,由外国列强的炮火轰击而促成,属于世界整体性近代化潮流蔓延和覆盖的结果。这对于国人而言,属于被动的近代化转型。”(引自乔治忠:《中国史学史》,中国人民大学出版社 2011 年版,第 312 页。)

三、“狂飙突进”的新文化运动

戊戌变法失败后,清朝政治愈加腐朽,经济残破,列强环伺,民族危机空前严重,晚清政局在风雨飘摇中苦苦支撑。其间经历了义和团运动、八国联军侵华、预备立宪等诸多事件，终于在1911年，辛亥革命爆发，清朝的统治被推翻，中国两千多年来的封建帝制结束了，但是革新国家的目标并未达成。在袁世凯及北洋军阀的统治下，社会整体道德沦落、君主复辟运动甚嚣尘上、军阀割据混战不已，当时众多具有留洋背景且崇尚民主政治的知识分子在失望之余，希冀能够探寻一条新的救国道路，最终他们领悟到“变革政治，首须变革社会，变革社会，首须变革人心”（郭廷以：《中国近代史纲》，香港中文大学出版社1980年版），由此拉开了新文化运动。

1915年，陈独秀在上海创办了《新青年》(图6-1)，办刊宗旨恰如他在《敬告青年》一文所提出的六条要义：自主的而非奴隶的，进步的而非保守的，进取的而非隐退的，世界的而非锁国的，实利的而非虚文的，科学的而非想象的。与之相呼应，1916年，蔡元培就任北京大学校长，针对北京大学当时存在的一些问题，他以“思想自由、兼容并包”为办学原则，提出“大学者，研究高深学问者也”，“入法科者，非为做官；入商科者，非为致富”，“大学为纯粹研究学问之机关，不可视为养成资格之所，亦不可视为贩卖知识之所。学者当有研究学问之兴趣，尤当养成学问家之人格”，等等，同时还实施了教授治校的民主管理模式。1917年，陈独秀被聘为北大文学院院长，胡适从美国归国后获聘为文学教授。胡适笃信实用主义与科学主义，提出的“德先生”与“赛先生”为同时代所广泛接受，而白话文的推广，胡适亦居功至伟，影响极其深远。陈独秀、蔡元培、胡适等人对传统主义大胆而犀利的批判，民主、进取思想的提出，为当时的思想界开启了一番新景象，赢得了众多青年的拥护。

图6-1 《新青年》

1919年五四运动的爆发，表面上是对巴黎和会有关中国山东问题不公正裁决的强烈抗议与抵制，实质上则是广大中国民众对晚清以来帝国主义长期强权压迫与执政当局贪鄙腐败、软弱无能的宣泄与反击。五四运动将新文化运动推向了高点，它批判性地清算与重估了中国传统文化，或有矫枉过正之负面效应，但打破了旧道德、旧传统、旧文化中的桎梏，推翻了千百年来束缚人心的礼教，以一种狂飙突进的力量推动了中国的民族独立、个人解放、文化重生及民主构建，扫清了中国人迈向现代社会的思想包袱与认知障碍。新文化运动从内容到形式的深刻变化，是旧民主主义革命向新民主主义革命转变的重要标志之一，是中国近代史上的一道分水岭。

【专题研讨】

1. 美洲白银的输入

1945 年第二次世界大战结束后，欧洲各国经济凋敝，美国国民生产总值占到了全部资本主义国家国民生产总值的 60%，在这种形势下，世界形成了以美元为中心的国际货币体系。事实上，美元具备国际储备货币的地位，其支撑的基础是美国的黄金储备，黄金在当今世界经济一体化格局下的重要地位是显而易见的。在世界货币史上存在一个引人注目的现象，即银比金更早地充当了本位货币。以中国古代货币史为例，白银自汉代已逐渐成为货币金属，到明代白银正式货币化，之后白银成为明清时期中国的主要货币。民国建立后，也曾发行过银元，直至 1935 年国民政府实行币制改革时，才废止了银本位。

(1) 背景知识。

全汉升《明清间美洲白银的输入中国》记载，中国在明洪武八年(1375 年)开始发行大明宝钞，初时流通情况还算良好，然而到了洪武二十七年(1394 年)，由于发行额的急剧增加，宝钞的价值已经下跌到只等于初发行时的 5%至 16%。其后宝钞价值越来越低，以致废弃不用，到了明朝中叶，白银取代宝钞成为通用货币。随着对白银的需求激增，明朝政府曾经努力在各地开采银矿，以增加银的供应，但因为中国银矿的蕴藏并不丰富，所以每年银产额非常有限，求过于供导致不得不依赖输入。

16 世纪中叶，当中国白银供不应求的时候，西班牙人却在美洲发现蕴藏丰富的银矿，其中仅波多西银矿，于 1581 年—1600 年每年平均产银多至254 000千克，约占同时期世界银产额的 60%以上。大量出产于美洲的白银，一方面由西班牙人大量运回本国，另一方面则由大帆船运往菲律宾成为贸易品。在 16、17 世纪航海技术远不如现代进步的情形下，导致运费非常昂贵，但白银因为本身价值相对较大，体积、重量相对较小，从而成为美洲出口的主要商品。因此，早在 1784 年美国商船“中国皇后号”来华以前的两百年间，美洲白银已经通过马尼拉，长期源源不断地输入中国来了。

(2) 研讨论题。

浅谈白银对明清时期中国的影响。

(3) 思路提示。

关于美洲白银的输入对于晚明乃至清代社会的影响，一直是学界研究的热门议题，由于其牵涉面极广且极为复杂，而相关史料又相对较少且分散，因此目前尚未有确论。可以肯定的一点是，大量白银的输入缓解了明代中期货币流通中银紧缺的问题，白银成为明中期以后中国社会的主要流通货币。16 世纪 30 年代以后，葡萄牙和西班牙相继在美洲发现储量丰富的银矿,随后进行大规模的开采,并通过菲律宾马尼拉出口到中国,至此中国的对外贸易方式为之一变。由于白银大量输入,原本对外贸易中可能造成的货币流失就不再是主要威胁了,物物交换不再是中国对外贸易的主要方式,而代替这一切的,则是以商品和物资的大规模出口以换取美洲白银货币的时代潮流。

2. 马戛尔尼使华

自汉唐以来,在中国与周边国家和民族的交往中,始终以“怀柔远人”的理念指导各项交往事宜。所谓“怀柔远人”,《礼记·中庸》云:“柔远人则四方归之,怀诸侯则天下畏之。”这种理念认为“中国”是世界文化的中心,所有中国以外之人是未开化的“蛮夷”。中国的统治者被描述为是天下共主,天子的权威无远弗届。但这种外交理念却在乾隆时期受到了挑战。

(1) 背景知识。

1792 年 9 月 26 日,英国政府任命马戛尔尼子爵为特使,以贺乾隆帝 80 大寿为名出使中国,这是西欧各国政府首次正式向中国派出使节。

1793 年 9 月 13 日,使团抵达热河,向清政府的代表和珅递交了国书。然而双方首先在礼仪问题上发生了争执。清政府要求马戛尔尼使团行三跪九叩之礼,而马戛尔尼则坚持用觐见英王的礼仪,行单腿下跪、吻手礼。双方僵持不下,结果以英国使团行单腿下跪之礼草草收场。

次日,乾隆帝正式接见使团。马戛尔尼首先代表英国政府向清政府赠送了一批国礼,其中包括:毛瑟枪等武器,望远镜、地球仪等天文学仪器,以及钟表和一艘英国最先进的 110 门炮舰模型。然后,又向清政府提出了七个请求:① 要求签订正式条约,开放宁波、舟山、天津、广州之中一地或数地为贸易口岸;② 允许英国商人比照俄国之例在北京设一仓库以收贮发卖货物,在北京设立常设使馆;③ 允许英国在舟山附近一岛屿修建设施,作存货及商人居住;④ 允许选择广州城附近一处地方作英商居留地,并允许澳门英商自由出入广东;⑤ 允许英国商船出入广州与澳门水道并能减免货物课税;⑥ 允许广东及其他贸易港公表税率,不得随意乱收杂费;⑦ 允许英国圣公会教士到中国传教。乾隆皇帝以无先例为由而拒绝,并回答说:“天朝物产丰盈,无所不有,原不借外夷货物以通有无”,并警告他们不要再到浙江、天津贸易,否则必遭“驱逐出洋”。

马戛尔尼不得不离开北京,返回伦敦。后来马戛尔尼说过一句意味深长的话:“清政府好比是一艘破烂不堪的头等战舰,它之所以在过去一百五十年中没有沉没,仅仅是由于一班幸运、能干而警觉的军官们的支撑,而它胜过邻船的地方,只在它的体积和外表。但是,一旦一个没有才干的人在甲板上指挥,那就不会再有纪律和安全了。”

(2) 研讨论题。

从东西文明冲突的视角评价马戛尔尼使华。

(3) 思路提示。

近代以降,随着资本主义在西欧的发展,主权平等观念逐渐形成。西方列强用坚船利炮强行冲破了中西交通的藩篱后,中国却本能地将“夷”的称呼转移到了西洋人身上。“如果说,以前将外国都当成属国的做法还没有受到直接的抵制的话,英使的立场已经给了中国明确无误的信息——英使认为中国皇帝与他的国王的地位是平等的,他只能用与对待国王相同的礼节来觐见乾隆,根本不是因为西洋人的腿不便于拜跪。他还提出了对等的原则——中国一位与他级别相同的大臣对英王像拜跪,他就能向乾隆拜跪。一方面,大臣们无法驳斥他的要求,乾隆也不得不接受他单腿下跪的英国式礼节;另一方面却又把这解释为皇帝的宽大为怀,不与远夷计较,英国人的腿无法弯曲的神话也继续流传。”(葛剑雄:《要是世界上只有中文》,《读书》1994 年第 7 期。)马戛尔尼来华,正值乾隆末年,清王朝表面看来尚未有衰败的迹象,实则只是封建社会最后的落日余晖,清廷对外部世界在认知上的迷惘与自大,注定了日后的被动与挨打。

【拓展阅读】

1. [德] 贡德·弗兰克:《白银资本——重视经济全球化中的东方》,刘北成译,中央编译出版社,2000 年。

2. 黄仁宇:《万历十五年》,生活·读书·新知三联书店,1997 年。

3. [美] 孔飞力:《叫魂:1768 年中国妖术大恐慌》,陈兼、刘昶译,上海三联书店,1999 年。

【超级链接】

1. 臣窃惟欧洲诸国,百十年来,由印度而南洋,由南洋而中国,闯入边界腹地,凡前史所未载,亘古所未通,无不款关而求互市。我皇上如天之度,概与立约通商,以牢笼之,合地球东西南朔九万里之遥,胥聚于中国,此三千余年一大变局也。

——李鸿章·同治十一年五月《复议制造轮船未可裁撤折》

2. 清代给中国既带来了辉煌的成就，也带来了屈辱的苦难，但比起明代君主，清代统治者总的来说表现较佳。对清朝进行历史的分析，可以得出一条确定的教训，就是生存的关键，是在于对时代的挑战所作的建设性和创造性回应的能力。满人在17世纪的成功，主要是因为他们作出了这种调整；而在两个半世纪后，因为缺乏相应的调整能力而导致失败。

——[美]徐中约：《中国近代史：1600—2000中国的奋斗》，计秋枫等译，世界图书出版公司北京公司，2008年

3. 你们试跑到日本书店里去看，日本所做关于中国的书籍有多少？哲学、文学、艺术、政治、经济、社会、地理、历史各种方面，分门别类的，有几千种。每一个月杂志上所登载讲"中国问题"的文章，有几百篇。参谋部、陆军省、海军军令部、海军省、农商务省、外务省、各团体、各公司，派来中国长住调查或是旅行视察的人员，每年有几千个。单是近年出版的丛书，每册在五百页以上，每部在十册以上的，总有好几种，一千页以上的大著，也有百余卷。"中国"这个题目，日本人也不晓得放在解剖台上，解剖了几千百次，装在试验管里化验了几千百次。我们中国人却只是一味地排斥反对，再不肯做研究工夫，几乎连日本字都不愿意看，日本话都不愿意听，日本人都不愿意见，这真叫作"思想上闭关自守""智识上的义和团"了。

——戴季陶：《日本论》，九州出版社，2005年

【思考题】

1. "近代中国"始于何时？

2. 16世纪以后，随着新航路开辟，世界各地区之间的联系逐步紧密，马铃薯、土豆、玉米等高产旱地农作物传入中国，试析其对中国的影响。

3. 明清中国"闭关锁国"表现在哪些方面？简析造成该种局面的原因。

第七章　新陈代谢

——中华文明的转型

【学习重点】

1. 了解近代文明转型的经济基础和生产形态变化。
2. 了解近代社会生活的新陈代谢。
3. 理解近代从农业文明到工业文明转型的原因。
4. 了解中国近代文明转型问题。

中华文明在历史上曾经长时间居于区域中心地位，但鸦片战争开启了中国历史上“千年未有之大变局”，这使数千年来处于一个相对封闭的空间独立生成和延续的中华文明陷入前所未有的危机，从此踏上一条应变和变易的道路。这体现在中外之争和政治运动宏大历史事件中，也体现在农业文明向工业文明的转型过程中。一个植根于自给自足小农经济基础之上的中华文明，在经历数千年的辉煌与坎坷之后，从根基处开始动摇。在欧风美雨冲刷之下，自然经济趋于瓦解，以机器大生产为代表的近代工业开始在中国出现，西方工业品潮水般涌入中国市场。散布于土地上的村落和传统城与市之外，新型口岸都市急剧膨胀，生活于都市的市民和新式知识分子，沐浴着近代工业文明的曙光，在衣食住行和娱乐等生活方式上均出现变化。洋装华服变换式样，引领时尚风潮；中餐西餐口味翻新，在变化中保留传统；四合院、小洋楼各具特色，形成多样的人居环境；传统交通工具与火车轮船，并行于同一时空。在精神世界更是产生了疾风暴雨般改变，个性解放突破传统道德束缚，民主科学树起新的价值信仰。借助现代价值理念和技术条件，天变了，人变了，生活变了，世道变了，近代文明的潮流已然成为不可阻遏的趋势。但中国固有的农业文明并未消失，在新陈代谢之际，新旧杂陈之间，呈现出人类文明史上一道奇特的景观。

第一节 从农业文明到工业文明

一、自然经济的解体

在中国古代封建社会,商品经济已有相当发展,但自给自足的自然经济仍占主要地位。1840 年鸦片战争以后,西方资本主义经济的入侵,客观上在促使中国农业与家庭手工业的分离和农产品商品率的提高中起了有力的推动作用,加速了中国自然经济瓦解。

知识窗

自然经济(natural economy),简单地讲就是自给自足的经济。它指生产是为了直接满足生产者个人或经济单位的需要,而不是为了交换的经济形式。自然经济的基本特征是以家庭(其他时期也包括氏族公社、封建庄园等)为基本生产单位,生产规模相当小。大多数情况下产品的原料采集、生产乃至消费都是为了满足劳动者自身需要,而不是为了进行资本积累并扩大再生产,只有在生产产品过剩的情况下才会将产品拿到市场上交换。并且自然经济中农业生产同家庭手工业制造相结合,即农产品及一部分手工业品都是自主生产并使用的,也就是所谓的“男耕女织”现象。自然经济形态占统治地位的持续时间涵盖原始社会、封建社会及早期的资本主义社会与半殖民地半封建社会。

首先,表现在农业与家庭手工业的分离。

在中国传统小农经济内部,农业与手工业及手工业各生产工序长期紧密结合着。鸦片战争前,在农民家庭手工业中,棉纺织业占最主要的地位。中国的小农经济主要由植棉与纺纱即“棉与纺”的结合,纺纱与织布即“纺与织”的结合,以及农耕与纺织即“耕与织”的结合构成的,而这三者的分解,集中反映了中国自然经济解体的一个十分重要的方面。

鸦片战争前,国内棉花已有不小的商品市场,同时有相当数量的印度棉花自广州进口。在福建、广东、四川和云南等地出现了部分非植棉纺织户,他们采购商品棉纺纱织布。这表明“棉与纺”已部分分离,但在全国棉纺织农户中仅占少数。棉纱的商品量极低,“纺与织”几乎全盘联结在小农家庭内部的生产过程中。

鸦片战争后,特别自19世纪60年代开始,洋纱洋布的进口逐渐破坏了这种结合。但直到1894年甲午战争以前,还只是一个序幕。据估计,洋纱(包括少量国内产机纱)在1894年只占全国土布用纱总量的1/4。这些洋纱又集中行销在福建、广东等地,在植棉纺织区销售极少。这些非植棉纺织户原来在“棉与纺”上已经分离,现在“纺与织”的分离,只是以商品纱来替代商品棉。至于进口洋布(包括少量国内产机布)的数量,估计仅占国内棉布消费总量的1/7,并主销城镇,只是替代了土布的部分商品布,一般尚未触动农家自给布,所以对分解农村自然经济的影响不大。

从1894年甲午战争到1913年第一次世界大战前,进口洋纱数量大增,同时,国内机器纺织业有了初步发展。这一方面把棉区棉花大批吸纳上市,有利于割断“棉与纺”的结合。另一方面,洋(机)纱楔入小农棉纺织业主要阵地即植棉纺织户中,使土纱的生产迅速没落。到1913年,洋(机)纱已占土布用纱总量的70%强,这就在很大程度上造成“纺与织”的分离,同时也造成“棉与纺”的分离。这时洋(机)布也已大量销往农村。这一年,国内棉布消费总量中洋(机)布约占1/3强。

第一次世界大战期间及战后两年,洋纱布进口锐减,农村土纱土布生产暂时回升,纱和布生产的自给性重新抬头。但1921年以后,国内机器棉纺织业(包括日本、英国在华纱厂)有了发展,其产品已代替进口洋纱布成为排挤农村土纱布的主力,再加上城镇发展了手工布厂生产的改良土布,这就不仅排挤了农村生产的商品土布,也排挤着自给土布的生产。估计在1936年,农村土布总产量较1840年削减了四成多,已不到国内棉布总消费量的一半(这期间棉布总消费量有所增长)。而在这剩余的土布生产中,使用机纱量达3/4以上,土纱量已不及1/4。这说明,已有相当多的农户放弃了棉纺织业,因而不仅是“纺与织”,在“耕与织”的结合上也已有颇大一部分分离了。不过,原来中国农村生产的土布中约有半数是商品布,这时土布生产的大量削减,主要仍是压缩了商品土布,自给土布减少数量并不大,残余的土纱生产也集中保留在植棉纺织户的自给布生产中。从这方面说,小农经济的自给性生产还是很顽强的,三个结合的分离都还很不彻底,并且三个结合的状况在抗日战争时期又有些恢复。

其次表现为农产品的商品化。

自宋代以来,中国某些农副产品的商品化就已有一定的发展。鸦片战争后农产品商品化的加速主要是由对外贸易的扩大引起的。中国出口以农产加工品为主,茶和丝占一半以上。1894年较1840年,茶出口量增加3.3倍,丝增加8.2倍,按价值计共增5 600余万两。而内销市场增长不大,但因厂丝出口,出现茧市场,蚕茧商品化。基本上内销的棉花，受进口纱布压力，商品量增长有限。这期间又受鸦片进口的刺激，突出地发展了罂粟生产，市场价值估计超过 9 000 万两，但属于破坏性商品生产。

甲午战争后，农产品的商品化继续发展。1894 年—1919 年间，出口贸易总值增长近 4 倍，但商品结构发生了变化。代替茶叶与丝织品成为出口大类的是新发展起来大豆、豆饼和其他油料作物，以及蛋类、禽畜类等产品。这期间，随着国内工业与市场发展，棉花、蚕茧、烟叶等商品量增长迅速。同时，城市的发展使得粮食的商品率有了提高，1894 年为 16%，1919 年为 22%。但从 1919 年到全面抗日战争前，出口值没有明显增长，按金价计却一直是下跌的，丝、茶老产品出口更是大为衰落，仅有桐油、猪鬃、花生等出口有一定发展，其他农产品在国内外市场都不景气。在这期间，中国农村经历了世界经济危机和国内农村经济危机的双重冲击。中国农产品商品化的进程到 20 世纪 30 年代反而减慢下来。全面抗日战争时期，随着交通阻塞，通货膨胀，许多地方的农村又有返回自然经济的倾向。

总而言之，在中国封建地主制经济体制下，农民首先要解决的是衣食自给问题，有限的耕地主要被粮食及棉花占据着，经济作物的发展受到了抑制。而小农经济产品的出口在国际市场竞争的压力下处于不利的地位，在国内市场又备受盘剥。半殖民地半封建的市场结构，加剧城乡矛盾，阻碍农产品商品化的发展。尽管农民依赖市场的程度日深，而农村购买力枯竭，广大小农极端贫困，只能勉强维持自给。所以就农产品商品化来看，自然经济的解体也很不充分，这也是中国半殖民地半封建经济发展的一个特点。

二、动力机器的出现

从 1840 年至 1949 年，近代机器生产开始引进中国，机械工业逐步由手工业作坊式小生产，向使用动力机器的生产方式转变。

鸦片战争以后，外商首先在中国建立了船舶修造厂。1845 年，中国最早的一家外资机械厂柯拜船舶厂在广州黄埔设立。1880 年，英国人在唐山建立中国第一个铁路车辆修理厂。据统计，到 1908 年，外资经营船舶修造厂 28 个，铁路车辆工厂 3 个。

日俄战争后，日本在辽东半岛地区开办了一批机械工厂。到 20 世纪 20 年代已有较大的铁路、造船、矿山机器等机械制造厂 20 多家。

美商对中国主要是输出机器设备，长时期占中国进口机器设备总额的 1/5 到 1/4，所办机器厂较少。

中国自身的近代工业的开启是洋务派于自强运动期间创办的军事工业和民办工业,采用机器生产,雇用工人生产,规模较大,采用工厂这种生产组织形式,产量有较大的提高。

1861 年,曾国藩创办安庆军械所,这是中国人自办的第一座机械厂。1862 年,李鸿章先后命丁日昌、韩殿甲和英人马格里分别在上海、苏州建立三个洋炮局。苏州洋炮局使用蒸汽机动力并雇用外籍人员,但规模不大,仍主要以手工方式生产。19 世纪 60 年代到 20 世纪初,各省先后办了大大小小的军事工厂 20 多个,其中规模较大的有江南制造总局、金陵制造局、福州船政局、天津机器局和湖北枪炮厂等。

知识窗

江南制造总局,1865 年创建。曾国藩和李鸿章以收购的上海虹口美商佛而士 1863 年开办的旗记铁工厂(修造轮船)为基础,将原设上海的两个洋炮局并入而成立。容闳从美国购买的百余台机器也在同年运抵上海全部投入该局。至 1891 年全局已拥有机器厂、枪厂、火药厂、炮弹厂、水雷厂、铸铜铁厂、熟铁厂、炼钢厂等 13 个工厂和 1 个工程处,职工达 3 500 余人。这是当时中国规模最大的、最早使用机器生产的近代军事工业企业,是中国自办近代工业的开端。它制造出中国的第一艘近代兵轮(恬吉号),炼出中国第一炉钢水,创办了中国第一所机械工业制造学校,并最早从外国引进先进技术。

中国民族资本经营的民用机器厂力量薄弱,发展缓慢。

1866 年设立的上海发昌机器厂,是中国民族资本家开办的第一家机械厂。1880 年前后,上海的建昌铜铁机器厂、均昌机器厂、广德昌机器造船厂、公茂机器厂,以及广州的均和安机器厂等也相继开办,是中国民族资本开办的最早一批机器厂。

1895 年中日甲午战争以后,民族资本开办机器厂大约有 96 个。规模较大的有汉口周恒顺机器厂、上海求新机器轮船厂、上海大隆机器厂、汉口扬子机器厂等。

1915 年—1924 年是中国民族资本发展机械工业的黄金时代。上海民族资本经营的机械厂,由 1914 年的 91 家增加到 1924 年的 284 家。

鸦片战争至甲午战争时期,可视为中国机械工业产生时期,其工厂以外资引入的工厂和洋务军工工厂为主。甲午战争至民国时期,其工厂以民族资本创办与民生相关的机械工厂为主。

第二节　社会生活及其新陈代谢

一、华服洋装

衣冠服饰是社会文化的重要组成部分。中国向来礼与俗相通，传统的服饰文化背后积淀着数千年的伦理文化。中国历代王朝非常注重衣冠之别，为了维护其背后的等级观念，常常以礼法加以束缚。中国传统的服饰以身份等级和性别来分，有官场服饰、民间服饰。官服是森严的等级观念的最好体现，尤其注重上下尊卑。如清代的顶戴（品官帽顶镶嵌的宝石）、补服（前胸和后背缀有用线和彩丝绣成的“补子”）都是作为品级的徽识。清代官服的质料之考究、花样之繁多、做工之精细是历代王朝不曾有的，也是普通百姓望尘莫及的。辛亥革命后，随着代表封建制度的清王朝被推翻，数千年来的“昭名分辨等威”的官服寿终正寝。

清代一般男子的服饰有长袍、衬衫、马褂、马甲、短衫等，其中以长袍马褂最为常见。当时的男子不分老幼，一年四季都有戴帽子的习惯，其中最常用的便是礼帽与便帽。清代妇女的服饰有一裹圆、裙子、衫袄、马甲等。尤以裙子最为重要，一律缝成“筒式”系于上衣之内。袍褂在当时妇女服饰中也占重要地位。

伴随着欧风美雨的浸染，传统服饰背后充斥的等级观念与近代以来由西方传播而来的自由平等观念格格不入。同时，随着一定程度上的思想解放，普通民众不再视服饰仅仅为遮羞御寒之物，对它逐渐产生审美要求，因此士人百姓的服饰都有了不同程度的改革。最具代表性的便是洋装的产生和流行。

20 世纪初，崇尚西方文明的资产阶级改革派，认为穿了西服后可振工艺、可善外交、可以强兵、可以强种，因而相当注重西装的普及。虽然他们的想法存在偏颇之处，但顺应了近代服饰由宽大松缓到简短灵活的时代潮流。在当时服装改革中，最值得称道的便是孙中山创制的中山装。

随着近代都市的发展，城市市民首先开始在服饰上追求审美情趣和新鲜感，服饰日渐目不暇接甚至光怪陆离。在鸦片战争后的 20 年，外国人是这样形容当时的民间服饰：“全中国三亿人都穿着蓝衣布衫，男的女的小孩都一样，这些布衫都是宽大没有样式的，全国的衣衫样式尺码还不到五种。”但到了民国初年就出现“西装东装，汉装满装，应有尽有，色彩洋洋洒洒，光怪陆离”。有些地方甚至还出现“中国人外国装，外国人中国装”“男子装饰似女，女子装饰似男”的情况。洋式衬衣、针织衫、西裤、皮鞋渐渐普及,男子大襟长衫、对襟唐装、折腰长裤和女子的斧口衫、大襟短衫都成为常服式样,在满装基础上改造的长袍马褂和旗袍也流行起来,可见当时服饰的多样和纷繁。

二、中餐西餐

中国有句俗话:“民以食为天。”可见饮食在中国人物质生活中的至高地位。从清廷皇帝食谱中的样式之繁多、做工之考究便略可一窥中国饮食文化的博大精深。清代饮食文化有如下特点:① 烹饪技术在传统经验的基础上已经到达新的高度,地方菜日渐丰富和完善;② 创新增多,民族之间,烹饪技术也不断进行交流影响,尤其值得注意的是美食与保健相结合;③ 中外饮食文化相互交流与融合。

中国传统饮食中的主食主要有三类:一是大米,这尤其是南方人的主食;二是面食;三是糕点。副食也种类繁多,根据原料不同,加之不同的烹饪技术,以地域分有京菜、鲁菜、闽菜、川菜、粤菜、淮扬菜等。少数民族中也有充满地域特色和民族特色的菜肴。饮料则有茶、酒、汤、羹、奶汁等。饮茶的风尚无论在达官显贵还是普通民众中都非常普遍,从老舍的《茶馆》中便可见到饮茶是人们日常生活消遣的重要组成部分。

伴随着西方文明对于中国文化的冲击与碰撞,西方的饮食文化也逐渐渗透于中国传统饮食文化之中。早在鸦片战争前,西餐由外国传教士以献艺款客和使节进贡的方式传入中国,但在中国几乎没有影响。直到十九世纪五六十年代,人们对西方饮食文化仍然充满隔膜和新奇。曾经游历西方的知识分子在内心也对西餐充满排斥感,他们之中很多人认为“必耳酒(啤酒)其色黄,味极苦”;红葡萄酒“味酸而涩,饮必和以白水方能下咽”。

到十九世纪七八十年代,风气渐开,人们逐渐对“装饰之华丽,伺应之周到”的西餐馆萌发了浓烈的兴趣,食西餐成为优裕之人追求时尚的方式之一。据当时记载:“光宣之际,满清贵族,群学时髦,相率奔走于六国饭店。”上海有“一品香”“海天香”“醉和春”,北京有“品升楼”“德义楼”,这些西餐馆如雨后春笋般出现在中国大中城市里。在北京,有些档次较高的西餐饭店如六国饭店、德昌饭店、长安饭店成为各界社会名流经常出入的场所。

辛亥革命后,舶来品似乎成为先进文明的代名词。在一些大城市,吃西餐逐渐成为一种时髦风尚。如上海“遇有佳客,尤非大菜花酒,不足以示诚敬”,在重庆“罐头之品,番菜之味,五方来会,烦费日增”。西餐更是成为上流社会饮食之中必不可少的菜式。

同时,西方的饮料在清末也开始流行。1853 年,英国人在上海开设的老德记药房生产冰激凌和汽水。19 世纪 60 年代英国人在上海开设的埃凡洋行生产啤酒,不过当时生产的这些饮料大多是供在华的洋人饮用。清末,随着西洋酒在中国的流行,部分中国商人看到其中有利可图,便纷纷设厂生产,如山东张裕葡萄酿酒公司、青岛英德啤酒公司、北京双合盛啤酒厂等。

近代以来,人们对于由西方舶来的饮食文化的追崇不仅因为一时兴起的新鲜感,同时也因为人们普遍认为这是先进文明的代表之一。西方饮食在一定程度上改变了中国传统饮食习惯和饮食文化,丰富了人民的物质生活。外国饮料、西式糕点、西式菜式逐渐成为人们日常生活中的食品。

三、交通通信

中国传统的陆路交通工具多利用动物和人力,代步工具多种多样,有马车、牛车、轿子等。水路交通则多以木船为主。传统的代步工具有一共同特点,就是速度慢。这带来诸多不便,例如信息闭塞、生活空间狭窄。交通不便虽然带来了“世外桃源”的美丽传说,但也造成人际和地域的隔阂。

近代工业革命为交通运输业开启了新篇章。蒸汽机、电动机、内燃机的发明使火车、轮船、电车、汽车横空出世。近代以来,世界各国人民逐渐由充满隔膜、好奇到相互沟通了解,各地文明由相互隔阂到相互碰撞融合都有赖于这场交通工具的革命。

第一批游历西方的中国人在欧洲见到那些方便快速的交通工具时产生了巨大的兴趣。在国内,一批破启固闭、浸润新知的开明士大夫也意识到中国落后的交通工具已尽显百弊,而西方先进的交通工具会对中国迈向富强产生巨大的推力。张之洞就说过:“使中国各省铁路全通,则国家之气象大变,商民货物之蕃息当增十倍,国家岁入数亦增十倍。”

伴随着中国学习引进西方的物质文明,中国交通工具落后的局面也逐渐得到改变。中国交通业的近代化主要体现在以下三个方面:

一是公路修筑与汽车等交通工具的引进。从前中国城乡道路多是土面路和石板路,交通工具以畜力为主。在北京,一到下雨天,土面路便会变得泥泞不堪,极不利于人们出行。京城尚且如此,更何况那些边远小城。近代化的道路首先出现在作为吸收西方文明前沿的通商口岸。1862 年,上海出现第一条近代碎石子路,取名为静安寺路。1865 年,上海主要道路干线安装煤气灯照明,这意味着人们也日益重视完善公路的相关设施。19 世纪 60 年代末,东洋人力马车成为主要的代步工具,清末在上海和北京已经大量使用。与此同时脚踏车也出现在街头。但当时脚踏车尚属奢侈之物,仅供上流社会的人追求时髦所用。机动车传入中国稍微晚些。1908 年,有轨电车在上海开通。1914 年出现了无轨电车。

二是铁路与火车、轮船传入。中国有铁路及火车始于 1865 年,但当时反对建造铁路和火车之声不绝于耳,不仅是在普通民众之间,而且在庙堂之内也有很多人认为铁路的建造会有损中国的风水龙脉。19 世纪 80 年代,修铁路的呼声高涨。李鸿章在开平煤矿唐山至胥各庄一线率先修了一条运煤的专用铁路。同一时间,刘铭传在台湾修了从基隆到新竹的铁路。但是此时修建铁路的主张仍然遭遇诸多阻力,使其步履蹒跚。很多士大夫攻击李刘二人的行为是“直欲破坏列祖列宗之成法以乱天下”。19 世纪末 20 世纪初,中国终于迎来修建铁路的高潮,不过多数铁路是以列强资本输出的形式兴建的。1909 年,京汉、胶济、粤汉等 20 多条铁路干线被列强控制。迄 1911 年,中国修成铁路 4 809.05 公里,其中被列强控制的就有 4 476.24 公里。

中国轮船航运业是在西方航运势力的冲击下才被迫发展起来的。沿江沿海的主要航道上,太古、怡和、旗昌之类的外国轮船势力极盛,“上海之沙船、宁波之钓船、广东之红单船全失其利”。19 世纪 60 年代,蒸汽机原理传入中国后,徐寿、华蘅芳等人进行仿制,1865 年,他们设计制造了近代中国第一艘蒸汽动力船“黄鹄”号。江南制造总局于 1867 年开始建造舰船,1868 年首先造成了“惠吉”号,福州船政局 1869 年建成第一艘兵轮“万年青”号。1872 年,中国轮船招商局的成立标志着中国轮船航运业的开始。招商局的船只不仅往来于上海、天津、烟台、香港及长江各口,而且还相继开往长崎、横滨、新加坡等中国以外的地区。

三是近代邮电通信发展。19 世纪中叶以前,中国并无近代邮电通信。公文、军事情报传送主要依靠官方的邮驿,由专门传递公文的人快马兼程递送,这种传递方式在途中会耗费大量时间。民间书信往来主要靠民信局,但当时主要用以商业通信为主。近代以来民信局得以发展,星罗棋布,自成网络,使得民间信息交往传送较以前方便许多。此时还有一种“侨批局”的民间通信组织,主要经营华侨和国内的通信业务。19 世纪中期,在华洋人率先创办“领事邮政代办所”,但当时主要是为了满足列强的需求。19 世纪 60 年代,清政府海关兼办邮政,到 19 世纪末设立海关邮局。1896 年,清政府批准兴办大清邮政,1906 年成立邮传部,作为“新政”内容之一。

蒸汽动力推动的车船将古老中国推上了一条高速路,天下变得越来越小,逐步呈现出一个崭新的世界。

第三节　道德与信仰的新旧杂陈

一、新旧道德

古代中国的思想是以儒家伦理道德为核心，以忠、孝、节、义为要旨，以三纲五常为主要内容。所谓“三纲”便是君为臣纲、父为子纲、夫为妻纲。所谓“五常”是指仁、义、礼、智、信，此外也指君臣、父子、夫妇、兄弟、朋友这五种关系。中国历来以“仁、义、礼、智、信”作为处世交际的道德衡量尺码。“仁”长期以来作为道德准则，礼、法、忠、孝则是社会生活的内核和行为准则。传统的中国人历来讲求礼法，“礼法之本”便是忠孝，“孝悌为百行之原”。家族在传统中国之中是最重要的社会单元，人们总是在家庭中灌输孝道的思想。一个人只有成为孝子才有可能成为忠君之士。士人孜孜不倦维护的封建社会的稳定和精神世界的平衡在礼法忠孝中找到了庇护所。但是忠孝这种本应是美好的道德品性，却攀结于封建社会等级分制之上，当二者合二为一，便滋生出繁缛的礼节和教条。这使得本是作为自身道德修养的标准，逐渐僵化为人性自由的束缚。

知足安分和贵义贱利也是中国传统的道德规范。知足安分的人生观发轫于人们适应中国传统农耕经济的要求。在人们物质生活条件比较恶劣的情况下，传统道德便教导人们克制对物质生活的追求，知足常乐在一定程度上是一种洒脱适时的人生态度，但是过于遏制人们对物质生活的追求，导致宋以来人们普遍认同“存天理，灭人欲”。知足安分同时也是封建等级的产物，要求人们循规蹈矩，不能稍有逾越。其本质还是保守、拘谨的人生态度。

贵义贱利长期以来作为民族精神生活的基本趋向和评判人事的态度，象征着那个时代的人们过分漠视物质利益，而强烈追求精神世界。中国人追求“正谊不谋利，明道不计功”，强调义之所在，舍生取义的精神。“义”在中国不仅具有超常的维护人际的作用，更标志着人格的完整。我们从士、农、工、商的排序中可发现中国传统社会把商置于四民之末，重农抑商长期作为基本国策，因此贱利思想的形成不足为奇。商人在传统中国长期受到重重束缚。

任何事物都是瑕瑜互见的。传统伦理道德的力量填补了法制所无法深入到的社会空白，由内自觉规范人们思想行为的纲常伦理成为维护封建秩序的有效形式。但随着近代社会遭受外来文明的冲击，传统道德百弊尽显，与逐渐转型的社会格格不入。

西方传入中国的伦理道德思想不断动摇封建传统道德。西方基督教伦理观念的传入和自由、平等、博爱观带来的巨大影响,以及进化论在中国的宣传无疑都对传统道德造成了巨大冲击。而浸润于西方文明的资产阶级受西方伦理道德的影响更是表现出与中国封建旧道德势不两立的立场。19 世纪末 20 世纪初,近代新知识分子手持"天赋人权"和"自由平等"的旗帜,开始批判以三纲五常为核心的封建礼教。

"君为臣纲"作为三纲核心,其根系早已在中国盘根交错。因此封建君权遭到最集中和最猛烈的抨击。康有为是第一个以人道主义来批判封建礼教的思想家。他认为三纲五常"皆失人道独立之义而损天赋人权之理"。康有为认为君权由民授而非神授,打破几千年"君权神授"的正统思想。谭嗣同采用"民权"这一近代政治伦理来反对封建主义"忠君"思想,其深受西方"社会契约论"理论的影响,提出"废君权,兴民权"的主张,继承发展"重民轻君""民本君末"的社会伦理思想,主张应抛开"忠君""死节"的道德准则。梁启超认为中国积贫积弱的现状是由"君权日尊"所造成的。到 20 世纪初,他更深入地从制度上批驳君主专制,大胆直呼封建帝王为"民贼",否认封建君权的正统性,用"民统"否定"君统"思想。随着民主主义运动的兴起,批判封建君权的深度和广度都更进一步。民主主义者以近代科学为武器,揭穿"君权神授"的神话,并将言论上的批判和革命行动结合起来。

"三纲"中父为子纲、夫为妻纲使得子和妻在家庭中丧失独立人格和尊严。新知识分子出于改良或者革命的需要展开对封建父权和夫权的批驳。康有为用"天赋人权"的思想探讨独立人格和个人自由长期遭受封建纲常名教束缚的状况,谴责封建礼教对人性的摧残。他认为男女各自独立合乎天道人道,从女子对社会发展推动作用的角度大加赞赏女性存在的巨大价值,从而批判"男尊女卑""夫为妻纲"的封建道德。严复也对"夫为妻纲"的道德观念展开了深刻的批判,他认为传统纲常名教是强加在妇女身上的枷锁,正是这道枷锁造成了中国妇女"人道之至苦"。由此,20 世纪初,思想界掀起了对封建父权和夫权批判的高潮。父子、夫妻之间权利与义务是同等的,因此在伦理地位上也应是平等的,女子的权利和人格绝不允许他人肆意践踏。新知识分子鼓励妇女"奋发其生存能力","扫除依赖男子之劣根性","冲破'三从四德'之束缚"。民主主义者更是把对家庭伦理道德和封建婚姻的批驳与反对封建专制制度相结合,把争取婚姻自主和个性解放与人格独立相联系。

随着传统道德的摇摇欲坠,资产阶级力求重建一套新道德以取代旧道德。提倡新道德是中国近代社会发展的内在要求,也是近代启蒙运动的重要组成部分。资产阶级提倡的新道德有国民公德观。康有为、梁启超、蔡元培都认为公德的基本精神是:牺牲个人之私利,以保持团体之公益,因此欲使中国富强就应该培养国民公德的品质。公德的基本准则便是讲求“利群”。梁启超把“爱群、爱国、爱真理”作为判别是非善恶的最高标准。近代思想家提倡国民公德的目的是强国保种，促进民族觉醒。

自由平等观的提倡也是资产阶级新道德构建的重要组成部分。中国近代资产阶级大力提倡自由平等观是为抵制封建专制的毒害。严复认识到缺乏自由精神是导致中国四万万民众在“民力、民智、民德”三方面较西方国民素质低下的重要原因。为了恢复人的自由自主权利，严复积极提倡西方资产阶级的自由伦理观。梁启超认为“自由”就是“排除他力之妨碍，以得己之所致”，“自由者，天下之公理，人生之要具，无往而不适用也”，认为兴民权、倡自由观是洗涤国民奴性，破除封建“三纲五常”带来的禁锢的处方药。谭嗣同通过其“仁—通—平等”的伦理思想体系来表现其对自由平等的热烈渴求。他主张用“朋友之道”的平等精神来改造君臣、父子、夫妇、兄弟之间的伦理关系，使不失自主之权的朋友之道成为处理人和人之间交往的伦理准则。民主革命的先驱孙中山为了把自由、平等、博爱的道德理想在中国转变为现实，终其一生都进行着艰苦卓绝的努力斗争。他提出并主张的“三民主义”就是“使一国之人皆有自由、平等、博爱之精神”。

权利与义务观也是近代思想家积极倡导的新观念之一。在几千年的封建专制统治之下，民众的基本权利已被剥夺殆尽，服从的奴性已在普通民众身上深入骨髓。这种思想完全不能适应近代民族国家建立的需要。因为在近代思想家眼中，国民与奴隶的区别在于：国民具有权利、责任、自由、平等、独立的属性和思想，而这些是奴隶所不具备的。梁启超认为权利与义务是依存的对等关系，是民众生存的必备条件。蔡元培也主张权利和义务二者相因，不可偏废。

独立自尊观也是新道德的重要内容。传统的“三纲”使人们在无形之中沦为他人的附属品，根本没有独立和自尊意识。近代思想家认为独立的核心就是不依赖他人，需获得在思想、经济和人格的独立。这正是提倡独立自尊的精髓和真谛所在。他们提倡独立的目的便在于洗涤国民身上的奴性，激发爱国激情，使其努力成为有所作为的公民。

1895 年，严复翻译了《天演论》(图 7 - 1)，将西方“物竞天择”“适者生存”的进化论思想传播到中国。由《天演论》中所提出的竞争进取的观念在当时犹如一股激流冲击了人们的思想，“物竞天择”“适者生存”已作为一种新兴观念深入人心。这对于中国传统的中庸之道是巨大的冲击。梁启超认为中国缺乏竞争意识和冒险进取的精神，是由于传统社会讲“命”而轻“力”，讲“勿”而轻“为”。“多言多患”“多事多败”的思想使中国呈现出一派怠惰疲惫的迟暮景象。因此近代思想家都特别强调培养竞争进取观。

图 7-1 《天演论》

当西方以商品经济的优势冲击着中国自然经济时,知足安分、贵义贱利的人生态度显示出不合时宜之处。重商主义和功利主义是近代社会最具特色的伦理观。这种伦理观的提倡显然是和资本主义生产方式在中国逐步发展有密不可分的联系。洋务派为推进洋务运动的进程,提倡重商主义以扫除传统贵义贱利观念带来的束缚。维新派不仅重商,还积极提倡功利主义伦理观。“商本”道德观在 19 世纪 60 年代就已萌芽。在 19 世纪 70 年代初,王韬提出“恃商为本”“商富即国富”的主张。他还批判了传统社会的“重农抑商”和“重本抑末”的国策,肯定“逐利”“求富”存在的合理性。薛福成更是从社会伦理道德层面将“商”提到一个重要位置。谭嗣同从人性平等,人性人欲皆善的资产阶级人性论出发,提出独特的“崇奢黜俭”的功利主义伦理观。

二、迷信与科学

古代中国人对于天地、自然、万物的产生和演化规律还处于一种未知和混沌的状态。对于天地自然之间的力量总是采取虔诚的膜拜姿态。对于人生兴衰起落的内在联系,人们更是无从知晓,只是隐约感觉背后有股神秘力量在支撑这种人世变迁。民间信仰正是涵育于人们内心对于自然和社会的这种心理之中。对自然神祇的敬奉来源于对自然的崇拜,对社会神的敬仰滥觞于对社会力量的崇拜,而人们对于人鬼神的恭敬则起源于对灵魂和祖先的敬畏。

自然神作为最早发展起来的神灵偶像来源于人们把自然力量神化。因未知所以畏惧,正是对于自然规律的未知,所以产生了对自然力量的尊崇和敬畏。自然神在近代众神之中仍然是人们主要的崇拜对象。举凡天地、日月、星辰、山河,人们都赋予神灵意义并加以膜拜。鬼神观念在漫长的岁月长河之中已深深扎根于人们的观念意识里,对自然神灵的信仰已逐渐升华为强烈的生活信仰,融于人们的精神生活之中。

在人类神祇崇拜中,社会神有不一般的意义。在私有制产生以后,社会神的产生体现了等级分制,同时也反映了人们对异己力量的畏惧迷信心理。人们相信个人命运、人间祸福、社会变乱、王朝更替这些深切关乎个人、社会生存发展却又无从卜知的问题背后有股神秘且强大的力量,这股力量能够左右个人命运甚至是社会的发展,因此神的职能被赋予社会意义。社会神中有命运神,他们掌管人们的祸福、善恶,诸如财神、福神、凶神等。还有主管某一生活领域的行业神,有药神、船神、梨园神等。

灵魂有着浓重的神秘色彩。灵魂不灭观念和敬祖意识长期盘踞人们思想之上。人鬼神在民间信仰之中也占有重要的一席之地。尤其在信息落后的偏僻农村,人鬼神更是成为村民的思想重压。当人们染病罹疾时,通常会认为这是鬼神在作祟。因此鬼神信仰常常影响着人们重大活动。鸦片战争后,社会已逐渐向近代迈进,但在相当长的时期内,人们的精神信仰还停滞不前。

以征服自然为特征的近代西方科学文化进入中国后,科学成为迷人的字眼,传统的民间信仰逐步坍塌。人们开始在科学知识的指引下重新审视自然和社会背后的神秘力量。激扬理性、破除愚昧迷信的口号响彻云霄。无神论思想照亮了人们长期压制的精神世界,自然科学还原鬼神本来虚妄的面目。新文化运动时期,新青年挥舞科学与民主两面旗帜,此时科学已成为一种全新的信仰,并深刻影响着“五四”时期乃至之后无数的中国人。

【专题研讨】

1. 近代传媒与虚拟空间

人类一直生活在两个空间:实在空间和虚拟空间。近代文明带来的一个重大变化就是时空的大裂变。其中虚拟空间的拓展开启了一个新的天地,借助新传媒技术,这一虚拟空间将大众连接到一起,形成新的公共社会,给人以极大自由。这一虚拟空间到今天还在迅速扩展之中。

(1) 背景知识。

近代中国最早出现的报刊是通商口岸的商业性报刊,其次是教会主办的报刊,发刊量和影响力有限。19 世纪 90 年代,作为维新派思想启蒙的工具,办报成为新潮。1895 年—1898 年间出现了 60 多种报纸,遍布通商口岸及重庆、成都、西安、长沙等内地城市。《时务报》《知新报》《湘报》《国闻报》在全国范围内发行,其中《时务报》在最盛时期销量上万份。梁启超说:“报纸的目的是促进思想交流,以实现国家一体化。"清政府明令禁止公开议论国事,但此时的报纸为有识之士提供表达个人观点的新渠道。分散的个人观点在这一渠道中汇聚成强大的思潮。报刊业的全新发展推动现代公共舆论在中国的开放,而舆论自由也影响维新变法。

五四新文化运动时期中国新闻出版业进入一个全新的阶段。《新青年》的发行如蛰雷春雨般打破军阀统治下万马齐喑的局面。类似宣传新思潮的报纸更是数不胜数。富有激情的学生作为新起的英俊之辈创办的报刊数量最多,影响最大。他们借报刊宣传新思想,启辟蒙昧。1919 年元旦,北京大学学生同时创办了《新潮》杂志和《国民》月刊。五四运动爆发后,一时间各地纷纷涌现的小型报刊总数达 400 多种。在很多大中城市,高等和中等学校也都创办了自己的报纸。

我国最早的广播电台是由中外合营共同创办的,于 1923 年 1 月 23 日晚 8 时在上海正式开播的新闻与音乐节目。该电台由美国人奥斯邦创立的"中国无线电公司"与中国《大陆报》合办。由于奥斯邦的公司在中国盈利微薄,加之北洋军阀政府不准外国人在中国设立无线电台,该无线电公司在中国勉强维持三个月后便宣布倒闭。不久,美商新孚洋行又在中国创办一座广播电台,但同样因经费困难而停播。1924 年,美商开洛电话公司创办的广播电台在上海法租界开始播音。为吸引听众,拓展销路,该公司采取一系列创新措施,但仍因市场有限,导致该公司微薄的收入仅供电台磕磕绊绊地维持了五年就停播了。

外商电台进驻中国后,北洋政府也开始酝酿筹建广播电台。1922 年,东三省保安军整理处代表中国政府,收回了由苏俄人控制的无线电台,改名为东三省无线电台,1923 年正式开通东三省无线电新闻通信业务。在此之前,电报通信往往用作军用,此时已向电讯新闻的阶段转变。1926 年,作为我国第一座官办广播电台,哈尔滨广播无线电台正式开播。次年,北洋政府又先后在天津、北京等地开办广播电台。

伴随着官办广播电台的逐步发展,私营广播电台也开始兴起。1927 年 3 月,上海新新公司建立广播台,主要播放唱片及南方戏曲。同年年底,北方也创办了一座商办燕声电台。

电线电报问世之后,各国纷纷想把它移植到中国来,但清代官民一致认为其"惊民扰众、变乱风俗"而断然拒绝。1874 年,日本侵犯台湾,南洋大臣沈葆桢意识到电报在军事上的重要作用,于是奏请朝廷在福建和台湾之间架线以利"消息常通",但此措施迟迟未得到实施。1880 年,李鸿章意识到"电报实为防务之必需之物",主张在上海天津之间架设电线。次年,天津到上海之间的第一条电路线得以竣工使用。19 世纪 80 年代电报招商局成立。电话这一通信工具使人和人之间的交流更加方便。1882 年,由大北公司在上海建成的第一个电话交换所在上海租界内开放通话。1907 年在上海成立电话局。但当时电话和电报在民间的使用还是极其有限的。

(2) 研讨论题。

时空裂变与近代文明。

(3) 思路提示。

今日所谓信息时代和虚拟空间的形成，其根本变化是自近代开始的。

近代中国从农业文明到工业文明的转换现象纷繁复杂，但这一时代大变换是如何发生的，需要深入探究。在新陈代谢现象背后是时空的裂变：从村落构成的乡土社会到近代都市的出现，沿海与内地的分裂，形成新的历史地理空间。而新的交通通信技术和近代传媒的出现，让时空缩短，并构成新的虚拟空间。这一城市化和信息化趋势一直延续至今，体现出近代文明深层次的变化。

近代以前信息传输无论数量还是速度都极其有限。因而，虚拟世界更多存在于宗教信仰和神话传说之中，寄托于诗词歌赋、文学作品之上，这是相对稳定的虚拟世界。社会生活中人们更多是面对面地交流，形成熟人社会。植根于熟人社会基础上的道德规范具有极强的规范作用。我们今天所熟悉的社会意义上的虚拟空间是近代随新式传媒的出现而逐步形成的。

近代依靠报刊、广播电台和电报电话，及时大量传输新闻和各类信息，形成一张看不见的网络，将不同地域和生活空间的人们连接到一起，极大整合了中国社会，从根本上改变了历史的时空。

2. 娱乐与文明

在全民娱乐的时代，娱乐不过是一种消遣和放松方式，似乎不值得认真讨论，更与文明这样的宏大论题无关。但自中国近代文明转型的历史观察，哲学、宗教固然重要，娱乐方式也有其不可低估的历史价值。娱乐是人类的天性，也是精神生活的组成部分。不同文明有不同的娱乐方式。看京剧、参加体育竞技活动、听音乐会，体现的正是不同的文明形态。近代西洋娱乐方式的引入，极大地丰富了中国人的生活，也带来一些健康的生活方式。

(1) 背景知识。

中国因其幅员辽阔、民族众多，因此产生了风格情调多样的娱乐形式。从文化娱乐活动中，我们也可以一窥中国传统社会的等级差别。达官显贵常常有较充裕的时间和雄厚的物质基础追求享乐，而普通的农民日复一日过着日出而作、日落而归的单调生活，自然没有较多闲暇进行娱乐活动，故而形成“节日型”的群众性娱乐活动，只能在特定的日子中将其娱乐需求集中地表现出来。

扎根于中国社会这片广袤土地的传统文化娱乐活动，随中国社会激烈的动荡变化而有所变化。

近代以来,体育是伴随着新旧教育体制的更替而在中国产生的,它最早出现在新式学堂。1878 年,张焕纶受西方体育思想影响,在其创办的“正蒙书院”的课堂中加入“游戏、技艺”等体育活动。1880 年,天津水师学堂设置的体育科目包括“足球、游泳、爬山”等内容。体育活动成为当时教育体制改革的内容之一。20 世纪初,新式体育活动经过一番低迷之后,开始逐步在近代中国社会推广开来。1902 年,近代中国第一个“足球会”在上海成立。5 年后,“足球会”举办的联赛引起社会广泛关注。篮球传入中国的时间是 1898 年。1903 年,天津出现全国第一个以篮球为主的社会性组织——青年会。社会性体育活动虽然得到近代知识分子的大力倡导,但其发展步履一直是艰难竭蹶的,这和中国社会动荡、生产力落后是分不开的。

话剧这种艺术形式至迟于 19 世纪 70 年代在上海等大城市出现。一些借此欲警醒国人的志士,以粉墨为生涯,以当时人演当时事,将爱国救亡和反清革命的主题融于话剧之中,因此更贴近当时的社会。

看电影也是近代以来兴起的一种新式文化娱乐活动,电影画面带来的如临其境的真实感,内容上体现出来的域外风物与情趣深深地吸引了中国人。中国人自己尝试拍电影是在 1905 年,记录著名京剧演员谭鑫培主演的京剧《定军山》。早期文化娱乐主要掌握在外国人手中,并无太多实际的社会内容,因其趣味低下而少有观众。辛亥革命后电影才表现出进步内容。上海“谋得利戏院”曾插映记录武昌起义的新闻片《武汉战争》。1913 年,郑正秋深入前线拍下反映二次革命的新闻片《上海战争》。此时的电影更贴近中国时事,反映中国社会激变的内容,因此初步赢得了观众的好评。此后也产生了反映社会生活的故事片,1913 年由张石川、郑正秋共同编导的《难夫难妻》反映了青年男女在封建买卖婚制下的不幸生活。

(2) 研讨论题。

娱乐与文明有何关系?

(3) 思路提示。

中国有个成语叫“寓教于乐”。中国传统的娱乐在形式上重“文”,以“文”见长的文化娱乐活动成为主流。这和中国传统社会士大夫阶层的知识架构是紧密联系的。戏剧因其“感化人民、易入人心”而受到各个阶层的钟爱,甚至成为中国文化的重要体现和代表。京剧上升为中国的国粹便体现了这一点。戏曲在内容上重教化,“借歌舞而进药石,或采往古兴亡,用作千秋金鉴,或取眼前事物,俾知一兴黄粱,用意必有所见”,可见娱乐活动常超出其纯粹的娱乐属性,而被赋予教化的使命。因此其常常充满庄重、深沉的意味,缺少了其本来应有的轻松和活泼感。

中国文化正统的一面是排斥娱乐，所谓“玩物丧志”。但西洋文明自文艺复兴开始，强调满足人的私欲和符合人的天性。因而，娱乐被赋予文明的内核，具有积极的意义。例如体育作为运动性娱乐活动，可以培养人们积极向上的精神面貌、奋斗坚忍的品格，是一种科学的娱乐形式。

近代娱乐活动的嬗变促使中国思想观念和品格风尚的转变。伴随着它的逐步发展成熟，必将剔除传统娱乐陈旧落后的一面，起到拓宽视野、丰富精神生活的作用。

【拓展阅读】

1. 陈旭麓：《近代中国社会的新陈代谢》，上海人民出版社，1992 年。

2. [美] 列文森：《儒教中国及其现代命运》，郑大华、任菁译，中国社会科学出版社，2000 年。

3. [美] 彭慕兰：《大分流：欧洲、中国及现代世界经济的发展》，史建云译，江苏人民出版社，2003 年。

【超级链接】

1. 东西文明有根本不同之点，即东洋文明主静，西洋文明主动是也。……一为自然的，一为人为的；一为安息的，一为战争的；一为消极的，一为积极的；一为依赖的，一为独立的；一为苟安的，一为突进的；一为因袭的，一为创造的；一为保守的，一为进步的；一为直觉的，一为理智的；一为空想的，一为体验的；一为艺术的，一为科学的；一为精神的，一为物质的；一为灵的，一为肉的；一为向天的，一为立地的；一为自然支配人间的，一为人间征服自然的。……以彻底之觉悟，将从来之静止的观念、怠惰的态度根本扫荡。

——李大钊：《东西文明根本之异点》，《言治》(季刊)第 3 册

2. 自然力的征服，机器的采用，化学在工业和农业中的应用，轮船的行驶，铁路的通行，电报的使用，整个整个大陆的开垦，河川的通航，仿佛用法术从地下呼唤出来的大量人口——过去哪一个世纪料想到在社会劳动里蕴藏有这样的生产力呢？

——马克思、恩格斯：《马克思恩格斯选集》(第一卷)，
中央编译局编译，人民出版社，2012 年

【思考题】

1. 结合自身观察评述当下文明剧变与近代文明转型的连续性与差异。
2. 评述外来西方文明与本土文化的关系。

第八章 大河文明

——古代东方文明

【学习重点】

1. 了解古代东方早期文明的发展历程。
2. 了解古代埃及文明、西亚文明及印度文明与中华文明的不同命运。
3. 掌握古代埃及文明、西亚文明及印度文明的特点及影响。

古代东方文明是世界文明史中的一个特定概念,其历史地理范围包括北非、西亚、南亚次大陆和东亚,大体包括古代埃及文明、西亚文明、印度文明与中华文明等古文明形态或古国。通过比较不难发现,一方面,它们的起源和发展各有千秋,体现了世界文明发展模式的多元化。由于古代东方文明区域也是农耕文化与游牧文化冲突与融合非常激烈的地区,深受游牧民族的冲击,在征服与反抗过程中,文明不断地裂变和整合,并因冲击烈度的差异,命运大不相同。比较而言,古埃及文明和印度文明受到外来冲击大,很早就趋于衰微,而两河流域文明则在外来的冲击下长期陷入纷乱之中,只有中华文明因独特的地理环境,得以持续演进,发展壮大,农耕文明非但没有因为外来冲击而中断,反而在不断吸纳游牧民族及其文化的过程中不断发展壮大。另一方面,它们具有一些共同的特征:都发源于大河流域,灌溉农业发达,并在此基础上促进了社会经济的繁荣和城市工商业的发展。这些地区都是世界历史上最早进入阶级社会的地区,一般处于上古时期的奴隶制社会,大都经历了从小国寡民、邦国林立到"大一统"的发展历程;大都建立于农业发展基础上,一般实行君主中央集权制的统治模式,各个等级壁垒森严,随着社会发展又有相应的调整,以求得整体相对稳定发展;都取得了璀璨的文化成果,天文、历法、数学及文学、艺术、建筑等独树一帜,是古代世界多元文化的重要组成部分;除中华文明,都与古希腊文明有着错综复杂的联系。

第一节 “尼罗河的赠礼”—— 古埃及文明

古代埃及文明形成于尼罗河流域,其国土大部分为沙漠,只有尼罗河犹如一条绿色丝带,自南向北贯穿全境,形成了河谷绿洲和三角洲。尼罗河每年定期泛滥,一般七月开始进入雨季,十月达到高峰,十一月开始退水,留下一层厚厚沃土,成为农作物的天然肥料,易于播种。尼罗河的定期泛滥,为古代埃及的农业生产提供了便利条件,古代希腊历史学家希罗多德把埃及称为“尼罗河的赠礼”。此外,埃及地理位置相对封闭,东面是红海,西面是利比亚沙漠,南面是努比亚(今苏丹)沙漠,北面是地中海。这种相对封闭的自然环境成为古代埃及文明的天然屏障,使其较少遭受外敌入侵,得以持续发展 3 000 年之久。

一、古代埃及的历史演进

古代埃及以孟菲斯(今开罗以南)为界,分为上埃及(尼罗河上、中游河谷地带)和下埃及(尼罗河下游至三角洲)。早期埃及文明就在这两个区域展开。

古代埃及史前文化遗址主要分布于上埃及,包括巴达里、阿姆拉和涅伽达。巴达里文化(前 4500 年—前 4000 年)属于农业文化,发现了大量的女性雕像,处于母系氏族社会。阿姆拉文化(即涅伽达文化Ⅰ,前 4000 年—前 3500 年)也属农业文化,处于父系氏族社会,雕像和墓葬出现新的变化,随葬陶器等器物上出现了许多刻划符号,象形文字初具雏形。巴达里文化与阿姆拉文化呈现出明显的连续性。之后的格尔塞文化(即涅伽达文化Ⅱ,前 3500 年—前 3100 年)则与巴达里文化、阿姆拉文化之间没有明显的连续性,它包含有外来文化的风格(两河流域),专家推测与西亚移民有关。格尔塞文化遗址的分布范围扩大至上埃及与下埃及,出现国家的雏形,主要有上埃及的涅伽达与希拉康波里。考古发现一些王陵与普通墓葬,推断此时还处于小国寡民状态。这种类型的国家,称为“州”,古埃及人称之为斯帕特,古希腊人称之为诺姆。“州”是具有独立灌溉系统的单位,由若干相邻的农村公社联合而成,每个州有自己的图腾和州神。此时全埃及约有 40 个“州”,它们是法老时代地方行政区的原型。

约在公元前 3100 年,埃及进入早王朝时期(第 1—2 王朝,前 3100—前 2686 年),建都于孟菲斯。第一王朝的美尼斯发动兼并战争,征服下埃及和利比亚。第二王朝的哈谢海姆完成了埃及的统一。此时墓葬(马斯塔巴)出现变化,规模扩大,陪葬品更加丰富复杂，反映了这一时期分化的加剧、权力的增长及政治生活的进步。

古王国时期（第 3—6 王朝，前 2686 年—前 2181 年），同样建都于孟菲斯，因古代埃及的金字塔都是建造于这一时期，因此这一时期又被称为“金字塔时期”。此时宗教方面有新的变化，出现主神拉神。法老已经确立专制王权，成为社稷江山的象征，国有经济即国有土地构成这一时期的经济基础。之后的第 7—10 王朝是第一中间期（前 2181 年—前 2040 年），此时埃及处于混乱时期，王权衰落，战乱频仍，经济凋敝。

到中王国时期（第 11—12 王朝，前 2040 年—前 1786 年），埃及重新统一，统治中心南移至底比斯，其地方神阿蒙成为全国的主神。这一时期生产逐渐恢复，私人经济扩大，贵族势力犹存，但离心倾向明显，法老权力日趋衰微。纸草作为一种书写材料，在这一时期开始广泛使用。但合久必分，埃及又一次陷入分裂，进入第二中间期（第 13—17 王朝，前 1786—前 1567 年）。此时希克索斯人入侵下埃及，建第 15—16 王朝，埃及处于外族统治之下。

希克索斯人的统治激起埃及人的反抗，他们同仇敌忾赶走外敌，埃及历史进入新王国时期（第 18—20 王朝，前 1567 年—前 1085 年），仍然定都底比斯。这一时期也是埃及向外扩张时期。雅赫摩斯一世、图特摩斯三世、拉美西斯二世等法老南征北战，尤其是第 19 王朝法老拉美西斯二世统治时期，埃及与西亚的赫梯人多次进行战争，最后在叙利亚的卡迭什进行决战，两败俱伤。经过长期征战，埃及把东北部的巴勒斯坦、叙利亚及南部的努比亚都划入帝国的版图。新王国时期的标志性建筑是底比斯的神庙，此时阿蒙神成为主神，法老们为了加强君权与神权的结合，大力营造神庙建筑，并向阿蒙神庙敬献大量的财物，使祭司阶层的势力不断膨胀，他们可以左右政局，对王权构成巨大的威胁。与此同时，军事集团因为扩张的需要而崛起，官僚机构进一步完善，王权也在不断强化。王权与祭司阶层的矛盾不断激化，最终导致了阿蒙霍特普四世的宗教改革。阿蒙霍特普四世废黜包括阿蒙在内的诸神，独尊阿吞神；没收诸神庙的财产；他还把自己改名为阿肯那顿，并迁都阿马尔那。但此时教俗之间的力量对比决定了改革的失败结局，他的后继者恢复原有信仰，首都迁回底比斯，僧侣势力进一步加强，法老地位衰微。

到后期埃及时期（第 21—31 王朝，前 1085 年—前 332 年），曾经辉煌一时的埃及走向衰落，之后不断遭受外族入侵。古代有利比亚人、努比亚人、波斯人、马其顿人、罗马人相继统治埃及，中世纪，埃及处于拜占庭帝国的统治之下，之后阿拉伯人征服埃及并使其阿拉伯化。奥斯曼帝国崛起时埃及成为其帝国的一部分，近代后又经历了英国的殖民统治，一直到 1952 年埃及才真正独立。

二、古埃及文化

古代埃及虽然被历史的黄沙所掩埋,但其文化遗产流传世间。古代埃及人约在公元前 4000 年发明了象形文字,即一种用简单的图画代表某种事物的文字。这种图画文字后来进一步演化出表意符号和表音符号,其中表音符号共有 24 个。埃及的象形文字经历了一个由繁到简的发展过程,先后演化出祭司体(约在中王国时期)和世俗体(又称民书体,约公元前 8 世纪),但最终没有发展成为字母文字。后来的字母文字是腓尼基人在埃及象形文字的基础上创造出来的,腓尼基字母又影响了希腊字母的产生,而希腊字母又进一步演化出拉丁字母和斯拉夫字母。当今世界的许多字母文字,都可以追溯到埃及的象形文字。纸草作为古埃及独有的书写材料,记录了古埃及的历史风云、民生百态。埃及人的历法也泽被后世,他们根据尼罗河泛滥的规律观测天象,创造了“太阳历”,成为公历的前身。

知识窗

象形文字,古代埃及由于不断遭受外族入侵,其文明长期湮没无闻,象形文字亦随着文明的消亡而成了死文字。1799 年,拿破仑的军队在埃及的罗塞塔要塞挖掘军事工程时,发现了一块刻有希腊文和埃及象形文字世俗体的石碑(即“罗塞塔石碑”)。法国学者经过多年潜心研究,通过参照石碑上的古代希腊文,最终成功释读了埃及象形文字,使世人对这个长期被湮没的文明的了解推进了一大步。

纸草是盛产于尼罗河下游沼泽地区的一种水生植物,形似芦苇,高约 3 米,茎部富有纤维性。古代埃及人将其剖成薄片,压平后作为书写材料,有一片一页的,也有多片粘贴而成的长幅,书写后卷在木杆上形成卷轴,以便于保存和搬动。除古代埃及人,地中海东部地区的古代居民也用纸草作为书写材料。写在纸草上的文书一般被称为纸草书,在上埃及发现较多,内容包括公文、文学、宗教、医学、数学等,一般用祭司体或民书体写成,是研究古代埃及的重要资料。

埃及的建筑在世界文明史上独树一帜,金字塔、狮身人面像及神庙建筑宏伟壮观,留存至今。金字塔是古王国时期法老为自己建造的陵墓,古代埃及文称之为“庇里穆斯”,意为“高”,由于其底座为正方形,四面呈三角形,形似汉字“金”字,故

图 8-1　金字塔

中文译为“金字塔”(图 8-1)。埃及人最初建造的金字塔是阶梯状的,源于早王朝时期的陵墓马斯塔巴。首座是第三王朝法老乔赛尔之墓,有 6 层阶梯,高约 60 米,内设走廊和墓室。第四王朝金字塔均为斜面角锥体,由斯尼弗鲁首创。金字塔也开始以大块石料建造,宏伟庄严。现存金字塔 70 余座,分布在尼罗河西岸,根据王朝演进呈现由北向南延伸的态势,其中最为著名的为胡夫金字塔、哈弗拉金字塔和门卡拉金字塔。胡夫金字塔高 146 米(现高约 137 米),底边长 230 米(现长约 227 米),用石 230 万块,平均每块重 2.5 吨。古希腊作家和历史学家希罗多德记载,建造这座金字塔动用了至少 10 万人,仅墓室的建造和拖拉石料道路的开通就用了 10 年,金字塔的修建则用了 20 年。哈弗拉金字塔前矗立着一尊巨大的狮身人面像,高约 22 米,长约 57 米,由一整块巨石凿成。由于雕像两爪之间的石碑上就刻着法老哈弗拉的名号,一般认为狮身人面像是在4 500年前由哈弗拉按自己的面貌所建。尽管对金字塔和狮身人面像的研究在不断深入,至今依然有许多谜团未解。第四王朝是埃及金字塔建造的鼎盛时期,标志此时专制王权的确立和神化。

到第五王朝时期,金字塔修建进入低谷期,神庙建筑则成为古埃及建筑的后起之秀,其中新王国时期为神庙建造的黄金时期。在埃及人的观念中,神的秩序是最基本的概念,法老是神在人间的代理人,而神庙则是神在人间的居所,是以法老为首的人们供奉神灵、与其交流的神圣之地。古埃及的神庙大多经过多次修筑,其中包括现存最大的神庙建筑群卢克索神庙和卡纳克神庙。神庙日常的祭祀仪式由大祭司负责,重大的宗教节日则由国王主持,表达对神的感恩,祈求神的帮助。埃及人的宗教观念比较功利,实行多神崇拜,可以各取所需,官方宗教与民间宗教共存互利。

第二节　“新月沃土”——古西亚文明

西亚地区的文明曙光出现在两河流域,该地区因民族众多、国家更替频繁而呈现出复杂的特征。两河流域,亦称美索不达米亚,作为历史地理概念,特指幼发拉底河与底格里斯河中下游地区,相当于现在的伊拉克,古代西亚的文明古国阿卡德、苏美尔、亚述、巴比伦与波斯等都建立在这块土地上。西亚地区气候干旱,河流构成主要的水源,居民主要在河谷地带从事灌溉农业。与尼罗河的规律性泛滥不同的是,由于底格里斯河和幼发拉底河的泛滥呈现非规律性,其农业生产也具有不稳定性。而且,从地理环境来看,两河流域具有相对开放性,所以农耕地区与游牧地区的并存与冲突贯穿于其历史发展的整个过程。

一、古代两河流域的历史演进

两河流域早在石器时代就已出现文明的曙光,苏美尔人是两河流域文明的奠基者,远古文化遗存不少。苏美尔文化最早出现于铜石并用时代,其典型代表为埃利都·欧贝德文化(前 4300 年—前 3500 年),此时公共墓地与墓葬差别不大,处于原始社会末期的父权制阶段。乌鲁克文化时期(前 3500 年—前 3100 年),社会分化明显,神庙建筑有较大发展,表明公共权力借助宗教的形式逐渐成熟,而文字符号的出现标志着诸多社会群体之间交往的扩大。发展到捷姆迭特·那色文化时期(前 3100 年—前 2800 年),社会分化进一步加剧,城邦成为两河流域早期国家的历史形式。

公元前 2800 年至公元前 2371 年,两河流域南部进入早王朝时期,苏美尔人成为居主导地位的政治势力。此时城邦林立,包括乌尔、乌鲁克、乌玛、基什和拉伽什等,其中最著名的统治者是拉伽什的乌鲁卡基那。苏美尔人城邦有浓厚的神权色彩,每个城邦都尊奉自己的神灵,神庙构成城邦建筑的核心内容。此时神庙的地产规模庞大,僧侣作为城邦的首领主持祭祀和掌管神庙地产,具有广泛的影响,神庙的地产与国有土地之间界限模糊,宗教政治与世俗政治浑然一体。苏美尔城邦建立于氏族部落血缘传统之上,有明显的原始民主制色彩,城邦的王近似于原始社会末期的军事首领。

公元前 2371 年,两河流域进入阿卡德王国时期(前 2371 年—前 2191 年)。阿卡德人是塞姆人的一支。其王朝创立者萨尔贡发迹于基什城邦,即位后建立新都阿卡德城,降服苏美尔人建立的诸城邦,统治两河流域南部即巴比伦尼亚地区,公元前 2191 年被来自东北部山区的游牧群体库提人所灭。经过库提人的短暂统治,苏美尔人再度成为两河流域南部的统治者,建立乌尔第三王朝(前 2113 年—前 2006 年),统治两河流域南部诸地,这是苏美尔人最后的复兴。公元前 2006 年,乌尔第三王朝被埃兰人和阿摩利人所灭。

乌尔第三王朝灭亡以后,苏美尔人最终退出两河流域的政治舞台,两河流域出现了许多阿摩利人建立的城邦,包括拉尔萨、马里和巴比伦等。公元前 1894 年,阿摩利人建立巴比伦城,两河流域的历史进入古巴比伦王国时期(前 1894 年—前

1595 年)。到汉谟拉比统治时期(约前 1792 年—前 1750 年),古巴比伦王国进入鼎盛时期,他励精图治,征服诸多城邦,首次统一包括巴比伦尼亚和亚述在内的两河流域大部分地区。汉谟拉比时代国家土地所有制广泛发展,王室经济发达,君主政治达到较高的水平,并制定颁布了《汉谟拉比法典》。公元前 1595 年,来自北方的赫梯人长驱直入,消灭了古巴比伦王国。此后数百年间,来自扎格罗斯山的加喜特人成为两河流域南部的主要政治势力。

古巴比伦王国灭亡之后,亚述人在西亚崛起。亚述人居住在美索不达米亚北部地区,其语言与阿卡德人的语言同属塞姆语系的分支。公元前 2500 年—公元前 1500 年,亚述处于城邦时代,保留原始公有制和原始民主制的浓厚色彩。他们主要从事商业,在小亚细亚东部和叙利亚东北部等地建立了许多殖民据点。公元前 1400 年—公元前 1078 年,两河流域南部处于混乱状态,亚述从城邦向王国过渡,君主政治逐渐形成。亚述君主此时致力于向外扩张,公元前 13 世纪时攻灭米底王国,还南下入侵巴比伦尼亚。但由于此时西亚有强国赫梯,埃及的新王国也国力强盛,对西亚虎视眈眈,亚述的扩张受制,并一度被同属闪族的阿拉米亚人征服。公元前 935 年起,亚述进入帝国时代,历代亚述君主穷兵黩武,不断向外开拓疆土,建立起一个北抵叙利亚、西起埃及、东南至波斯湾的大帝国,囊括两大文明发源地。为了对庞大的帝国进行有效管理,亚述人设行省、修驿站,还实行强制移民政策。但到公元前 7 世纪,先是埃及于公元前 655 年取得独立,伊朗高原西部和两河流域南部又分别崛起米底王国和迦勒底王国,最终他们于公元前 612 年联合灭了亚述。

亚述帝国灭亡后,米底和迦勒底人瓜分了其疆域,其中米底人占据亚述的北部和东北部,迦勒底人占据了两河流域的南部及叙利亚、巴勒斯坦等地。迦勒底人是塞姆人的一支,公元前 1000 年左右进入两河流域的南部地区,重新以巴比伦城为首都,因此其建立的帝国被称为新巴比伦王国。新巴比伦王国在尼布甲尼撒二世统治时(前 605 年—前 562 年在位)最为强盛。他通过联姻政策,与米底结盟,消除了后顾之忧。公元前 597 年和公元前 586 年,尼布甲尼撒二世先后两次攻陷耶路撒冷,灭了犹太国,把耶路撒冷的大部分犹太人掳到巴比伦,史称"巴比伦之囚"。公元前 567 年,尼布甲尼撒二世出兵埃及,大肆劫掠。在对外扩张的同时,尼布甲尼撒二世大力兴修水利,经济有比较大的发展,巴比伦城修建得宏伟壮丽,并建成有古代世界"七大奇迹"之一的"空中花园"。但随着他的去世,新巴比伦王国迅速衰落,公元前 538 年亡于波斯人。

继新巴比伦王国之后西亚的强国是波斯帝国。波斯人属于印欧族人,他们早期比较弱小,曾臣服于米底。据希罗多德记载,波斯人有 10 个部落,其中 6 个从事农业,4 个从事畜牧。公元前 558 年,居鲁士二世(前 558 年—前 530 年在位)自立为王。公元前550年,居鲁士率领波斯人一举推翻了米底人的统治,并将米底的疆域并入波斯王国。吞并米底后,波斯一跃成为西亚的政治新星,其上升势头强劲。居鲁士在位近30年,其大部分时间东征西讨。公元前546年,居鲁士挥师西进,进军小亚细亚,占领富庶的吕底亚王国,实力大增。公元前538年,居鲁士又兵不血刃地进入繁华都市巴比伦,新巴比伦王国就此终结,并释放"巴比伦之囚",对犹太历史发展产生重大影响。

征服西亚后,居鲁士把进攻矛头指向东部。公元前530年,居鲁士远征中亚地区的马萨格特人,但"出师未捷身先死",由其子冈比西斯(前530年—前522年在位)继承王位。冈比西斯继承父亲遗志,继续对外扩张。他先是对中亚地区用兵,为父雪耻,占领了乌浒河一带的大片土地。之后,冈比西斯向西入侵埃及,于公元前525年攻占埃及首都孟菲斯,埃及成为波斯帝国的一部分。但在前线告捷的同时,波斯帝国后院起火,冈比西斯急忙归国戡乱,在归途中暴亡。之后,大流士一世(前522年—前486年在位)平定叛乱,成为波斯国王,这段历史在"贝希斯敦铭文"中有详细记载。

大流士一世同样奉行扩张政策,穷兵黩武,使波斯的疆域向东一直推进到印度河流域。公元前518年,波斯再次进攻埃及,巩固波斯在埃及的统治。随后,大流士一世把侵略矛头指向欧洲,于公元前513年带兵渡过博斯普鲁斯海峡,占领色雷斯等地,使波斯成为世界上地跨欧、亚、非三大洲的大帝国。大流士一世为了对帝国进行有效统治,设置行省,把帝国划分为23个总督区,规范税收制度,发行统一的铸币,并修筑驿道,其中最长的一条从伊朗高原的苏萨,一直到小亚细亚西端的萨狄斯,全长3 000公里。但四通八达的道路并没有使波斯帝国成为一个紧密结合的有机体,以武力维系的帝国根基并不牢固,波斯帝国内部各地区文化差异大,经济基础不一,更兼此时波斯在与希腊的战争中落败,帝国从此衰落。公元前334年,马其顿国王亚历山大以摧枯拉朽之势东进,公元前330年,波斯王大流士三世战败身死,曾经辉煌一时的波斯帝国就此覆灭。此后,两河流域地区和西亚依然纷争不断,阿拉伯帝国和奥斯曼帝国曾各领风骚几百年,建立起地跨欧、亚、非三大洲的大帝国,对世界文明进程产生深远影响。

二、古西亚文化

古代西亚各民族在文字、文学和自然科学方面都有杰出的成就,对世界文明进程产生了重要影响。楔形文字是迄今发现最古老的文字之一,也是古代两河流域最大的文化成就之一。楔形文字由于笔画一头粗、一头细,形似楔子或钉子,因之得名。苏美尔人书写时用小棍子在用黏土制成的半干的泥版上刻字，然后把泥版拿去晒干，再在炉子中焙烧，形成楔形文字泥版。泥版可以一块构成独立文献，也可以几块组成一部书。楔形文字最初从上往下写，后来从左往右写。楔形文字在公元前 4000 年初期就开始在古代西亚地区传播，流行达3 500年之久。后来因为西亚地区政权更替频繁，最后失传，直到 19 世纪经过英国学者罗林生等人的努力，才释读成功，为世人重新认识古代两河流域的辉煌文明奠定基础。古代两河流域的文学在世界古代文学史上有重要地位，其中《吉尔伽美什》是古巴比伦文学的主要代表，它是一部关于古代两河流域神话传说的史诗，至古巴比伦时期逐渐形成文字，比《荷马史诗》早 1 000 年左右。该史诗共 3 000 余行，用楔形文字刻在 12 块泥版上。古代西亚的神话和文学对西方世界有深刻影响，《圣经・创世记》中关于创世记、伊甸园、洪水等内容，都受到古代西亚的影响。

知识窗

楔形文字，大流士一世为宣扬自己的功绩，用波斯文、埃兰文和巴比伦文把平息叛乱的经过刻在米底故都埃克巴坦那以西的贝希斯敦悬崖上，被称为“贝希斯敦铭文”。后来的学者正是通过此铭文成功释读楔形文字。

两河流域地区的科学成就也比较突出。两河流域地区实行阴历，一年分 354 天 12 月，8 年 3 闰。古代两河流域人在天文学上也有杰出成就，早在公元前 2000 年左右，古巴比伦人已经能区分恒星与行星，公元前 13 世纪的一个界碑上已经有黄道 12 宫的图形，这些星座的名字沿用至今。数学方面已实行 10 进位与 60 进位，圆周率为 3。古代西亚在医学、动物学、植物学等方面也取得了一定成就，如医学方面已经分为外科、眼科等，医生在诊断时已能分辨主要的生理器官，医疗技术也已经多样化。

古代西亚的建筑也富有地方特色，就地取材，利用当地的黏土，建造多级寺塔，其中“悬苑”(即“空中花园”)被誉为古代世界“七大奇迹”之一。据传为尼布甲尼撒二世为取悦爱妃，下令在都城巴比伦兴建，此园高达 25 米，采用立体叠园手法，在高高的平台上，分层重叠，层层遍植奇花异草，并埋设了灌溉用的水源和水管，花园由镶嵌着许多彩色狮子的高墙环绕。从远处望去，此园如悬空中，故又称“空中花园”。

第三节　“神的国度”——古印度文明

古代印度处于喜马拉雅山南侧，包括整个南亚次大陆，东、西、南三面环海，北面高山纵横,只有西北部的开博尔山口和博朗山口几处通道与外界相连,类似于东亚而区别于中东。北部称印度斯坦,介于喜马拉雅山与文迪亚山之间,大河流域包括印度河、朱木拿河、恒河,地势低平。南部德干高原,气候干燥。“印度”一名得自玄奘的《大唐西域记》,一直沿用至今。印度只是一个地理名词,在历史上从来不曾发展成为一个大一统国家,但因地理位置相对封闭,使其文化几千年来始终保持一致,创造了别具特色的文明。

一、古代印度的历史演进

20 世纪 20 年代之前,学术界普遍认为印度的文明始于恒河流域,但随后的考古发掘改变了这一传统观点。1921 年和 1922 年,考古学家在印度河上游地区的哈拉巴和下游的摩亨佐·达罗发掘出两座城市遗址,之后又相继在恒河流域发现数百座城市遗址,被统称为哈拉巴文明。根据已有资料,可以推断哈拉巴文明的时间在公元前 2300—公元前 1750 年,印度文明史因此提前了 1 000 余年。哈拉巴文明是一种高度发达的城市文明,尽管这些城市遗址年代有差异,大小不一,但设计规划有很大的一致性。哈拉巴和摩亨佐·达罗城市的布局很相似:城市北半部是卫城,南半部为下城。下城为居民区,街道纵横规整。房宅有单独的水井和浴室,还有砖砌的坐便处,下有排污沟。尽管哈拉巴文明迄今发现了约 400 个刻在印章上的文字符号,但至今尚未成功释读。由于资料匮乏,对哈拉巴文明知之甚少,至今依然迷雾重重。

当哈拉巴文明渐趋衰落之时,雅利安人进入南亚次大陆,最终在恒河流域定居。雅利安人属于印欧语系,关于这支人的来源,至今尚无定论。雅利安人在印度开创的历史时期被称为“吠陀时代”(约前 1500 年—前 600 年)。早期吠陀时代的状况在《梨俱吠陀》中有比较详细的反映,时间约在公元前 1400 至公元前 900 年。此时文明中心在印度河流域,雅利安人处于从游牧向农业定居过渡的时期。铁器已经出现,标志着生产力有了进一步的发展。此时雅利安人分为九个部落,称“贾纳”,部落之下是村社,称“哥罗摩”,实行军事民主制,部落首领称罗阇。后期吠陀时代的历史在《娑摩吠陀》《耶柔吠陀》《阿闼婆吠陀》中有比较详细的反映,时间约在公元前 900—公元前 600 年。此时文明中心由印度河流域移向恒河流域,国家的雏形形成。

公元前 600 年—公元前 400 年,印度历史进入列国时代,亦称早期佛教时代。此时诸国并立,类似于中国的春秋战国时代,佛经中指出此时 16 个国家比较强大,包括鸯伽、摩揭陀、迦尸、居萨罗等。铁器广泛应用,农业、手工业发展迅速,商业也很繁荣，人们四处奔波，敛财求利。各国之间也尔虞我诈，兵来将往。最后，位于恒河中下游的摩揭陀国渐露峥嵘，在难陀王朝（约前 364 年—前 324 年）时崛起，统一了恒河流域。但此时的印度河流域处于波斯帝国的统治之下，公元前 326 年马其顿的亚历山大又东征至此，印度的统一还有待时日。

公元前 321 年，旃陀罗笈多建立“孔雀王朝”（前 324 年—前 187 年），不仅击退了亚历山大大将塞琉古的进攻，取得了今阿富汗一带地区的控制权，还在不久后统一北印度。之后几代国王东征西讨，到阿育王统治时期（前 269 年—前 232 年），除了德干高原的最南端，基本统一印度次大陆，建立了庞大的帝国。公元前 260 年，阿育王征服羯陵迦后，改奉佛教，宣扬容忍和非暴力原则。阿育王死后，孔雀王朝陷入分裂，逐渐衰落。之后巽伽王朝（前 187 年—前 75 年）取代孔雀王朝，但其统治局限于恒河流域。

巽伽王朝覆灭后，印度陷入长达 3 个世纪的动乱中，其间印度西北部地区一度处于此间崛起于中亚的贵霜帝国的控制之下。公元 320 年，旃陀罗笈多一世建立笈多帝国，其统治中心是恒河河畔的华氏城。旃陀罗笈多二世（约 380 年—413 年在位）时笈多帝国进入强盛时期，控制了北印度及德干高原的部分地区。旃陀罗笈多二世被称为“超日王”，根据东晋高僧法显在《佛国记》中的描述，此时笈多帝国处于太平盛世，社会稳定，百姓安乐，其对外贸易也很发达，是罗马帝国和中国的贸易中介。在印度次大陆西南和东南沿海发现了大量的罗马铸币，是当时贸易往来频繁的重要物证。

知识窗

贵霜帝国，大月氏人因匈奴人西迁，从河西走廊向中亚迁徙，并由游牧逐渐转入定居生活。他们共有 5 个部落，1 世纪初，其中一支贵霜部落立国，是为贵霜王朝，领有中亚的巴克特里亚。1 世纪中叶，贵霜王朝自中亚经阿富汗南下印度河流域；1 世纪末领有中亚、阿富汗及印度西北部，建立贵霜帝国，定都于富楼沙（今巴基斯坦的白沙瓦），与东汉、罗马、安息并称四大帝国，5 世纪时被白匈奴人消灭。

笈多帝国实行藩属国制度，由当地的王公进行统治，并没有建立起中央集权制度，因此帝国的统一并不持久。5 世纪中叶之后，来自中亚的白匈奴人不断从西北部山口入侵印度地区，笈多帝国在其打击下日趋衰落。之后，印度次大陆长期纷争不息，处于封建王国分裂割据之中，并多次遭受外族入侵，近代更是沦为英国的殖民地,直到 1947 年才成立印度和巴基斯坦两个独立的国家。

二、古印度文化

古代印度社会具有浓厚的宗教氛围,进而决定了其文化领域的宗教色彩。公元前 6 世纪列国时代社会经济发展较快,加速了社会成员的分化与新旧势力的消长,导致意识形态的相应变化,进而形成诸多思想流派抑或思潮,呈现出“百家争鸣”之态,其共同倾向是挑战婆罗门种姓的特权和婆罗门教在意识形态领域的神圣地位。此时主要思想流派有顺世论、耆那教和佛教,其中佛教影响最大。佛教创始人释迦牟尼原名为乔达摩·悉达多,是迦毗罗卫国(今尼泊尔境内)的王子,属刹帝利种姓,出身“释迦”族,“释迦牟尼”是人们对他的尊称,意为释迦族中的仁德之人。释迦牟尼 29 岁出家,后创立佛教。阿育王时期把佛教定为国教,召开第三次结集大会,确定佛教的基本教义为四谛、八正道、十二因缘。贵霜帝国时期佛教分化为大乘佛教与小乘佛教。笈多帝国时期佛教兴盛一时,君主对佛教尊崇有加。公元 7 世纪之后,佛教在印度教和伊斯兰教的打击之下,开始在印度衰落,12 世纪后在印度消失,但仍在东亚和东南亚广为流传,成为世界三大宗教之一,信徒众多,对世界文明进程有深远影响。

知识窗

婆罗门教从雅利安人的自然崇拜演变而来。雅利安人最初信仰多神教,神灵包括梵天、毗湿奴、因陀罗等,但无偶像和庙宇,主要表现为献祭。婆罗门教萌生于早期吠陀时代,确立于后期吠陀时代。婆罗门教经典为《吠陀经》,主要教义认为物质世界是虚幻的,世间万物来源于梵,个人的灵魂也不例外,最终将回归梵天。由于人在世间造了“业”,陷入业力轮回中,不能重归于梵,而转世投生为不同的生物。人只有恪守各自等级的行为规范,才能得到善报,并最终摆脱轮回之苦,实现“梵我一致”、不生不灭的最高境界。婆罗门教没有系统的宗教思想与教堂,亦无正统信条与非正统信条的区分。宗教活动的核心内容是祭祀、苦行、布施的三位一体。婆罗门教把种姓制度神化,之后又吸收了佛教、耆那教的某些教义,在公元八九世纪间演化为印度教。

耆那教兴起于公元前 6 世纪，其创始人为筏驮摩那，约与释迦牟尼同时代。筏驮摩那出生于部落首领之家，30 岁后出家修行，42 岁自称得道，弟子称其为“耆那”，意为“情欲的征服者”，他所宣扬的教义则被称为耆那教。耆那教认为每种动物都有自己的“神灵”，所以绝对禁止杀生，走路时以竹击地，警示爬虫，饮水前进行过滤，以免误伤生灵。耆那教反对种姓制度和婆罗门祭司的权威，认为灵魂解脱之路在于奉行正智、正信和正行“三宝”，以及提倡苦行主义和“非暴力”。

印度的文字与宗教关系密切。古代印度最早的文字是哈拉巴文字，之后出现梵文，这是婆罗门教文字，主要用于官方和宗教领域。佛教出现后，巴利语成为流行于民间的通俗性方言。文学同样与宗教密切相关。印度最古老的文学作品是吠陀(吠陀原意为“知识”)，后来被用作婆罗门教、印度教经典的总称，包括《吠陀本集》《梵书》《森林书》和《奥义书》等。《吠陀本集》包括《梨俱吠陀》《娑摩吠陀》《耶柔吠陀》和《阿闼婆吠陀》，其中《梨俱吠陀》约成书于早期吠陀时代，是对神的赞歌。后三部成书于后期吠陀时代，其中《娑摩吠陀》是用作祭祀的歌集，《耶柔吠陀》是祈祷词的汇编，《阿闼婆吠陀》是驱邪治病的咒语集。吠陀不仅是文学作品和宗教经典，同时也包含了许多古代的历史传说和社会习俗，是了解吠陀时代印度社会发展状况的重要文献。

古代印度最著名的文学作品是《摩诃婆罗多》和《罗摩衍那》。《摩诃婆罗多》被认为是世界上最长的诗，主要描述婆罗多族的两支后裔居楼族和般度族之间为争夺王位进行战争，最后以般度族获胜而告终。书中也包含了许多神话传说及宗教、政治和哲学等方面的内容，其基本内容在公元前 5 世纪成型，公元前 4 世纪成书，被视为早期印度历史和文化的百科全书。《罗摩衍那》描述罗摩王子漫游印度诸地的经历，由民众的口头创作经过世代加工润泽而成，于公元前 4 世纪至公元 2 世纪逐渐编著成书。《佛本生经》是佛教文学的主要代表，利用印度民间传说和寓言，描述释迦牟尼的生平和功德。该书约成书于公元前 3 世纪，反映了印度列国时代的社会状况。

古代印度的艺术以建筑、雕刻和绘画最为突出，其中多数是佛教艺术。建筑艺术的代表是佛塔(称“窣堵波”)。印度的佛教石窟艺术风格独特，有精美的雕刻和壁画，其中阿旃陀石窟最为著名。阿旃陀石窟位于德干高原马哈拉施特拉邦的一个环形山谷中，建造于公元前 2 世纪至公元 7 世纪，现存 29 窟，保留了大量精美的雕刻和壁画,表现了佛陀的生平事迹和古代印度宫廷与平民的生活。

印度人不仅笃信宗教,同样也关注世俗生活,其在自然科学方面也取得很大成就。古代印度人创造了数字符号 0—9,提出零的概念,以后阿拉伯人把这 10 个数字符号传到欧洲,欧洲人称之为阿拉伯数字。印度人的历法也比较先进,他们把一年分为 12 个月,每月 30 天,每隔 5 年加一闰月。医学成就也引人注目,吠陀经和佛教经典中有不少关于疾病和药物的记载。

【专题研讨】

1. 木乃伊

木乃伊是古埃及人的干尸,埃及人在人死后将其制作成木乃伊,并在棺盖上刻上死者的肖像,以便灵魂能方便地认出原来的肉体。根据 12 世纪阿拉伯医生拉提夫的记载,“木乃伊”一词来自古波斯语“木米亚”(Mumia),意为“沥青”。这种物质最早产自波斯的“木米亚山”,它们在从山顶上流下来的过程中,与水相混合,从而形成一种具有医疗效果的沥青状的黑色物质。早在 12 世纪甚至更早一些时候,“木米亚”已经成为一种医药物资。阿拉伯语中的 Mumiyaf 一词正是源自古波斯语“木米亚”,我们汉语中使用的木乃伊一词则是对阿拉伯语的音译。

(1) 背景知识。

早在前王朝时期,古埃及人就注意到将尸体扔到沙漠里,很快就可以脱水,变成干尸。干尸不仅骨骼完整,而且毛发无损,面貌可辨。到古王国时代,埃及人继续探索保存尸体的方法,尤其是第 4 王朝时期,古埃及人逐渐掌握了木乃伊制作技术。进入中王国时代后,古埃及人的木乃伊制作技术取得了新的进展,到新王国时代臻于成熟,保存至今的古埃及木乃伊大多是新王国时代的。希罗多德详细记载了古代埃及人制作干尸的方法和过程。首先,从鼻孔中用铁钩掏出脑髓,清洗脑腔。然后,用石刀在侧腹上切一个口子,把肠、胃、肝、肾等内脏取出来。但是,心脏要留在身体原处,因为古代埃及人认为,人死后只有顺利通过冥王神奥西里斯的审判后,才能进入幸福的来世。内脏取出后,将腹腔清洗干净,并用临时填充物塞满。接下来,尸体用泡碱进行干燥处理。经过一段时间后,把尸体洗净。然后,将死者的脑腔用树脂浸泡过的亚麻布填满,鼻孔也要塞住,再把腹腔内的临时填充物取出,用装满木屑的亚麻布袋,或者用树脂浸泡的没药填满,并把腹部的切口缝合起来。在尸体的表面搽上杉树油、蜡、泡碱和树胶的混合物,并用熔化的树脂浇盖整个尸体,以收住毛孔和保护表层。最后用亚麻布包裹尸体,再给尸体套上一件完整的寿衣。整个过程中要不断念诵咒语,并放入心脏形的、甲虫形的各种各样的护身符。

(2) 研讨论题。

木乃伊与古埃及人的死亡观。

(3) 思路提示。

木乃伊的制作与古代埃及人的死亡观有关。古代埃及人很早便相信人死以后还有来世,其中的重要概念之一是“卡”。“卡”类似于一个人的替身,它随一个人从母体降生并附在该人身上,但一直要等到这个人死去才开始起作用,前提条件是该死者的尸体不腐烂,更不能消失。“卡”是一个人死后到来世继续生存的另一个自我。另外一个重要的概念是“巴”,它是人死以后肉体和灵魂生活力量的化身。在古代埃及,“巴”呈鸟的形状,一个人死的那一刻它飞离死者并获得生存的能力,只要死人的尸体保存下来,它就能够而且一定能够飞回来与死人的“卡”结合,使该死人重新获得完全的生命力。“巴”和“卡”一起能在坟墓里享用死人亲属送来的供品和祭品。“巴”不仅使死者的躯体重获生命力,它还有极大的自由活动能力,既可以离开躯体,飞出坟墓,搭乘太阳神的船到天国去,又可以到树荫下的清泉旁畅饮生命之水,然后以充沛的活力回到主人那里。达到上述目标的关键是把尸体保存下来,没有尸体,“卡”和“巴”就失去了栖息之地,没有办法与它们的主人团聚并重新获得死者原有的个性。

古代埃及人的这种灵魂不死和灵魂与尸体重新结合的观念,与他们所处的地理环境和气候状况有着直接的关系。一方面,埃及国土绝大部分是沙漠,只有在尼罗河流经的河岸地带才有狭长的植被,除了尼罗河流入地中海的三角洲地区有少量的降水,其他地方年降雨量微乎其微,甚至常年不下一滴雨。因为耕地有限,古代埃及的墓地一律建在沙漠上,后来他们把墓室挖掘在绵延于尼罗河西岸谷地边的利比亚山脉的山崖里。另一方面,古代埃及人想象中的天国是在太阳下落的西边,为了使死人更快更容易地进入冥国,也应该把他埋在远离居住地的沙漠上。(部分内容参考金寿福:《征服死亡的尝试——论古代埃及人制作木乃伊的动机和目的》,《社会科学战线》2002 年第4 期。)

2. 种姓制度

种姓制度是古代印度独特的社会制度,对印度社会的发展产生了深远影响。种姓制度也被译为“瓦尔那制度”,是从梵文“varna”翻译而来,西方人又称为“卡斯特制度”,而佛经则译为“种姓”。“varna”原意为“肤色”或“品质”,种姓制度起源于早期吠陀时代,与征服和种族之间的对立有关。早期吠陀时代人因肤色的差异,分为雅利安人种姓和达萨种姓。后期吠陀时代因诸多差异,种姓制度把人划分为四个种姓,分别是婆罗门、刹帝利、吠舍和首陀罗。

(1) 背景知识。

种姓制度下,根据种族差异,其经济地位、宗教生活及法律身份泾渭分明,等级森严。婆罗门——第一等级,祭司集团,主管宗教神权,支配社会思想领域,直接参与王国政治,以占卜、念咒语的形式影响国王行动,拥有大量土地和奴隶。刹帝利——第二等级,王族、军事行政贵族,拥有土地、财富。吠舍——第三等级,农牧业、工商业,普通平民,须交税、服役,分化严重,部分破产甚至沦为奴隶,但有一定的社会地位,与前两个等级一起被称为"再生族"。首陀罗——社会最底层,"一生族",他们不能再世投胎为人,没有经济、政治、宗教权利,地位卑贱。《梨俱吠陀》宣称,最初的人祖布鲁沙被诸神作祭祀时,口、手、腿、脚分别转化为不同种姓,各等级上下贵贱之分是神意。种姓制度规定职业世袭,不可改变。不同种姓之间实行内婚制,以保持种姓的纯洁。各种姓之间都有自己的行为规范,享有不同的法律地位。随着社会发展,到孔雀王朝时期出现亚种姓(阇提)与贱民(旃荼罗)。贱民社会地位低下,是极度污秽的"不可接触者"。据《佛本生经》,一个婆罗门种姓的人在旅行时因饥饿难忍而接受贱民的食物,后悔恨而死。

(2) 研讨论题。

印度种姓制度与中国古代士农工商的异同。

(3) 思路提示。

职业世袭和内婚制是印度种姓制度的最重要特征,各种姓都有与自己地位相应的传统职业,世代相传。之后随着社会发展虽有所松动,但规定高级种姓的人可以从事低级种姓的职业,反之则不然。各种姓之间原则上禁止通婚,后来有所变通,但规定只能"顺婚"(即高级种姓的男性可以娶低级种姓的女性),不能"逆婚"(即低级种姓的男性娶高级种姓的女性),违者则沦为贱民。中国古代的士农工商只是根据其所从事的职业来区分,尽管在古代中国重农抑商的背景下,商人地位最低下,但在大多数历史时期,这并非制度性的划分,既没有固化,也不世袭,各阶层间并没有如印度种姓制度般不可逾越的鸿沟。

【拓展阅读】

1. [美] 菲利普·李·拉尔夫、罗伯特·E.勒纳、斯坦迪什·米查姆等:《世界文明史》,赵丰等译,商务印书馆,1998年。

2. [法] 雷奈·格鲁塞:《东方的文明》(全2册),常任侠、袁音译,中华书局,1999年。

3. 金寿福:《永恒的辉煌:古代埃及文明》,复旦大学出版社,2003年。

【超级链接】

1. 为使强不凌弱，为使孤寡各得其所，在其首领为安努与恩利尔所赞扬之巴比伦城，在其根基与天地共始终之神庙埃·沙吉剌，为使国中法庭便于审讯，为使国中审判便于决定，为使受害之人得伸正义，我以我的金玉良言铭刻于我的石柱之上，并置于我的肖像亦即公正之王的肖像之前。

——节选自《汉谟拉比法典》，转引自周一良、吴于廑：《世界通史资料选编辑》(上古部分)，商务印书馆，1985 年

2. 种姓关系和阶级关系不是一回事，其间有一定的联系，但也有不小的差别。如果纯粹从阶级关系这一角度上来看一下佛教的话，那么，与其说它同奴隶接近，不如说它同奴隶主更接近一些。根据佛经的记载，释迦牟尼曾吸收过一些奴隶或处在奴隶边缘上的人入教。但是，我们无论如何也不能说，他代表着奴隶的利益。他在很多地方都表示出一些阶级的或种姓的优越感，他以身为刹帝利而感到自豪。他的生平我们不很知道。他本身好像就是奴隶主出身，竭力支持他的那一些属于吠舍种姓的大商人，也大都是属于奴隶主阶级。因此，如果还要严格区别他同那一些完全站在奴隶主立场上说教的宗教家的话，我们只能说，他比较对那些通过阶级分化而新兴起来的奴隶主更感兴趣。基督教在初期曾满足了奴隶的一些要求。佛教并不完全是这样。如果说，原始佛教表达了最下层人民的愿望，那显然也是不符合实际情况的。

—— 张光璘、王树英：《季羡林论印度文化》，人民出版社，2009 年

【思考题】

1. 简析古代西亚国家演进过程及宗教信仰的演化过程。

2. 评述古代种姓制度的内容及其影响。

3. 在古代东方文明基本特征的基础上比较分析它与中华文明和西方文明的关系。

第九章 海洋文明

——西方古典文明

【学习重点】

1. 了解古代希腊、罗马文明的发展历程。
2. 理解古代希腊民主制度的形成过程及特点。
3. 理解罗马帝国政治、经济及社会发展特点。
4. 掌握古代希腊、罗马文明的主要成就。

西方古典文明主要包括希腊文明与罗马文明两大部分，它们被视为西方文明的源头。西方古典文明诞生于蔚蓝色的地中海世界，处于开放的海洋环境，具有与东方迥异的文明特征。古代希腊文明发源于爱琴文明，公元前 5 世纪是其文明的繁荣时期，在文学、艺术、哲学、历史和科学等方面取得辉煌成就，其民主制度更是在世界政治文明发展史上有重要地位。但由于城邦内讧及城邦危机的不断加深，希腊世界走向衰落。公元前 4 世纪后期，马其顿崛起，希腊文明随着亚历山大东征而在地中海东部和西亚地区广泛传播，促进了中西文明的交流和融合。古代罗马文明发源于意大利半岛，也经历了漫长的演进过程。从神秘的伊达拉里亚文明，到邦国林立的王政时期，又从共和国向帝国发展，到公元前后，罗马发展成为一个地跨欧、亚、非三大洲的大帝国，地中海成为帝国的内海。公元 1—2 世纪是古代罗马文明的繁荣时期，其文学、艺术、历史、哲学和自然科学取得了令人瞩目的成就，经济和文化也达到空前的繁荣。但公元 3 世纪起罗马帝国爆发全面的危机，4 世纪末期帝国一分为二，到 5 世纪后期，西罗马帝国葬送于蛮族的铁蹄之下。从西方文明史的演进看，罗马古典文明是希腊古典文明的继承与发展，但罗马文明又有其鲜明的特色，尤其是以罗马法为代表的法制政治，对西方法制文明产生了深远影响。

第一节　“光荣属于希腊”——古代希腊文明

古希腊文明产生于开放的海洋地理环境中，包括爱琴海诸岛、希腊半岛及小亚细亚的西部沿海地区。这一地区海陆交错，山岭纵横，海岸线曲折，多天然良港，有着发展工商业和海上航运的优越条件。古希腊最早的土著居民是皮拉斯基人，公元前 2000 年左右，属于印欧语系的游牧民族阿卡亚人、爱奥尼亚人、伊奥尼亚人迁移至此定居。约在公元前 12 世纪，北部的多利亚人南下，来到半岛定居。受地理环境影响，古代希腊人以善于航海著称，被称为“海上民族”，其文明演进与海洋有密切的关系，他们不断进行海外商业与殖民扩张活动，与北非和西亚进行广泛的经济文化交流。也正是由于这样的地理历史背景，古希腊始终没有出现东方大河流域文明那样的君主专制政体，而是出现城邦林立的多元化演进格局。不过，希腊诸城邦之间也并不是一盘散沙，始终有一种文化纽带把他们联系在一起。古代希腊文明经历了漫长的演进过程，从爱琴文明发展到希腊化时期，创造了灿烂的文明，成为古典时代的一朵奇葩。

一、古代希腊的历史演进

“爱琴文明”(约前 3200 年—前 1200 年)

史学界一般把爱琴海和希腊本土南部的史前文明合称为“爱琴文明”，也因这一时期主要的金属工具为青铜而称为“青铜时代”。爱琴文明主要包括克里特岛上的米诺斯文明和以伯罗奔尼撒半岛为中心的迈锡尼文明。

米诺斯文明长期湮没无闻，直到 20 世纪初期英国考古学家阿瑟·伊文思才为世人揭开了米诺斯文明的神秘面纱。考古发现克诺索斯王宫共有 200 多个房间，具有传说中的“迷宫”特征，千门万户，迂回曲折。米诺斯文明为克里特岛上的史前文明，其兴盛时期为公元前 2000 年—公元前 1400 年，伊文思所发现的印章上的奇怪符号即线形文字 A，至今未释读成功。公元前 1450 年左右，除克诺索斯的王宫，克里特岛上的其他地区遭到毁灭性打击，克诺索斯也在公元前 1375 年左右被毁。由于缺乏可靠的资料，发生剧变的原因无从推测。

就在此时，在伯罗奔尼撒半岛上兴起了一些王国，其中最为强大的是迈锡尼，其所创造的文明被称为“迈锡尼文明”。根据古希腊神话传说，迈锡尼国王阿伽门农曾经联合希腊世界的英雄们，远征小亚细亚的特洛伊，希腊最早的史书均围绕这场战争展开,其中的《荷马史诗》流传下来。1870 年,德国考古学家海因里希·谢里曼根据《荷马史诗》的记载,成功发掘了特洛伊遗址,从而证明了特洛伊战争的真实性。

从 19 世纪后期开始,人们对迈锡尼文明进行了大规模考古发掘,发现了大量宫墙、墓葬和器物遗存,并发现大量的泥板文书,为研究迈锡尼文明提供了重要资料。此时王国的统治者称为“王”,王国的政治经济活动以王宫为中心展开,因而被称为“以宫廷为中心的社会”。不过,近年来有部分学者认为迈锡尼时代王国的中央集权可能没有想象中那么大,地方在社会经济生活中也发挥了一定的作用。但在公元前 13 世纪,即在特洛伊战争后不久,迈锡尼文明突然衰落,王宫均被烧毁,原因至今不明。

“黑暗时代”(约前 1200 年—前 750 年)

在迈锡尼文明的中央集权体系被摧毁后,出现地方贵族割据的局面,群雄逐鹿,社会动荡。这一时期没有兴建诸如王宫之类的大型建筑,青铜、象牙等手工艺制品都非常粗糙,没有文字。由于大型考古遗迹稀少,世人对这段历史知之甚少,成为相对模糊的时期,因而“黑暗时代”的提法被广为接受。此时的军事首领不是迈锡尼时代的专制君主,而是由贵族集团推选出来的首领,其权力和地位并不十分稳固,当贵族武士中有人认为首领的行为不公时,可以站出来进行挑战。而且,作为最高军事首领,其权力还受到正式的制约,军事决策需要一定的程序,最高军事首领在很大程度上必须依靠贵族集团的力量行使其权力和维护其统治,首领、长老会议、民众大会的政治参与机制业已成型,成为后来城邦政治生活的基石。此时城邦的形态基本为半游牧的小部落,各地普遍处于动荡状态中,经济衰退,海外贸易中断。因为关于这一时期的材料有限,许多问题依然没有定论。

“古风时代”(约前 750 年—约前 500 年)

此时是希腊城邦兴起和发展时期。从公元前 8 世纪后期开始,希腊人大量移民海外,在环地中海一带建立起数百个新的城邦。这场海外殖民活动持续了一个半世纪,传统上称为“殖民运动”。

殖民运动大致确定了古代希腊文明的地理范围,对城邦内部结构的发展也产生了重要影响,其政治经济安排所体现出来的制度化及平等性特征,推动了城邦制度向民主化方向发展。

在殖民运动开始的同时,希腊本土城邦出现一个僭主政治的浪潮。公元前 650 年开始,许多城邦出现僭主,打破了贵族阶级集体统治的政治局面,给城邦政治带来了新的冲击。经过殖民运动和僭主政治,希腊的城邦政体逐步确立。此时各个城邦纷纷制定法律,确立自己的政体,其中斯巴达的来库古立法和雅典的梭伦立法最为典型。来库古生平不可考,其立法时间为公元前 7 世纪前半期,确立斯巴达的贵族寡头政体。来库古立法从政治和经济上对公民权进行明确定义,即只有公民才有权参加城邦的公民大会和分得份地,而份地的分配是斯巴达城邦制度的基础。正是因为这种制度设定,斯巴达的公民须接受军事化的生活方式,可以将大部分时间用于军事训练,因此成就了一支希腊世界的无敌军队。

这一时期梭伦在雅典大刀阔斧地进行改革。他颁布“解负令”,废除下层民众的一切债务,禁止因债务而将雅典人卖为奴隶。在此基础上,按财产多少,将雅典人分为四个等级,不同等级者享有不同的政治权利,只有前三个等级才能担任官职,城邦的高级官职执政官和司库只能由第一等级担任,“贫民”有权参加公民大会。梭伦对政治体制也进行了改革。他建立了 400 人议事会,其成员分别从四个部落中抽签选出,每部落 100 人。虽然原有的贵族议事会仍然是城邦体制的“监护者”,但 400 人议事会分享了一部分政治权力。梭伦还确立了“第三者起诉权”的原则和上诉权,实际上给予公民监督官员的权利。上诉权规定当事人若对裁决不服,可以向陪审法庭上诉,这意味着官员的裁决也要受到民主的监督。梭伦的改革和立法确立了雅典城邦制度化和民主化的社会和制度基础。

“古典时代”(前 500 年—前 338 年)

公元前 509 年,克里斯提尼主政,进行了一次复杂但理性的改革。首先,克里斯提尼打破原有的部落划分,把雅典的领土分为沿海、内陆和雅典城区三大部分;其次,克里斯提尼又把 400 人议事会扩大为 500 人议事会,其成员分别从十个新部落中以抽签方式选出。公民不分贵贱,都可直接参与城邦的管理。克里斯提尼还制定了“陶片放逐法”,以防止出现个人独裁。

克里斯提尼的改革使民主制度在雅典初步确立,但此时希腊世界约有一半以上的城邦确立了贵族寡头政体。不过,古典时期的希腊世界民主化趋势仍然明显,不管是采用民主政体,还是实行贵族寡头政体,普遍实行公民大会和议事会制度管理城邦。到公元前 6 世纪末,希腊世界主要的城邦都完成了立法,公民权普遍确立。此时公民有权参与城邦的政治生活,表达自己的政治主张,公民大会拥有最高决策权。

在希腊世界走向繁荣的同时,外部世界的威胁也随之到来。此时亚洲伊朗高原的波斯在居鲁士二世执政时征服米底王国,不断向外扩张,两次大举进攻希腊本土,乃至一度占领了雅典。公元前 478 年,以雅典为首的爱琴海诸城邦结成抗击波斯的提洛同盟(因同盟金库设在提洛岛上而得名),先后有近 200 个城邦加入该同盟,其中雅典势力最强。公元前 449 年,提洛同盟在塞浦路斯岛附近大败波斯军队,同年,希波双方签署《卡利亚斯和约》,规定波斯放弃对小亚诸城邦的统治,波斯舰队不得进入爱琴海。

希波战争重创西亚大国波斯,希腊在地中海东部的影响大为增强。希波战争也带来了观念上的变化,正是在团结一致共御外敌的过程中,希腊人强化了民族与文化认同,增强了希腊人对其政体的自信心,促使其政治生活进一步民主化。伯里克利主政时,于公元前451年提出公民权法,得到公民大会的通过,公元前450年左右雅典向参与政治活动的公民发放津贴,确保贫穷公民参政的条件,民主政治进一步完善,雅典社会也在这一时期空前强盛。

外患一消除,希腊世界内部的矛盾日益尖锐。雅典加强了对提洛同盟的控制,开始以武力在同盟内部推广民主政体,引起了斯巴达及伯罗奔尼撒同盟的不安,双方矛盾越积越深。

公元前431年,伯罗奔尼撒战争正式爆发。雅典海军力量强大,而伯罗奔尼撒同盟则拥有陆军优势,双方互有胜负,相持不下。到公元前421年,双方签署50年和约,但战争并没有结束。伯罗奔尼撒战争最终导致两败俱伤,希腊本土城邦从此衰落,进入一个更为动荡的时期。

“希腊化时期”(前338年—前30年)

正当希腊世界处于一片混乱的时刻,希腊世界北部的边陲之国马其顿崛起。公元前359年,腓力二世登上马其顿王位,着手进行政治与军事改革。尤其是他以由国王控制的常备职业军队取代原有的民军,进而创立马其顿方阵,明显提高了马其顿军队的战斗水平。此后,腓力二世挥师南下,于公元前338年在喀罗尼亚战役中取得决定性胜利,确立了马其顿人在希腊世界的霸主地位。公元前337年,腓力二世召集希腊各邦在科林斯开会,结成“科林斯联盟”,希腊古典时代就此结束,希腊历史进入一个新时期。

希腊各邦臣服之后,腓力二世把进攻矛头指向波斯,公元前336年,其遇刺身亡,其子亚历山大继位。继位时亚历山大年仅20岁,却继承父亲遗志,于公元前334年开启其雄心勃勃的东征进程。马其顿军队所向披靡,公元前332年冬天攻陷埃及,亚历山大在尼罗河入口处建立了一座以自己名字命名的希腊式城市,即亚历山大里亚,后来成为希腊化时代地中海世界最重要的文化中心之一。公元前331年,亚历山大率军进入西亚地区,在底格里斯河畔的高加美拉与波斯主力军相遇,取得了决定性胜利。在巴比伦之后,希腊联军进入波斯本土,占领其首都波斯玻利斯,并将王宫付之一炬,波斯国王大流士为部下所杀。公元前329年,亚历山大翻过兴都库什山脉,攻入巴克特里亚(即中国史书中记载的大夏)。公元前327年夏,亚历山大攻入印度,占领旁遮普地区。但此时士兵因多年征战而疲惫不堪,不愿再战，亚历山大东征就此止步，于公元前 325 年退回美索不达米亚。

经过东征，亚历山大建立了一个横跨欧、亚、非三大洲的大帝国，但只是昙花一现。

公元前 323 年，亚历山大病逝于巴比伦，其手下将领们为争夺王位展开了激烈的斗争。先是安提戈努斯于公元前 306 年称王；公元前 305 年，占据埃及的托勒密称王；公元前 305 年，占据东方的塞琉古也称王。最终帝国三足鼎立局面确立，这三个王国成为希腊化时期最主要的王国。

由于统治者和被统治者属于不同的民族，文化传统差异大，形势比较复杂。总体而言，与亚历山大一样，这些希腊化王国的统治者也建立起一系列希腊式城市，把希腊式的政治和社会生活方式带到了这些地区，使希腊文化得以广泛传播。

二、古代希腊文化

古希腊文化包括古典文化和希腊化时期文化，在发展过程中受到东方文化的深刻影响，包括宗教、艺术、科学、文字及风习等方面，创造出灿烂的文化，成为西方文化的源头。古希腊文化与希腊的神话传说和宗教观有密切的联系。希腊宗教起源于克里特和迈锡尼，信奉多神教，各氏族都有自己的神。自“荷马时代”起，古希腊人形成了“奥林匹斯诸神”的信仰，他们相信，以“众神之王”宙斯为首的诸神居住在云雾缭绕的奥林匹斯山，他们是永恒不朽的，能主宰自然和社会发展。希腊人相信“神人同形同性”，诸神强健俊美智慧，有七情六欲。希腊宗教强调伦理道德，没有森严的宗教等级和官方教会，对希腊人的社会生活产生了深刻的影响，人们虔诚地信奉和祭祀神祇，城邦组织的各种宗教庆典丰富多彩，四年一度的奥林匹克运动会，即来源于当时祭祀宙斯的庆典活动。希腊的神话和宗教成为古希腊文化的源泉和土壤，使古希腊人在文学、历史、哲学、天文学、数学及建筑雕刻艺术等方面成就卓著。自基督教兴起后，希腊宗教逐渐消亡。

希腊古典文化以诗歌、戏剧最为突出。《荷马史诗》是古希腊早期诗歌的代表作，包括《伊利亚特》和《奥德赛》两部分，各有 24 卷。两书将希腊神话与史实结合起来，比较充分地展示了迈锡尼时代希腊人的社会生活，语言优美，是世界文学史上的不朽名著。公元前 8 世纪—公元前 6 世纪，抒情诗、讽刺诗等逐渐流行，赫西奥德、萨福等诗人创作了不少诗篇，其中赫西奥德的《田功农时》和《神谱》流传至今。此时也出现了寓言作品，其中《伊索寓言》以讽喻性、规劝性的小故事组成故事集，生动深刻，千百年来流传世间。

希腊的戏剧起源于祭神活动。悲剧一般取材于神话传说,喜剧则更注重反映现实生活。到公元前5世纪,希腊的戏剧空前繁荣,涌现出一批优秀的剧作家和作品,其中雅典的三大悲剧家埃斯库罗斯(约前525年—前456年)、索福克勒斯(约前496年—前406年)、欧里庇得斯(约前480年—前406年)及喜剧家阿里斯托芬(约前446年—前385年)最负盛名。埃斯库罗斯的代表作《被缚的普罗米修斯》塑造了一位为人类光明而勇于抗争强暴势力的殉道者形象,为他赢得了“悲剧之父”的称号。索福克勒斯的代表作是悲剧《俄狄浦斯王》,塑造了一位不屈不挠与命运抗争的失败英雄的形象。欧里庇得斯则把视线转向现实生活,其代表作是《美狄亚》。阿里斯托芬的喜剧诙谐幽默,对社会不公进行冷嘲热讽,寓意深刻,主要有《骑士》等作品,被誉为“喜剧之父”。无论是悲剧还是喜剧,都有浓厚的人本主义精神,这也是希腊戏剧的重要特点之一。

古典时期希腊的哲学、历史和建筑、艺术也达到了空前的繁荣。希腊是西方哲学的故乡,对后世影响深远。最早产生的哲学流派是米利都学派,其代表人物为泰勒斯(约前624年—前547年)。米利都学派认为一切事物的本原是物质(水或空气),而不是神的创造,有朴素的唯物论思想。小亚细亚以弗所的赫拉克利特(约前540年—前470年)也是一位唯物论者,他认为世界的本原是一团永恒的、变动的火,火的变化引起万物的生生不息。他还明确提出,事物内部的矛盾斗争导致了事物的不断变化,“一切皆流,一切皆变”,体现了辩证法思想。公元前5世纪后,希腊的哲学高度繁荣,流派纷呈。

出生于色雷斯的哲学家德谟克利特(约前460—前370年)提出“原子论”,他认为世间万物由最小的、不可再分的物质粒子“原子”和虚空构成,原子在虚空中运动,运动是原子的固有属性。原子相互结合,生成万物;原子分离,则物体消亡。

古希腊时期是哲学大家辈出的时代,其中苏格拉底(前469年—前399年)、柏拉图(前427年—前347年)和亚里士多德(前384年—前322年)最为著名。苏格拉底注重探讨哲学的伦理道德意义,认为德性就是知识,应该由有知识、有德性的人治国。他提出先验论观点,认为概念在本质上并不是来自具体事物,而具体事物则由概念而生。他还首次提出归纳和定义的方法。

柏拉图是苏格拉底的弟子,他是古希腊最著名的唯心主义哲学家,创建起一个博大精深的哲学体系。柏拉图哲学思想的核心是“理念”。他认为,“理念”是万物的本原,“理念”的精神世界高于现实世界,并先于现实世界而存在。物质世界不过是“理念”世界的模仿或摹写,因而是虚幻的。

亚里士多德是柏拉图的弟子,他是希腊哲学的集大成者,也是一位百科全书式的学者，一生著述丰富，写下了400多卷著作，在许多学科领域都有建树。亚里士多德并不赞成柏拉图的“理念”论，而是提出了“实体”论。他认为，离开了具体的事物，理念便不存在，知识通过接触客观世界而获得。但他又认为，物体由质料和形式所构成，形式比质料更重要，形式是积极的，质料是消极的。只有形式才能给物质以积极的现实性，目的决定事物的运动和发展。

希腊有悠久的治史传统，是西方史学的源头。《荷马史诗》保留了希腊最早的史迹，但它并非真正意义上的史学著作，有浓厚的神话和文学色彩。古典时代希腊的历史学获得重大发展，其中以希罗多德(约前484年—前425年)和修昔底德(约前460—前400年)及其作品最为著名。

希罗多德被称为西方“历史学之父”，生于小亚细亚，年轻时曾游历多地，获得大量关于希波战争的资料，编撰成《历史》一书。该书共九卷，以希波战争为主线，涉及埃及、巴比伦、波斯、小亚细亚和黑海北岸的风土人情和社会历史。希罗多德注重探求历史事件发生的原因，叙述客观，开创了以记事为主的史学体裁，成为后来西方史学的正统体裁。修昔底德出生于富贵家庭，曾经担任过雅典的将军，后被革职流放。他广泛搜求材料，结合其亲身经历写成了《伯罗奔尼撒战争史》。该书共八卷，严格按照编年体叙事，他把希腊哲学家的逻辑方法用于历史研究，注重探求历史事件的因果关系，并对史料的取舍持分析批判态度。

希腊的建筑雕刻早在爱琴文明时期就卓有成就。米诺斯王宫千门万户，幽深曲折，墙上壁画栩栩如生；迈锡尼的狮子门由三块巨石构成，气势恢宏，门梁上雕刻的狮子形态威猛。到公元前6世纪—公元前4世纪，希腊的建筑雕刻艺术更上一层楼。此时希腊城邦修建了众多的公共建筑，如神庙、剧场等。神庙建筑基本为方顶柱式结构，殿堂巍峨明亮，四周饰圆柱柱廊。希腊圆柱经过长期的演变，主要有多利亚式、爱奥尼亚式和科林斯式三种。雅典卫城帕特农神庙是古希腊神庙建筑的典范，它建成于公元前5世纪中期，位于雅典卫城中心，用精美的云石筑成，主体建筑呈白色，外面以多利亚式柱廊围绕，显得庄严、精致、和谐(图9-1)。德尔菲的阿波罗神庙和奥林匹亚的宙斯神殿等也各具特色。

图9-1　帕特农神庙

随着大型公共建筑的发展，希腊人的雕刻艺术也臻于顶峰。希腊的雕刻艺术以神话人物和运动竞技优胜者为题材，人体雕像体魄健美，比例匀称，有浓郁的生活气息。米隆(活动时期约为前

《掷铁饼者》

图 9-2 《掷铁饼者》

480 年—前 440 年)、菲迪亚斯(活动时期约为前 490 年—前 430 年)和波力克利特(活动时期约为公元 5 世纪后半期)是古希腊时期的著名雕刻大师。米隆的代表作为《掷铁饼者》(图 9-2),人物形象健美有力,雕像抓住了人物掷出铁饼那一刹那的神情和动作,充满力量和动感。菲迪亚斯曾主持雅典卫城的修建工程,卫城的大多数雕像出自他和弟子之手,其代表作为宙斯神像和雅典娜神像,均以形体高大、华美庄严著称。波力克利特的作品以运动员等现实人物为主,以青铜作为主要材料,其代表作《持矛者》《受伤的阿玛逊女战士》都体现了其简洁、生动的艺术技巧。

希腊化时期的文化,呈现出与古典时代不一样的特征。一方面,希腊化时期延续了希腊文化;另一方面在政治、社会和艺术方面,出现了显著变化。此时希腊文化的中心不再限于希腊本土,随着亚历山大东征的步伐,在地中海东部周围形成了一个文化多中心的格局。

埃及的亚历山大里亚建立了著名的研究院和图书馆,藏书最多时达 50 万卷纸草书籍,吸引了世界各地的学者来此从事学术研究,成为当时国际学术中心。位于小亚细亚西北部的帕伽马则成为希腊化时期的艺术中心。帕伽马的大图书馆搜集了大量名家的原稿和真迹,在文艺、美术和雕刻方面取得卓越成就,被称为“希腊文化的避难所”。

在希腊本土,雅典仍然是文化中心,此时的“新喜剧”沿袭了阿里斯托芬为代表的旧喜剧传统,其中米南德(约前 342—前 291 年)最为著名。米南德作品主要题材为爱情,关注生活的黑暗面。在哲学上,柏拉图创立的雅典学院和亚里士多德创立的吕克昂学院仍然有崇高的声望,但新的哲学派别也不断涌现。公元前 4 世纪,出生于黑海之滨的第欧根尼来到雅典,师从苏格拉底的弟子安提斯泰尼,成为犬儒学派的代表人物。这一时期最有影响的哲学派别是伊壁鸠鲁学派和斯多葛学派。伊壁鸠鲁学派认为快乐即善,推崇享乐,强调快乐是必要的自然欲望的满足,而不是追求感官刺激,尤其重要的是要达到内心的平静,不受干扰。斯多葛学派的创始人是塞浦路斯岛人芝诺。斯多葛学派认为,世界是由理性支配的,理性则是神的旨意,并以命运的形式表现出来。因此,人应该认识和了解自然世界,进而顺应自然(即理性)而生活,与自然保持和谐。享乐和欲望不属于善的内容,因此必须克制。斯多葛学派的思想对罗马帝国和基督教产生了深远的影响。

当然,希腊化时期的文化尽管在很大程度上意味着希腊文化的扩张与传播,但它同时也是复合性的。一方面，希腊化文化的传播赋予希腊化世界相同的文化面貌；另一方面，被征服地区原有的文化传统仍然发挥着作用，在一定程度上抵制了希腊文化的入侵。当然，希腊文化和当地文化又存在融合的趋势，希腊化时代所取得的很多成就，是希腊文化与当地文化相结合的结果。

第二节 “伟大属于罗马”——古代罗马文明

罗马文明发端于意大利半岛，与希腊文明一样，亦有开放的海洋性特征。意大利海岸线平直，缺乏天然深水良港，但由于地处东西地中海的交通要道，与外界联系依然方便。同时，半岛北部是阿尔卑斯山，多险峻的隘口，所以大规模的外族入侵直到帝国晚期才出现。古代意大利半岛上的居民主要有伊达拉里亚人、意大利人、希腊人和高卢人。其在内部区域上可以划分为三部分：北部的波河流域，主要为高卢人居住；半岛中部是意大利人和伊达拉里亚人的居住区；半岛南部和西西里岛，则是希腊人的天地。

一、古代罗马的历史演进

王政时期（前8世纪—前510年）

在罗马人崛起前，意大利半岛是伊达拉里亚人和希腊人的天下。希腊人在意大利建立了一系列城市，把希腊的生产技术和文化传到了这里。而公元前8至公元前6世纪，伊达拉里亚人创造了神秘辉煌的文明，对之后意大利文明的发展产生了重要影响，罗马人的凯旋式、角斗士表演等，都源于伊达拉里亚文化。但因考古资料非常有限，世人对这个神秘的文明知之甚少。

在伊达拉里亚人文明的兴盛时期，罗马人正处于筚路蓝缕的创业期。公元前8世纪，拉丁人中的一支在后来罗马城所在的巴拉丁山丘定居，之后逐渐形成部落联盟，意大利历史进入王政时代。王政时期罗马的政治体制日趋完善。图里乌斯（约前578年—前534年在位）执政时进行改革，他把罗马人按照财产的多寡划分为五个等级，并规定了每一个等级提供一定数量的战士。此外，他还设立了新的选举机构森都里亚大会，此机构有权宣布战争，有权选举高级官吏，但因第一等级投票权最多，因此由富人把持。图里乌斯的改革增强了罗马军队的战斗力，同时也是一场社会政治改革，扩大了罗马的统治基础。王政时代的最后一个王塔克文暴虐专制，引起贵族和民众的强烈不满，最终于公元前510年，塔克文被驱逐，王政时代结束。

共和时代(前 510 年—前 27 年)

公元前 6 世纪初,罗马进入共和时代。共和时代不再有国王,通过选举选出两名执政官。执政官地位尊崇,罗马人用他们的名字纪元。他们平时是行政首脑,战时则为最高军事统帅,出行时有仪仗队护卫。但执政官权力有限,他们共同执政,且只有一年任期,不能连选连任。此外,他们的军事指挥权也只有出城作战时才有效,一旦战争结束,则必须交出军权。这种"同僚制"和"任期制"原则,成为罗马共和政体的基本原则。此时元老院由 300 名元老组成,执政官卸任后就直接进入元老院。与执政官一年一换不同,元老院保持相对稳定,拥有财政、审判、军事、宗教等方面的权力。此外,森都里亚大会继续发挥作用,主要职责是选举执政官等高级官吏,是共和国初期最高形式的人民大会。

由于贵族把持政权,平民与贵族之间的矛盾日益尖锐,双方之间的斗争贯穿共和国历史始终,焦点集中在政治权力与债务问题。经过不懈斗争,平民的权利不断扩大。公元前 451 年—公元前 450 年,《十二铜表法》制定,使贵族不能任意解释法律。公元前 367 年,通过李锡尼—绥克斯图法,规定两名执政官中必须有一位是平民。之后,平民又相继取得担任一系列公职的权利。到公元前 326 年通过彼特留法,债务奴隶制也被废除,罗马平民摆脱了沦为债务奴隶的危险。公元前 287 年,通过霍腾西阿法,特里布斯大会取得了最高立法权。至此,贵族特权被取消,平民终于取得与贵族同等的权利。

正是在国内不断改革的基础上,罗马羽翼渐丰,把眼光投向罗马之外的世界,开始其雄心勃勃的征服战争。公元前 405 年至公元前 396 年,罗马人通过战争,把伊达拉里亚人逐出意大利政治舞台。之后,通过武力统一了拉丁姆地区,征服强悍的萨莫奈人。到公元前 3 世纪前期,罗马人成为意大利半岛的主人。在此基础上,罗马开始向海外进行扩张,经过布匿战争、马其顿战争、叙利亚战争及在西班牙的一系列军事行动,先后将迦太基、埃及、希腊各城邦及小亚细亚、叙利亚等地征服,从小国寡民变成了雄霸地中海地区的超级大国。

知识窗

布匿战争,是指罗马人与迦太基的三次战争。迦太基是腓尼基人的殖民城市,曾在西地中海盛极一时。罗马人把腓尼基人称为"布匿人",他们与迦太基之间的战争因之而得名。第一次布匿战争发生于公元前 264 年至公元前 241 年,罗马人获胜。第二次布匿战争从公元前 218 年至公元前 201

年，迦太基大将汉尼拔从西班牙上岸，越过荒无人烟的阿尔卑斯山，长途奔袭罗马，以少胜多，罗马一度告急。但因汉尼拔劳师远征，缺乏后援，无法持久作战，罗马采取拖延政策，最后在公元前 201 年，双方在扎马决战，汉尼拔兵困马乏，战败后又无法归国，只得亡命天涯。而此时的迦太基也失去了强国地位。到公元前 149 年，罗马人发动第三次布匿战争，彻底消灭迦太基，将其变为罗马的一个行省。

随着罗马的扩张，内部社会矛盾不断激化。长期的穷兵黩武，使罗马的公民兵制度越来越难维持，罗马兵源出现严重不足，战斗力大大减弱，公元前 107 年，执政官马略进行了军事改革。他以雇佣兵制代替了公民兵制，由国家提供薪饷和武装，军队职业化，为之后军事将领干预政治与建立军事独裁政权开了方便之门。公元前 88 年和公元前 82 年，苏拉两度攻陷罗马，建立独裁统治，共和制岌岌可危。苏拉之后，庞培成为罗马的风云人物，他于公元前 60 年与恺撒和克拉苏结成政治同盟，史称“前三头同盟”，操控罗马政治。公元前 49 年，恺撒从高卢前线杀回意大利，清除庞培势力后建立独裁统治，对元老院进行改组，扩大公民权，强化中央集权，罗马共和制名存实亡。恺撒的独裁使他被视为共和国的“公敌”，公元前 44 年遇刺身亡。之后，恺撒的养子屋大维与其部将安东尼和雷必达结成“后三头同盟”。屋大维在三头鼎立中逐渐胜出，公元前 27 年，屋大维被元老院授予“奥古斯都”(即至尊至圣)称号，史学界一般把这一时间视为罗马帝制的肇始。尽管元老院、执政官、保民官等共和国时期的主要机构被保留下来，屋大维自称“元首”，但其集终身执政官、终身保民官及罗马大祭司长等要职于一身，以共和之名，行专制之实。

帝国春秋(前 27 年—476 年)

屋大维于公元 14 年去世，由继子提比略继位，罗马帝国从“元首政治”进入王朝统治时期。公元 1 世纪—公元 2 世纪是罗马帝国的繁荣时期，其间经历了三个王朝的统治，即朱利亚 · 克劳狄王朝(14 年—68 年)、弗拉维王朝(69 年—96 年)和安东尼王朝(96 年—192 年)。

安东尼王朝统治时期被称为帝国的“黄金时期”，最为繁荣。此时罗马帝国疆域辽阔，内部民族众多，文化多样，宗教复杂，政制多元，但罗马帝国凭借强大的军队和四通八达的道路，维持了帝国的统一和文化上的认同。罗马人对意大利半岛的被征服地区实行“分而治之”的政策，而对意大利半岛以外的被征服地区则设立行省,由军事长官进行管辖,并进行征税。这种相对温和的统治方式,使被征服地区易于接受罗马的统治,逐渐接受了罗马人的生活方式,帝国境内遍布拥有广场、竞技场、公共浴室等大型公共建筑的罗马式城市。

这一时期也是罗马帝国经济繁荣的时期。无论是生产工具还是技术,都有较大发展。意大利本土和希腊地区出现带轮的重型犁具,高卢地区出现收割机,水轮机、水磨等机器并在农业、纺织业中得到推广,在矿业中则使用了排水机和起重机。航运业发展也较快,能够建造配有舱房和起重杆、铰链的大货船,体现了较高的造船水平。金银工艺、玻璃与陶器制作等手工业也有较大进步,形成了一些各具特色的产区,如高卢南部与莱茵河地区的陶器与玻璃、腓尼基的染料、埃及的麻纱和珠宝首饰等。农业同样有较大发展,埃及、多瑙河流域成为帝国的粮仓,希腊地区、高卢南部与西班牙等地区盛产橄榄和葡萄。在生产发展的基础上,帝国各地城市也达到了空前的繁荣。罗马成为当时世界上最繁华的城市之一,拥有 120 万人口。意大利的那不勒斯、埃及的亚历山大里亚、叙利亚的安条克、希腊的雅典是当时的繁华都市,边远地区也兴起了一系列新城市,如不列颠的伦丁尼姆(伦敦)、高卢的卢格敦(里昂)、多瑙河畔的文多波那(维也纳)等。此外,由于“条条大路通罗马”及发达的航运业,形成了以地中海为中心的商业网,不仅内部通商频繁,还通过丝绸之路与中亚、印度和中国等进行商品交流。

但从公元 3 世纪初开始,罗马帝国危机重重,逐渐走向衰亡。此时皇室内部阴谋和倾轧频发,尤其是公元 235 年至公元 284 年,共有 25 人获得“皇帝”称号,他们大多军人出身,多者仅能维持数年统治,少者只能维持几个月,且都死于非命。政局混乱之下,官吏贪污成风,军力衰竭,为以后蛮族入侵开了方便之门。在上层政权衰败的同时,帝国各地的民众反抗运动风起云涌,其中高卢地区的巴高达(高卢语意为“战士”)运动规模大、持续久,沉重打击了罗马的统治。

与此同时,罗马帝国的经济状况也在不断恶化。作为罗马社会经济基础的奴隶制生产关系由于血腥奴役和战乱难以为继,大庄园逐渐被以规模经营为特色的隶农制所取代。帝国的经济以农业为主,绝大多数居民是农民,国家税收的 90% 来自农业,而税额不管年成好坏都不变,导致土地大量荒芜。农业的衰退导致经济的全面滑坡,手工业、商业随之衰落,曾经繁华的城市也日趋萧条。帝国物价飞涨,民不聊生,日益穷困。

公元 3 世纪的罗马帝国不仅政治、经济出现全面危机,精神文化上也出现严重危机。罗马的传统宗教在外来文化冲击下,受到鄙弃,早期基督教兴起,影响日渐扩大。基督教约产生于公元 1 世纪罗马帝国东部的小亚细亚与巴勒斯坦一带,由犹太教的一个支派发展而来，信奉耶稣为基督①。基督教不仅在犹太人中传布，允许教徒不遵循犹太教律法②，确定希腊语为宗教语言，逐渐由狭隘的民族性宗教演变为普世性宗教。早期基督教最初的参加者多为弱势群体，他们既反对罗马帝国的统治者，也反对富人，在教会内部实行共产、平等、互助原则，此时的罗马帝国对基督教徒进行残酷迫害。公元 2 世纪后，基督教的成员构成逐渐出现变化，越来越多的奴隶主和工商业者加入基督教团体，其教义更多地强调忍耐、服从和爱仇如己。公元 3 世纪，基督教徒已达 600 万之众，罗马境内有 1 800 多个教堂，遍及帝国各地。基督教的这些新变化，也使罗马帝国逐渐改变了对基督教的镇压政策，公元 313 年，罗马皇帝君士坦丁颁布“米兰敕令”，基督教成为合法宗教。

在公元 3 世纪危机的沉重打击下，罗马帝国处于风雨飘摇之中。公元 284 年，戴克里先在宫廷近卫军的拥戴下登上王位，实行“四帝共治”制，他亲自选定马克西米利安为帝国的另一个皇帝，两人再各自选择一位“副皇帝”，由他们四位分区统治国家。但此时罗马帝国已是日薄西山。公元 323 年，君士坦丁废除“四帝共治”制，并于公元 330 年迁都拜占庭，将其更名为君士坦丁堡，罗马帝国统治中心随之东移。公元 337 年，君士坦丁去世，罗马爆发内乱，帝国内部烽烟四起，生灵涂炭。公元 395 年，帝国一分为二，其中东罗马帝国以君士坦丁堡为中心，西罗马帝国以罗马为中心。西罗马帝国此时已四面楚歌，在蛮族的打击下走向衰亡。公元 410 年，日耳曼人的一支西哥特人攻陷“永恒之城”罗马，大肆洗劫。公元 455 年，另一支日耳曼部落汪达尔人再次攻陷罗马城。到 5 世纪中叶，西罗马帝国的领土已大部分被“蛮族”占领。公元 476 年，西罗马帝国的末代皇帝罗慕路斯·奥古斯都被日耳曼雇佣军首领废黜，西罗马帝国寿终正寝，而东罗马帝国（又称拜占庭帝国）一直到 1453 年才灭亡。在史学界，一般把西罗马帝国的灭亡视为罗马帝国的终结。

二、古代罗马文化

罗马文化与希腊文化有明显的承继关系。罗马人最早从意大利南部的希腊殖民城邦学来希腊文明的皮毛，同时受到伊达拉里亚人文化的浸染。公元前 3 世纪后随着罗马征服意大利半岛，才与希腊文明真正衔接。随后罗马不断东进，征服了希腊及以东的广大地区，他们虽然在政治军事上征服了希腊，但在文化上却继承了希腊，并在借鉴和吸收希腊文化的基础上保留了鲜明的民族特色。

---

① “基督”一词为希伯来文“救世主”一词的希腊文译名。

② 犹太教强调只有犹太人是上帝的选民，不食猪肉，男性施行割礼，只能用希伯来语做祈祷。

罗马宗教属多神教,既保留了自身的原始宗教信仰,又继承了伊达拉里亚人和希腊人的神祇和礼仪。罗马人认为神无处不在,生活时时需要神的护佑,因而虔诚敬神。罗马人对女灶神维斯塔的供奉非常普遍,她象征着不灭的圣火,有全国性的公祭。罗马人创立了许多宗教节日,神庙众多,十分重视宗教仪式,凡有重大活动都会事先卜问神意,但未形成祭司等级。

罗马的哲学、政治学、法学都有明显的现实主义风格。罗马的哲学流派较多,受到希腊哲学的深刻影响,但罗马人更注重对伦理准则和治国之术的探求,而不是像希腊人那样注重对宇宙人生等宏观思维的探究。罗马的唯心主义哲学以"新斯多葛学派"和"新柏拉图主义"为代表。"新斯多葛学派"的代表塞涅卡(约前 4 年—65 年)宣扬神秘主义的道德宿命论。帝国后期流行的"新柏拉图主义"把柏拉图的"理念"与一神论结合,提出"太一"是世界的本原,人们要摆脱肉体与感性世界的束缚,回归"太一"。卢克莱修(前 99 年—前 55 年)是唯物论的代表,他的哲学诗篇《物性论》对希腊哲学家的原子论思想做了全面阐释,认为自然界由唯一真实的物质原子所构成,并非神所创造。西塞罗(前 106 年—前 43 年)融合古希腊的哲学、法律与政治思想,形成了其哲学思想和政治学说。他提出人要顺乎自然,节制欲望,才能获得"心灵的快乐",即最大的快乐。西塞罗影响最大的是他的政治学说,其代表作为《共和国》和《法律篇》。他突破了希腊人狭隘的"城邦"观念,提出了"共和政治"的主张,对后世影响深远。罗马人在法学上取得了突出成就,其法制传统与法律体系对中古和近代西方的政治与立法产生重大影响。

罗马文学在公元前 3 世纪后随着其统一和扩张进程而日趋繁荣,成果丰硕。大加图(前 234 年—前 149 年)开了拉丁语散文的先河,其所撰写的《农业志》研究了奴隶制庄园的经营之道。另一位著名作家瓦罗(前 116 年—前 27 年)为后世留下了《拉丁语研究》和《农业志》。而西塞罗则是拉丁文学的典范,其演说词、书信及哲学、政治学论文辞藻华丽、语言生动、富有逻辑,被称为"西塞罗文体"。帝国时期罗马文学发展到了全盛时期,尤以诗歌最负盛名。帝国初期的著名诗人有维吉尔(前 70 年—前 19 年)、贺拉斯(前 65 年—前 8 年)和奥维德(前 43 年—17 年)。维吉尔的《农事诗》以优美的词句描述了优美田园风光和乡村生活,其长篇史诗《埃涅阿斯》则描述了特洛伊王子埃涅阿斯从陷落的特洛伊城逃出后辗转到意大利发展的历程,歌颂了罗马民族的悠久历史和祖辈建功立业的豪情壮志。贺拉斯的《歌集》模仿希腊抒情诗人萨福等人的手法,也深受亚历山大里亚诗风的影响,有明显的希腊化讽刺诗的特点。奥维德的《变形记》文辞优美,把希腊罗马古典世界和近东的传说故事按其时代发展极其自然流畅地串联起来,其抒情诗的代表作是《爱的艺术》。

古代罗马的史学成就不亚于希腊。共和国时期最著名的史学家是恺撒，他所撰写的《高卢战记》记载了其对高卢人和日耳曼人及不列颠的征服战争，为了解这一时期日耳曼人的社会状况提供了宝贵的史料。帝国时期史学大家辈出，传世名著不少。李维(前 59 年—17 年)的《罗马史》以通史体例记述了罗马建城到屋大维时期的罗马历史，宣扬爱国主义精神。塔西佗(55 年—120 年)被视为罗马最伟大的史学家，其名著《日耳曼尼亚志》比较完备地记载了日耳曼各部落的政治、经济和社会状况，史料价值颇高。还有一位著名史学家是希腊裔的普鲁塔克(46 年—约 120 年)，他所撰写的《希腊罗马名人传》(或译为《比较列传》)，通过评述具体历史人物来表达自己的社会伦理思想，刻画人物深刻传神。阿庇安(约 95 年—165 年)也是希腊裔的史学家，他撰写的《罗马史》按地域、国别或重大事件来命名篇目，记载了罗马立国至图拉真时期的历史，别具特色。

罗马的科学成就更多体现在实用技术领域，在地理学、医学、天文学、农艺、自然科学和建筑等方面作出了杰出贡献。斯特拉波(约前 64 年—21 年)的专著《地理学》对罗马帝国的地形、道路、物产、风土人情及历史沿革有比较详尽的描述，是古代地理学的典范之作。罗马医学受到希腊的影响，医学家盖伦(129 年—199 年)介绍了 100 种矿物药品、180 种动物药品及 540 种植物药材的功用，对药物学作出了重要贡献。

罗马时期的天文学也取得了重大进展，著名天文学托勒密(约 90 年—168 年)提出地心宇宙体系，影响欧洲学术界1 300余年之久，其专著《天文学大全》汇集了希腊天文学的成果。古罗马农艺方面的成就也不小，科卢梅拉(约 1 世纪)的《农业论》一书对农业、畜牧业及其管理有比较详尽的记载。古罗马自然科学的集大成者普林尼(约 23 年—79 年)撰写的《自然史》是一部百科全书式的著作，涉及天文、地理、动物、植物、矿物、医学、农业、工艺等诸多领域，对后世影响巨大。建筑方面的成就更使罗马人获得“伟大的工程师”称号。罗马的建筑成就集中体现在城市规划设计和公共建筑上。罗马城的建设堪称古代城市发展的典范，布局合理，公共建筑多采用大理石作为材料，坚固雄伟，绚丽多姿。罗马的万神殿的主体部分是一个高与直径都达 42 米的大穹顶，内有 16 根科林斯式柱子，恢宏壮丽。罗马的圆形剧场规模宏大，结构复杂，可容纳 5 万名观众(图 9－3)。而凯旋门、纪功柱等建筑雕刻艺术十分高超。罗马人的水道桥梁建设更为人称道，充分反映

图 9－3 圆形剧场

圆形剧场

了罗马文化重实用的特点。

【专题研讨】

1. 古希腊民主政治

古希腊民主政治在古代世界文明中独树一帜,代表了一套古代高度完善的民主政治制度,近代西方的直接民主制即起源于此,其中雅典民主政治是古代希腊民主政治的典范。古代希腊的民主政治经过长期的演进过程,通过德拉古立法、梭伦改革、克里斯提尼改革及伯里克利改革得以最终确立。

(1) 背景知识。

古代希腊民主政治体现了充分的民主性,公民大会成为名副其实的最高权力机构,可以对城邦所有重大事务进行讨论决策,并负责制定城邦的法律。古代希腊民主政治的根本原则是平等,它以抽签和轮流执政的方式,最大限度地调动公民直接参与城邦管理。在雅典,凡是年满 20 岁的男性公民均有权参加公民大会,并以投票的方式参与决策。500 人议事会是常设的政府机构,其成员从雅典十部落年满 30 岁以上的男性公民中抽签选出,任期一年,不得连任。除了特殊的日子,一般每天开会,负责处理城邦的日常事务。雅典民主政体的另一重要机构是人民法庭,又称陪审法庭。公民享有第三者起诉权,即有权起诉损害城邦利益或民主制度的行为和个人,陪审法庭因而成为维护民主制度的重要机制。雅典还建立了一套有效的监察机制,包括陶片放逐法及官员的资格审查制度、任职监察制度。伯里克利推出津贴法,500 人议事会成员和参加公民大会的公民可以获得津贴,保障了贫穷公民的参与。

(2) 研讨论题。

古希腊民主制度的利与弊。

(3) 思路提示。

古希腊民主制度并不是完美的制度,不是所有城邦成员都能参政,女性、奴隶、外邦人和边区居民因为没有公民权,都被排斥在政治生活之外。此外,各个城邦在不同时期关于取得公民资格的规定也宽严不一,如伯里克利时法律规定,只有父母都是雅典公民的人才能成为雅典公民。公元前 431 年,雅典全部居民人数约 40 万,而享有公民权的人数只有 4.2 万,仅占全体居民总数的 10%左右。同时,个人的财富极大地影响着公民在社会与政治生活中的地位,在社会与政治生活中占统治地位的仍然是贵族阶层。虽然公职津贴制保证公民有出任一般行政公职之机,但是最重要的、掌握实权的将军是无报酬的。

2. 罗马法

罗马法作为古罗马制度文化的核心,是罗马共和国及帝国时期所制定的法律规范的总称，不仅严格界定了法律主体的权利和义务，而且阐明了相关的法理。

(1) 背景知识。

罗马法的制定是为了保障公民的福祉和国家的稳定，其形成和完善经历了漫长的过程。公元前3世纪中叶以前，罗马法主要用以调整享有市民权的罗马公民(自由民)之间的法律关系，适用范围有限，仅限于罗马公民，因此被称为“公民法”或“市民法”，简称为“民法”。王政时代和共和国初期，罗马人主要以习惯法来调整公民内部关系，但因贵族专权，引起平民的不满和抗争，于公元前450年左右，罗马颁布第一部成文法，镌刻在十二块铜牌上，立于罗马广场，被称为《十二铜表法》。《十二铜表法》汇集了以往罗马的习惯法。

随着罗马的扩张，非公民数量渐增，为了处理日益增多的罗马人与外族人的纠纷，制定了相关法案，其法律体系逐渐完善。公元前242年，罗马增设一个最高裁判官即外事裁判官，专门受理罗马公民与外邦人、外邦人与外邦人之间的(外事)诉讼案。共和末年，外邦人经过长期的斗争，特别是经过“同盟战争”，罗马元老院终于批准公民权向所有意大利人开放(前89年)，并继续扩大适用范围。这样，内事裁判与外事裁判逐渐合流，民法逐渐成为普遍适用于帝国境内一切自由民的法律，称为“万民法”。这是一种与市民法不尽相同的法律，调整的主要是以所有权和契约关系为核心的财产关系，并已经超越了罗马城邦的狭隘范畴，因而具有罗马时代国际私法的意义。公元2世纪，罗马皇帝哈德良曾经组织一批法学家，对当时的罗马法律进行汇编，命名为《永久法律》。西罗马帝国灭亡后，罗马法一度湮没无闻。公元1135年，意大利首次发现《民法大全》。随着十二、十三世纪对罗马法研究的推进，罗马法开始复兴。十五、十六世纪，除了英国，西欧各国普遍采用罗马法。在此之后的数百年间，《民法大全》成为世界上最具影响力的法律文献之一，被列为大陆法系国家的法律学生必读书目。

(2) 研讨论题。

从罗马法看西方的法治传统。

(3) 思路提示。

在古代世界各国中，罗马法是内容最完整、体系最完善的法律，对近代世界，尤其是对西方社会产生了广泛而深远的影响。首先，虽然罗马法反映的是罗马帝国的现实，它却成为现代西方的法学渊源和法律先导，以及大陆法系的立法基础。1804年3月21日公布的《法国民法典》(又称《拿破仑法典》)，采用了《民法大全》中四种法律文献之一的《法学阶梯》，并确定了所有权绝对化、契约自由、过失责任三项基本原则。这样，它与德国民法典一起，共同构成了大陆法系的两大支柱和源流。其次，虽然普通法系(不列颠法系)看起来受罗马法的影响较小，与罗马法之间没有直接的渊源关系,但是,包括英国、英联邦国家、美国在内的英语国家,也从罗马法有关契约、债务和继承制度等内容中汲取了大量的营养。无论大陆法系还是普通法系,它们都吸收了罗马法的陪审制度、律师制度及诉讼原则。最后,罗马法也是现代西方民法的源头。当今西方国家的法律体系就是以罗马法为基础而确立起来的,它们从法源上继承了罗马法的许多概念、术语、理念和原则。罗马法学家的思想、学说及罗马法的发展成果,正是现代西方法学的重要组成部分。罗马法体系涉及自然理性、现实实践、法律与正义、人作为人的权利、法律与道德等基本问题,构成现代西方法学的重要内容,而罗马人所秉持的自然法思想对后世信奉的自由、平等、个人主义、天赋人权观及私有财产神圣不可侵犯等基本理念,都产生了广泛而持久的影响。

【拓展阅读】

1. 希罗多德:《历史》,王以铸译,商务印书馆,1959 年。

2. [英] 伯里:《希腊史》(全三卷),陈思伟译,吉林出版集团有限责任公司,2015 年。

3. [英] 爱德华·吉本:《罗马帝国衰亡史》(全 10 册),席代岳译,吉林出版集团有限责任公司,2015 年。

【超级链接】

1. 亚历山大是最伟大的推动历史发展的力量之一。他把文明世界的发展从一个轨道推向了另一个轨道。他开创了一个新时代……如果说现代世界的文明源于希腊,那么主要是因为亚历山大,它才具有这样的机会。如果亚历山大未能融合各个种族,那么他至少超越了民族国家,而超越民族国家即意味着超越民族的宗教崇拜。……正因为他,希腊文明才得以进入西亚,而即使许多具体的措施是他的继承者们所推行的,但却是他开创的道路。如果不是他,他们不会有所作为。最后,当基督教指明了人们所感觉到的精神统一的道路之时,已有一个现存的手段,供新宗教在此传播,这就是“文明世界”共同的希腊化文明。如果没有这个前提,基督教的征服可能就会像它在超出这个共同文明的边界以后那么缓慢和艰难。

——塔恩:《亚历山大大帝》,转引自黄洋、晏绍祥:《希腊史研究入门》,北京大学出版社,2009 年

2. 雅典和罗马并立而为西方文明的双亲。“双亲”的比喻是非用不可的。罗马显然是阳刚而强健的，希腊则更具有美丽、迷人的天质。罗马是靠物质的征服和统治，希腊则轻易地屈服于罗马的强势，而后依然是，罗马征服过的希腊报复性地通过高出一筹人性的魅力轻易地主宰着罗马。然而，这种阳刚与阴柔的暗喻也包含着一连串谬误。其实希腊也有过其军事鼎盛时期。雅典和斯巴达在公元前5世纪击败了波斯人的多次侵略，拯救了欧洲，保全了“西方”，靠的就是超常的勇气和作战技巧。还有，正因为依靠强大的军事力量，亚历山大大帝把希腊文明带到印度边境，使小亚细亚、叙利亚、波斯、埃及、腓尼基甚至巴勒斯坦都希腊化了。亚历山大实现大业时，罗马刚赢得对拉丁姆的统治。我们不把希腊和罗马看作同时期并存的两股力量，而必须把他们看作前任和后继者的关系。在公元3世纪初与希腊文明在坎帕尼亚相遇之前，罗马基本上不算一个世界强国。希腊物质上的衰退，也是在贝内温图姆(Beneventum)战役中皮洛士方阵被罗马军团打败之后。此外，除了这种时间顺序上的划分，还有地理上的区分。希腊位置偏东，罗马居西。虽然罗马向西发展并统治它的西部行省时已经很彻底地被希腊文明渗透，不过整个中世纪史中西部地区保持了更多罗马特色，较少希腊特色。当君士坦丁大帝划分帝国时，只是外在形式上顺应了文化的自然分野。

——[英] 斯托巴特：《伟大属于罗马》，王三义译，上海三联书店，2011年

【思考题】

1. 简论古希腊民主制度的利与弊。

2. 试析古代罗马法的特点及影响。

3. 罗马人对希腊古典传统有哪些传承和发展？

第十章 “黑暗”时代

——西欧中世纪文明

【学习重点】

1. 了解早期基督教的兴起及其发展。
2. 掌握法兰克王国政治发展的状况。
3. 掌握中世纪西欧封建经济的形成。
4. 理解城市的兴起对中世纪西欧的影响。

基督教的兴起和传播、罗马帝国的衰亡和日耳曼民族的迁徙和建国，构成了5世纪前后西欧历史大变动的主要内容。在西罗马帝国时孕育的封建因素（即罗马因素）与日耳曼人农村公社瓦解时的私有制和阶级因素（即日耳曼因素）的相互作用融合中，一种新的生产关系——封建制度在西欧社会逐渐形成。西方史学家将西欧从西罗马帝国灭亡到文艺复兴运动兴起前的千余年历史，称为“中世纪”。

西欧封建社会初期，王权微弱，基督教会是最大的封建主。政治上，教会通过庞大的教阶制度，形成了庞大而严密的统治系统；经济上，教会拥有基督教世界约三分之一的土地，并征收什一税，成为拥有雄厚经济实力的集团；文化上，教会控制教育，推行蒙昧主义、禁欲主义，神学成为人们思想的桎梏。在一些人看来，中世纪的欧洲政治分裂、经济落后、教会专制、文化愚昧，这是一个黑暗的时期。事实上，中世纪时期的西欧社会仍处于不断发展之中，只是比较缓慢。

当西欧中世纪文明走向衰落时，随着资本主义萌芽、民族国家兴起、“异端运动”盛行，西欧的面貌逐渐发生改变。

第一节 基督教的兴起

基督教是与佛教、伊斯兰教并列的世界三大宗教之一，它的产生有着深刻的社会历史根源和思想根源。

一、基督教的产生

基督教大约于公元1世纪中叶，产生于罗马帝国东部的巴勒斯坦和小亚细亚地区，它是受罗马统治的人民特别是犹太人民反抗罗马的群众运动的产物。恩格斯曾经指出，基督教“最初是奴隶和被释放的奴隶、穷人和无权者、被罗马征服或驱散的人们的宗教”（恩格斯《论早期基督教的历史》）。

基督教最早产生于犹太下层人民中，有其深刻的历史根源。犹太民族在历史上多灾多难，先后遭到埃及、亚述、新巴比伦、波斯、马其顿、塞琉古王国的奴役和统治。公元前63年，又为罗马所征服。由于长期处于外族统治，饱经残杀、俘虏、放逐之苦的犹太人，仅仅从公元前135年到公元前55年，就先后举行了七次起义，但都遭到血腥镇压。于是，他们在绝望之中盼望一位“救世主”能够降临人世。这种“救世主”的思想成为犹太教的中心信仰，并逐渐凝聚为日益强烈的宗教情绪。

基督教最初是作为犹太教的一个支派或“异端”而出现的，在教义、教规方面继承和吸收了包括犹太教在内的古代东方宗教和希腊古典哲学的一系列精神文化资源。它直接承袭了犹太教的“救世主”观念和一神信仰的思想，同时接受犹太教的《圣经》，但称之为《旧约》。此外，基督教还广泛吸收了埃及、叙利亚、小亚细亚和伊朗等东方地区广为流行的宗教思想，主要包括拯救众生、死而复活、赎罪献祭及入教者须经历一定考验和仪式等。希腊、罗马的哲学对基督教的形成也有重要影响，如强调理念论、神秘经验和灵魂不灭的柏拉图主义，主张人皆是神的奴隶，在神面前人人平等、忍耐顺从、精神忏悔和禁欲主义的斯多葛派观点，都为基督教教义提供了思想来源。所以，基督教是“从普遍化了的东方神学，特别是犹太神学同庸俗化了的希腊哲学，特别是斯多亚派哲学的混合中悄悄地产生了”（恩格斯《路德维希·费尔巴哈和德国古典哲学的终结》）。

传说基督教的创始人是耶稣。根据福音书记载，耶稣是上帝的独生子，由童贞女玛丽亚感受圣灵有孕而生。耶稣自幼聪颖，12岁时就与耶路撒冷的犹太律法师们坐而论道。近 30 岁时,耶稣到约旦河边领受一位名叫“施洗约翰”的先知主持的洗礼。耶稣要信徒相信,他就是来拯救以色列人的“弥赛亚”,鼓励人们进行忏悔,转变道德,净化灵魂,停止对财富和权力的追逐,以仁慈之爱对待上帝和他们的同胞,以便死后进入天国。耶稣的信徒们开始在巴勒斯坦和叙利亚等地传教。这些受耶稣差遣而负有传教使命的门徒被称为“使徒”,他们在耶路撒冷等地建立了最早的基督教会,时间大约在 1 世纪中叶。耶稣所强调的教义与犹太教正统派有明显差异,犹太教不承认耶稣为救世主,于是便开始了基督教同犹太教的分离。较之于犹太教,原始基督教打破了民族宗教的狭隘性,建立一种新的世界性信仰。在这过程中,起关键作用的是信徒保罗。

保罗原名扫罗,居住在小亚细亚南部的搭苏斯(Tarsus)城,父母都是犹太人。保罗接受过希腊文化的教育,曾是一名狂热的正统犹太教徒,后皈依基督教。大约在公元 45 年至公元 65 年之间,他曾多次长途跋涉,将耶稣的学说从小亚细亚传播到希腊,最后传播到罗马。大概是在尼禄皇帝统治时期,保罗被迫害致死。保罗对基督教教义做了初步整理。他认为上帝是世界的源泉和创造者,耶稣基督是上帝之子或上帝的影像,个人若要得救,必须加入主的教会。保罗属于中产阶级的罗马公民,他的传教对象不仅有社会下层,还有上流社会成员。在传教中他摒弃了初期基督教来自社会下层的某些偏激之词,还要求信徒做罗马帝国的顺民。保罗的主张淡化了初期基督教的反抗精神和对自由、平等的向往,为基督教成为罗马国教铺平了道路。经过保罗的整顿和改革,基督教神学思想初步形成。同时,它克服了希伯来民族的狭隘性而面向整个世界,奠定了基督教发展的基础。

二、基督教与罗马帝国

原始的基督教是群众运动自发的产物,其最早的信徒多是被释放的奴隶和贫苦人民。早期基督教在政治思想方面,表现出对现实的强烈不满,具有一定的战斗气息。它既鄙视富人,也反对罗马帝国的统治。在社会观方面,它主张建立人人平等、共同消费的理想社会和国家。他们在城镇组织了一些小规模公社,即早期基督教公社,其成员以十字架为标志,过着财产共有的生活,彼此互助、互爱,不做邪恶之事、不欺骗、不偷窃、不背信。

早期基督教不信奉罗马宗教,不崇拜罗马皇帝,对罗马统治具有强烈的反抗情绪。因此,它遭到罗马帝国的残酷迫害和镇压。罗马统治集团禁止教徒举行礼拜,没收他们的财产,屠杀传教者。但是,基督教不仅没有被消灭,反而日益壮大起来,传遍帝国各地。随着基督教的广泛传播和基督教徒的日益增多,教徒的成分也日趋复杂化。受到奴隶制危机冲击的大奴隶主、大商人、官僚及一些王室亲属也纷纷加入了基督教,因此教会的领导权转到大奴隶主手中,其思想体系也逐渐同罗马帝国的统治阶级的意识形态结合起来,而罗马帝国的统治者也逐步改变对基督教的政策,即由镇压迫害改为宽容政策,开始了基督教与帝国政权的结合。

313 年,君士坦丁颁布“米兰敕令”,宣布帝国宗教信仰自由,并归还基督教会的财产。作为罗马帝国的第一位皈依基督教的皇帝,君士坦丁极大地推动了帝国基督教化的进程。392 年,罗马皇帝狄奥多西宣布基督教为国教。

在罗马皇帝的庇护下,基督教会的组织及其势力迅速发展。罗马基督教会从一个松散的宗教团体逐渐发展成为一个有严格组织的集团。它模仿罗马政府的组织形式,建立包括教士、主教、大主教和教皇在内的等级体系。这时兴起的教父哲学也改变了原始基督教在教义方面的混乱状况,其代表人物有哲罗姆、安布罗斯和奥古斯丁。哲罗姆是一位受过良好教育的学者,他将《圣经》翻译成拉丁语,对基督教的广泛传播具有深远意义。安布罗斯是米兰的大主教,他以坚决的态度维护基督教的权威和唯一性,此外,他还否认妇女同男子的平等地位。生于罗马帝国已陷于混乱时期的奥古斯丁,以新柏拉图主义哲学来论证基督教教义,把神学同哲学结合起来,以“三位一体”的神学观念来为教权至上论提供理论依据。他强调一神真理,认为神是三位一体,父、子、圣灵虽然有别,但共有一体,本质是一。

知识窗

奥古斯丁:(354 年—430 年)出生于北非塔加斯特城,幼年曾从母亲加入基督教,在马都拉城和迦太基城求学,19 岁成为摩尼教的追随者;毕业后辗转至米兰人雄辩术教授,受安布罗斯的影响,脱离摩尼教,387 年在米兰接受洗礼加入基督教;后回到北非家乡,隐居三年后,395 年任希波城主教,从事著述及同各宗派的论战;430 年病逝于希波城。奥古斯丁是教父思想的集大成者,他一生著述甚丰,代表作有《忏悔录》《论三位一体》《上帝之城》等。

第二节 西欧封建社会

3 世纪以后,欧洲古代文明日益衰颓,封建文明日渐兴起。476 年,罗马雇佣兵统帅日耳曼人奥多亚克(约 434—493 年)举兵推翻了末代皇帝罗慕路斯·奥古斯都,西罗马帝国正式灭亡。这一事件标志着西欧开始过渡到封建社会。

一、民族大迁徙与日耳曼人建国

正当基督教在罗马帝国广泛传播的时候,帝国在政治军事上却陷入前所未有的危机。395 年,狄奥多西逝世,遗言将帝国分给两个儿子阿卡狄乌斯和霍诺留,帝国正式分裂为以君士坦丁堡为都城的东罗马帝国和以罗马为都城的西罗马帝国。

西罗马帝国很快深陷“蛮族入侵”的危机之中。罗马人所谓的“蛮族”,主要是指生活在帝国北部和东部的日耳曼人。关于古日耳曼人的社会生活状况,在恺撒的《高卢战记》和塔西陀的《日耳曼尼亚志》都有所反映。日耳曼人居住在北起波罗的海,南抵多瑙河,东起维斯杜拉河的欧洲中部、北部地区。根据其居住区域、生活方式等方面的差异,日耳曼人可划为东西两大集团:西日耳曼人主要包括撒克逊人、苏维汇人、法兰克人和阿勒曼尼人,多以农业为生;东日耳曼人主要指哥特人、汪达尔人、伦巴德人,多以游牧业为主。4 世纪末,日耳曼人各支系在匈奴西迁的压力下,沿帝国边境全线入侵罗马,即历史上著名的“民族大迁徙运动”。西哥特人冲入帝国境内,而后,汪达尔人、苏维汇人、阿兰人也纷纷渡过莱茵河,突破西罗马帝国北部防线侵入高卢等地。410 年,西哥特人在其首领阿拉里克率领下攻下罗马。“蛮族”入侵使罗马帝国名存实亡,在帝国领土上出现了数个“蛮族”割据政权。476 年,蛮族出身的罗马将领奥多亚克举兵反叛,废除了西罗马帝国最后一位皇帝罗慕洛·奥古斯都,西罗马帝国灭亡。而东罗马帝国在经历一系列挫折后,顽强地延续了近千年,直到 1453 年才被奥斯曼土耳其帝国所灭。

民族大迁徙深深影响了西欧此后的历史发展道路。随着西罗马帝国的衰亡,众多的日耳曼人王国纷纷建立。汪达尔人曾席卷高卢和西班牙,越过直布罗陀海峡进入北非,以古迦太基为中心建立了汪达尔王国(439 年—534 年,亡于拜占庭)。而后又占领了科西嘉岛和西西里岛,并在 455 年洗劫了罗马城。451 年—452 年,匈奴人在其首领阿提拉率领下以匈牙利为基地向西方推进,在教皇利奥一世的周旋下,匈奴人未进入罗马城,不久之后撤出意大利,453 年阿提拉暴死,匈奴帝国瓦解。457 年勃艮第人占领了高卢东南罗纳河流域,建立勃艮第王国(457 年—534 年)。东哥特人在摆脱匈奴人控制后,在狄奥多里克的率领下进军意大利,在意大利建立东哥特王国(489 年—554 年,亡于拜占庭)。在东哥特人统治意大利时,法兰克人在高卢北部兴起,建立了法兰克王国(481 年—843 年)。

在此期间许多罗马贵族被杀,土地被没收;也有部分贵族保住了自己的权势,与日耳曼新贵族共同组成新的封建阶级。与此同时，奴隶和隶农的地位有所改善，小农人数有所增加。后来，奴隶彻底消失，隶农和破产小农共同组成新的农奴阶级。在此后绵延百余年的战争中，大多数日耳曼王国夭折，没有发挥更多的影响，但偏居于高卢东北的法兰克王国日益壮大，成为欧洲中世纪文明的基地。

二、法兰克王国

法兰克人是日耳曼人的一支，原居住在莱茵河中下游右岸。4 世纪时，法兰克人进入高卢，不断扩张。481 年，萨利克法兰克人首领克洛维（481 年—511 年）创建法兰克王国，因其出身于墨洛温家族，由他建立的王朝被称为墨洛温王朝（481 年—751 年）。496 年，在同阿勒曼尼人作战中反败为胜后，克洛维率领 3 000 多名法兰克战士在兰斯大教堂接受洗礼，皈依罗马派基督教。511 年，克洛维支持召开的宗教会议通过宗教法规，规定：凡居住在法兰克王国境内的各族居民，必须到附近的罗马派教堂作弥撒，皈依基督教，这项法令使罗马派基督教在法兰克迅速普及开来。克洛维东征西讨，到他晚年，已占据高卢全境，法兰克成为西欧最强大的日耳曼王国。

西欧封建制度的形成开始于罗马帝国末期，法兰克人的入侵加速了这一进程。法兰克人的《萨利克法典》反映了法兰克从氏族公社向土地私有制过渡的情况，而公社——“马尔克”就是实现过渡的载体，它是后人了解法兰克王国初期历史的主要史料。法兰克人在征服高卢的过程中，克洛维没收了罗马皇室和部分奴隶主的土地，将其分给自己的亲兵，使这些亲兵成为新兴的封建地主阶级。于是，新的封建国家逐渐取代了法兰克人马尔克公社。随着法兰克人征服的不断扩大，国王把征服的土地连同土地上的人赠给自己的部下、主教和修道院长。随着赠地规模的扩大，地方贵族日益强大而王权逐渐衰微。

克洛维死后，其子孙为争夺王位陷入长期内讧，战争不断。6 世纪晚期，法兰克国家渐渐分裂为东部的奥斯特拉西亚、西部的纽斯特里亚和东南部的勃艮第三个地区。后期墨洛温王室大权旁落，真正权力掌握在“宫相”手中，进入了诸王不理朝政的“懒王”时期。687 年，奥斯特拉西亚地区的宫相丕平击败所有对手，重新统一王国。宫相查理平定各地叛乱，成为法兰克王国的实际统治者。732 年，查理率领军队在普瓦提埃粉碎阿拉伯人的进攻，维护了法兰克国家的独立，声威大震，被称为“马特”（锤子）。查理还进行了采邑改革，改变了墨洛温王朝无条件封赠土地的制度，以服兵役和履行臣民义务为条件，将征用贵族和教会的土地作为“采邑”（即“恩赐物”）进行分封，赐给自己的封臣或附庸，得到封地的封臣必须向领主宣誓效忠,若封臣拒不履行义务,领主可以随时收回采邑。采邑不得世袭,如若继承要重新举行封赐仪式。中央把土地作为采邑封给大封建主,大封建主再把它封给自己臣属,层层分封。查理·马特的采邑改革影响重大,它建立了以土地关系为纽带的领主和附庸之间的主从关系,这大大加速了法兰克的封建化进程。

知识窗

宫相:法兰克墨洛温王朝时期的官职。原是主管王室田产的官吏,还负责宫内纪律和惩戒。国王在年幼继位时,宫相负责监督并指导国王的教育,往往独揽了国家事务。宫相为保有权力通常世袭职位。7世纪后,宫相成为法兰克国家的行政首脑。

查理的儿子矮子丕平继任宫相。为了寻求登上王位,他极力争取教皇的支持;为了缓和与教会关系,他改变了查理·马特时期没收教会财产的做法,承认分封给教会的采邑为教会的财产,但教会的采邑仍不能世袭。751年,矮子丕平被教皇任命为法兰克的国王,在苏瓦松按照法兰克的习俗登上王位,建立了加洛林王朝(751年—887年)。为了报答教皇,丕平应教皇之请,在754年和756年两度率兵讨伐威胁教皇的伦巴德人,并把从拉文那至罗马的征服土地送给教皇,史称“丕平献土”。由此,“教皇国”在意大利中部建立起来了。丕平成为合法国王和“教皇国”的建立,标志着法兰克和教会紧密联盟的形成。

768年,矮子丕平病逝在巴黎,按传统由他的两个儿子查理和卡洛曼平分国土。三年之后,卡洛曼病死,查理成为法兰克唯一的国王。查理统治时期(768年—814年)开创了法兰克国家最辉煌的时代。他在位46年,共进行50多次对外战争。查理每征服一地,都颁布法令,强迫被征服居民信仰基督教。查理建立了一个西南到厄布罗河、北达北海、东到易北河、多瑙河,南括意大利半岛北部与中部的帝国,其疆域与西罗马帝国的欧洲部分大体相当,史称“查理帝国”。

799年,罗马人残酷迫害利奥教皇,教皇向查理乞援。查理亲率大军进兵罗马,恢复了教皇权威。为了报答查理,800年的圣诞节,利奥三世在罗马的圣彼得教堂为查理行加冕礼,称其为“罗马人的皇帝”,查理由此被称为“查理大帝”和“查理曼”。814年,拜占庭皇帝表示承认这一称号,这标志着西方基督教开始摆脱拜占庭的影响,而把西欧的国王视为保护人。查理重视文化建设,要求国内的教堂及修道院开办学校,保存和传播基督教文化知识,为12世纪的文化复兴奠定了基础。

查理还改变了采邑的方式,使法兰克的封建化进一步发展。他在授予贵族土地的同时,以"特恩权"方式将地方行政、司法等大权赐给封建贵族和教会,以换取他们的支持。查理帝国建立之后,在中央,由廷臣组成的枢密会议辅助他处理政务。为了巩固国家的统一,查理通过公爵、伯爵、大主教、主教在全国建立了直接和间接的统治。他一方面从贵族中选任伯爵,对98个伯爵辖区进行治理;另一方面他在边界地区设立边地侯以主持当地防务。为了提高边地候的经济实力,以便与当地大封建主们抗衡,查理将土地以"恩地"方式无条件赏赐给他们,使他们发展成为拥有各种特权的大封建主。而后,土地和官爵变成世袭,领地成了国中之"国"。

西欧封建化进程一方面是采邑制向世袭领地的"封土"的确立过程,另一方面是原有罗马帝国的隶农和日耳曼小农沦为农奴的过程。在墨洛温王朝和加洛林王朝时期,在国王所实行的赐地、采邑、特恩权等一系列土地分封措施中,土地上的农民都作为土地财产的一部分被转移,这就导致了一批依附农民的出现。同时,常年的对外战争,也使一部分自由农民破产,这些破产的农民为了生存不得不依附于世俗或教会土地所有者,成为他们的依附农。此外,尚未失去土地的农民为了避免被领主侵犯,也纷纷将自己的土地献给封建贵族以求得保护,这也扩大了依附农民的范围。大封建主在自己的世袭领地里拥有行政、司法、财政等种种特权,即"特恩权",形成独霸一方的势力。

843年,查理的三个孙子罗退尔、日耳曼路易和秃头查理三兄弟缔结《凡尔登条约》,根据这个条约三分帝国:些耳德河和缪斯河以西地区,归秃头查理,称西法兰克王国;莱茵河以东地区,归日耳曼路易,称为东法兰克王国;介于东西法兰克之间的地区,北起北海,南至意大利中部,由罗退尔领有,并保有皇帝头衔。9世纪后期,东、西法兰克和罗退尔领有的意大利北部,分别发展为德意志、法兰西和意大利三个国家。

三、封建等级制度与庄园农奴制度

到10世纪,封建制度作为一种社会形态在西欧大部分地区确立下来,封君封臣制是封建主内部的等级制度。所谓封君封臣制,就是以土地的层层分封和占有为基础,以封君和封臣之间的权利和义务为纽带的封建等级制。首先国王将全国土地留下一部分作为自己的直接领地后,将其余分封给大封建主,这样,国王为封君,受封者为封臣。大封建主将获得的土地的一部分划为直接领地,其余再分封给中等贵族,结成下一级的封君封臣关系。新一级封君将土地分封给骑士,让其作为自己的封臣。这样,就形成了层层分封的封建等级制度。封君封臣之间在缔结这种关系时,要举行相关仪式。各个层级的封君封臣关系一旦确立形成,双方就有了封建的权利与义务。封君对封臣有保护、维持等义务;而封臣要效忠于封君,有提供军役、给予协助金、劝告等义务。在西欧大陆,由于土地层层封授,附庸只承认分封自己的人为封主,于是出现了“我的附庸的附庸不是我的附庸”的现象,这种情形使封建等级制度复杂而混乱。

1066 年“诺曼征服”后,英国的君主将其从诺曼底引进的封建制度加以改正,要所有的大小封建主向其效忠。

知识窗

诺曼征服:11 世纪法国诺曼底公爵威廉征服英国的战争。1066 年初,英王爱德华死后无嗣,大贵族哈罗德被拥立。法国诺曼底公爵威廉以亲属关系要求继承英国王位,遭到拒绝后,率兵入侵,征服不列颠。12 月 25 日,威廉在伦敦威斯敏斯特教堂加冕为英国国王,即威廉一世(1066 年—1087 年在位),建立了诺曼底王朝(1066 年—1135 年)。

由东法兰克王国演化而来德意志王国,封建化启动较晚且不充分,并未形成以君主为“塔尖”的层层分封的等级制度。由于这一地区原属于罗马化地区之外,社会发展程度较低。8 世纪末,在查理大帝的征服下才开始封建化。在加洛林王朝时代,德国的地方割据势力强大。全国分裂为许多封建领地,其中最强大有萨克森、法兰克尼亚、巴伐利亚、士瓦本四大公国。这些由部落首领发展而来的各公爵,将新兴封建制度与传统血缘、地域结合为一体,具有极强的独立性。911 年,东法兰克王朝绝嗣,萨克森王朝取而代之。936 年,奥托一世加冕为王,他依靠教会对抗德意志的割据势力。对外,他奉行扩张政策,除了进攻东方斯拉夫人的地区,还向南方的意大利扩张。当时意大利在政治上四分五裂,教皇国面临被武力入侵的危险,奥托一世率军击败了反对教皇的罗马贵族。962 年教皇为奥托一世举行加冕,并授予他“皇帝”称号,由此开创了神圣罗马帝国(962 年—1806 年)。

与封君封臣制度相应的是中世纪封建主的庄园农奴制,以法兰克王国为代表。其基本的经济社会组织形式是庄园,尽管庄园没有一个固定模式,但还是有一些共同的特征,即以土地分封为基础、以封建主对农奴进行劳役地租剥削为基本特征。封建庄园一般由一个或几个村庄组成,国王、各级封建主和教会的领地都划分为许多庄园。庄园土地可以划分为领主自营地和农民份地两部分,此外森林、牧场、池塘等属于集体所有。所有领主自营地和农民份地都被划分为条块状,被称为“条田”。条田一般分为春耕地、秋耕地、休耕地三部分,采用统一轮作的耕种方式。农奴除了耕种自己的份地,还须自带工具无偿耕种领主自营地,每周3—5天,农忙时还要增加天数,且须先完成自营地生产和收获,其产品归领主所有,是为劳役地租。此外,农奴还需向封建领主献纳贡物,如酒、家禽、鸡蛋等;交纳各种捐税,如结婚税、死手捐、什一税等;做各种杂役,如修路、筑路、盖房、运输等。庄园生产的目的是满足自己家庭需要和为领主及侍从提供消费资料,从本质上说,庄园是自给自足的自然经济单位,生产自己所需的大部分物品,有自己的铁匠、磨坊主、制革工人及织布匠等,只有少数产品如铁、盐等通过交换取得。此外,封建庄园主还把持着地方的司法权,从法律上掠夺和剥削农民和农奴。

12—13世纪,随着社会生产力的发展与商品经济的复苏,在西欧一些地区,庄园内的自营地缩减、劳役地租改为实物地租或货币地租的现象开始出现。但在不少地方,特别是大型修道院所属的庄园反而扩大自营地,加强劳役地租的剥削。在这个过程中,许多农奴对封建主的人身依附关系有所松弛,但他们所受的封建剥削并未减轻。为此,一些庄园的农奴和其他农民纷纷利用传统马尔克公社组织起来展开抗争,要求明确劳役和租税并限制在固定的数额内,这种“公社运动”有力地冲击了庄园农奴制。从14世纪开始,随着城市商品经济向乡村的渗透,封建领主也纷纷放弃庄园的自营地,改征货币地租,农奴通过“赎买”等方式获得人身自由,封建庄园趋于瓦解。

第三节 黑暗的神权统治

关于“中世纪”,从词源上来看,其拉丁文是 medium aevum,意为“中间的时代”。因此,中世纪意为“介于古代和近代之间的一个时代”。意大利人文主义历史学家比昂多(1392年—1463年)在《罗马衰亡以来的千年史》中认为,古代史已经随着西罗马帝国的灭亡而结束,在那之后开始了一个新的历史时期。他将这个时期称为“中世纪”,即处于古典文化和文艺复兴这两个文化高峰之间的低谷。后来的学者们把4—14世纪的西欧历史发展称为“中世纪”。以往的观点认为,中世纪的欧洲政治分裂、经济落后、教会专制、文化愚昧。但事实上,中世纪时期的西欧社会仍处于不断发展之中,只是发展比较缓慢而已。10—11世纪以后,随着城市的兴起,市民文化的出现,西欧的面貌逐渐发生改变。

一、政教之争

随着西欧的封建化,基督教会也日益封建化,教会不仅成为封建社会的精神支柱,而且也成为西欧最大的封建主。早在2世纪,基督教的组织机制就已经形成,出现了以城市为单位的教会网络,由城市的教会领袖任主教。到3世纪,罗马帝国各行省省会的主教获得高于主教的地位,成为大主教,而罗马教会当局逐步演变为罗马教廷。

以教皇制为核心的中世纪西欧教会,建立起一套与封建制度相适应的教阶制。它在国家范围内划分主教区,每个主教区有一位主教,下面分若干教区,各设一座教堂,由主教派神父掌管,神父之下还设助祭;主教之上还有大主教或总主教,再上面是枢机主教,其地位高于一般主教,被称为红衣主教,由罗马教皇直接册封,有参与重要事务议决、选举教皇、代表教皇出使等方面的权力。罗马教廷把整个西欧的基督教组织及其神职人员,按照等级森严的教阶制度,统统纳入一个巨大而完整的组织体系之中。

在8世纪以前,法兰克王国各地的主教只对国王负责,而教皇自身常常受到周边伦巴德人的威胁。随着加洛林王朝的建立,教皇希望密切与法兰克王权之间的联盟,而王权一般也比较亲近罗马教廷,以期借助教皇的声望和影响,给王冠罩上"神圣化"的光环,因此,这一时期王权和教权的关系比较紧密。当然,尽管法兰克君主们赋予了教会许多特权,但也从未放弃对教会的控制。他们控制主教任命权,并操纵教皇的选举。

随着法兰克帝国被一分为二,世俗王权也随之衰落,这为教会的扩张提供了空间,原来一直由国王任命的主教开始寻求摆脱控制。10世纪中叶后,教会内部掀起一场旨在改革教会腐败,加强教会纪律,反对世俗君主授任神职的克吕尼运动。克吕尼运动波及北意大利等地,并迅速成长为一股强大的政治势力。

知识窗

克吕尼修院:位于法国中东部勃艮第地区,兴建于910年。克吕尼修院从建立之初,就要求摆脱世俗贵族的控制,只承认教皇。克吕尼派修士反对教会世俗化,反对神职人员结婚,注重提高修士文化水平和神学修养,以恪守戒律、秉持清贫、过禁欲生活为特点。

1073年，克吕尼派教士希尔德布兰当选为教皇，是为格里高利七世(1073年—1085年在位)。他极力主张教权至上，意在统一教会。这样，与君主的斗争首先从主教授职权的争夺展开。1075年，格里高利七世召开宗教会议，宣称教皇地位高于一切世俗君主，唯有教皇有权任免主教、划分教区和设立新教区。这使政教之间围绕主教授职权问题的斗争公开化。其中，格里高利七世同德国皇帝亨利四世进行的激烈争斗最为著名。1076年2月，教皇下诏将拒不退让并图谋废黜教皇的亨利四世开除教籍，废止其“统治德意志王国和意大利”的权力，宣布任何基督徒对亨利四世的效忠宣誓无效。10月，德国反皇帝一派的主教和贵族集会，赞同教皇褫夺亨利四世的教籍，要求亨利放弃帝位。次年1月，亨利四世迫于形势，到意大利教皇居住的卡诺莎城堡前的雪地上披毡赤足哀求三天，表示悔过，以求得教皇的宽恕，该事件在历史被称为“卡诺莎觐见”。亨利四世表面的真诚打动了教皇，教皇同意恢复其教籍和统治权力。亨利四世回国后立即与反对派发生战争，获胜后进军意大利，教皇格里高利七世随同前来救援的诺曼人离开罗马，最后客死他乡。

政教之争并未因此结束，直到1122年，皇帝亨利五世(1106年—1125年在位)与教皇卡利克斯特斯二世(1119年—1124年在位)签订《沃尔姆斯宗教协定》。其规定：主教按照教会法由教士推选；皇帝或其代表有权出席选举会议，可在出现意见分歧时进行干预；当选主教由皇帝授予象征世俗权力的杖节，由教皇授予象征宗教权力的牧杖和指环。至此，长达70年的主教授职权之争，以教皇的胜利而告终。

在政教斗争激烈之时，东西派教会也正式分裂。自罗马帝国正式分裂以来，由于政治区划和语言文化传统等方面的差异，东西派教会开始在不同方向上发展各自的传统，双方的分歧越来越大。1054年，西派教会的教皇和东派教会的牧首相互把对方开除教籍，东西派教会至此正式分裂。东派教会以正统自居，称东正教，其势力范围主要在东欧。西派教会以普世性自居，称公教或天主教，其势力范围主要在西欧。

教皇英诺森三世在位期间(1198年—1216年)，罗马教皇的权势达到顶峰。这时，不但在理论上确立了教权至上论，而且实际上教皇还涉足各国政治和王位继承事务。英诺森三世即位后，首先清除了长期妨碍教皇统治的心腹之患，即着力制服了罗马和教皇国的意大利贵族，同时，他还大力整顿和扩大教皇宫廷的机构，并改变以往由各地大主教兼任教皇使节的惯例，改由枢机主教巡视各地监督教会。而各地主教则应负责巡视下属教区和修道院，随时撤换不称职的神父和修道院长，这一套制度为教皇干预地方教会事务和主教的任命开了方便之门。1199年，英诺森三世向各地教会征税，教皇在全西欧范围内的征税权自此开始，因此教皇的财政收入大大增加。此外,他通过干涉各国的王位继承问题,先后使得德国皇帝、英国国王及波兰、匈牙利、丹麦、葡萄牙等国君主都臣服于教皇。这一时期罗马成为欧洲政治权力的中心。

11 世纪末起,在罗马教廷的倡导下,西欧教俗封建主及大商人组成联军,发起了西欧中古时期最大的对外扩张战争——十字军东征(1096 年—1291 年)。基督教会最初是十字军的号召者,但事实上十字军战争却大大削弱了他们的势力,并导致西方天主教会由盛而衰,这是天主教会始料未及的。从 12 世纪开始,随着王权的加强,城市的兴起,新兴市民阶层同王权结成同盟,而教会对世俗政治和社会生活干涉过多,争权夺利及腐化之风盛行,民众对其产生信任危机,罗马基督教会开始走下坡路。法兰西王国经过 200 多年的不断加强王权,日益强盛。强大起来的王权不再容忍外来势力对国内事务的干涉,法王开始取代德皇成为抵制教皇的主要角色。13 世纪末 14 世纪初,法王腓力四世(1285 年—1314 年在位)因向教士征税问题和教皇卜尼法斯八世(1294 年—1303 年在位)爆发激烈冲突。在较量中,腓力四世召集由僧侣、贵族和市民参加的法国历史上的第一次三级会议,获得了与会者的一致支持。在教皇革除法王教籍的情况下,1303 年,腓力四世派人到意大利囚禁教皇,年迈的卜尼法斯八世在备受殴打和凌辱中死去。1305 年选出的新教皇克雷芒五世(1305 年—1314 年在位)是法国人,他宣布取消卜尼法斯八世加于法王的一切罪名,教廷也迁至法国的阿维农,连他在内其后连续七任教皇都是法国人。教皇虽然受法王的控制,但过着比王公贵族更为奢侈淫逸的生活,史称“阿维农的教皇”,又称“阿维农之囚”(1309 年—1377 年),这一事件反映了教皇和基督教会的衰落及王权的上升,罗马教廷凌驾于世俗君王之上的时代一去不复返了。

1377 年,教皇格里高利十一世把教廷迁回罗马,但这反而导致教会大分裂。格里高利十一世死后,在教皇选举中出现了罗马贵族和法国主教的权力之争,罗马贵族推选了乌尔班六世,而法国主教重返阿维农选举克雷芒七世为教皇,这样出现两个教皇对立局面。1409 年,比萨会议试图结束教皇分裂的局面,宣布同时废黜两个教皇,并推选亚历山大五世为新教皇,但两个被废黜的教皇并没有完全失去支持者,这样出现了三个教皇对峙的局面。直到 1414 年的康斯坦茨宗教会议,才结束长达 40 多年的分裂局面。此后,教皇势力更渐衰落,再也不能恢复其昔日的声势。

二、异端运动与宗教裁判所

中世纪西欧教会权势兴盛,却难以避免内部因对教义、信条的不同理解和解释而产生的分歧,由此形成了不同派别。以罗马教廷为首的主流派以正统自居,将其他派别统统斥为异端。凡是属于异端的人，都要受到宗教裁判所的严厉惩罚。即便如此，随着封建社会各种矛盾的不断凸显，11 世纪后的西欧基督教异端运动进入一个高潮阶段，其斗争日趋复杂。有狂热、激进的教徒对正统教义的批判，有下层农民或市民对教俗贵族的反抗，也有萌发中的民族意识对罗马教廷统治的冲击。

法国南部的阿尔比教派是其中最有影响的异端派别之一。阿尔比派又称“卡塔尔”派，11 世纪以后活跃于法国南部和意大利北部，因以法国阿尔比为中心而得名。该派以纯洁信仰、反对腐化为宗旨，主张善恶二元论，认为上帝创造的是纯洁的精神世界，有形世界则是魔鬼的作品。它还反对圣物崇拜，否认圣事的神效，并将竭力主张这些做法的罗马教会当局视为魔鬼的化身。12 世纪末，阿尔比在法国南部已有相当势力，并流传到意大利、瑞士、英国和德国，对教皇地位构成了不小的威胁。

面对各地的异端运动，教会采取了镇压政策。1179 年，教皇亚历山大三世主持召开了第三次拉特兰宗教会议，这次会议号召西欧所有教会和各国世俗统治者对异端进行武力镇压。英诺森三世上台后，组成十字军，对法国南部进行疯狂的杀戮和抢劫。在攻陷比塞埃城时，由于难以分辨异教徒，教会侍臣命令“只管把他们统统杀光，让上帝去分辨谁是他的子民”，城中两万多居民悉数被杀。1215 年，他出于强化镇压异端的目的召开了第四次拉特兰宗教会议，全面动员教会和封建主对异端派别进行镇压。此外，教皇还大力支持方济各和多明我修会的发展，以与异端派别争夺信徒，瓦解异端派别。

1220 年，教皇英诺森三世正式成立异端裁判所。1233 年，教皇格里高利九世(1227 年—1241 年在位)宣布设立中央集权的异端裁判所，并指派多明我会士担任裁判所的裁判官，直接向教皇负责。异端裁判所有一套严酷的搜捕和审判程序，被捕者众多。此后，异端裁判所在罗马教会辖区内广泛设立。许多宗教反抗人士和进步思想家都曾在异端裁判所遭受残酷迫害。

第四节　西欧中世纪文化

西欧中世纪早期历经战乱浩劫、政治分裂和经济败落，古典文化大半湮没，文化知识为教士所垄断。

一、修道生活

修道院是教会的另一种组织形式，由隐居于艰苦的环境中、过着禁欲苦行生活的修士组成。修道生活被看作基督徒生活最完美的形式,它发源于东方埃及早期基督徒的禁欲主义生活。4 世纪初在埃及形成了最早的修道院,修道运动从罗马帝国东部开始逐步蔓延。523 年,意大利修士本尼狄克制定了隐修方式,标志着西方中古教会形成了自己的修道制度。它强调严奉戒律、绝对服从,并放弃个人财产。本尼狄克还详细规定了每日的生活,修士以高强度的劳作磨炼肌体,纯洁灵魂。6—12 世纪,西欧众多修道院的院规都以本尼狄克所定的《修士守则》为基础。11 世纪晚期,随着宗教情绪的高涨,西欧开始产生多种类型的修道院团体。在城市中出现了新的修会组织,如西斯特西安修会、法兰西斯修会、多米尼克修会等。为了满足宗教事务需要,修道士们做了许多搜集、保存和抄写书籍的工作。修道院还兴办教育,同时也保存了希腊、罗马的部分文化,如毕达哥拉斯在数学上的一些论著,以及希波克拉提斯、欧几里得、尤多克索斯、门内马斯、阿基米德等人的著作。

中世纪的西欧居民大多数是基督徒,他们无时无刻不受基督教的熏陶。圣礼是基督教的主要宗教仪式。早期基督教的圣礼比较简单,其中最主要的是洗礼和圣餐礼。1215 年,罗马教皇英诺森三世主持召开了第四次拉特兰宗教会议,确定基督教礼仪为七大圣礼,即洗礼、坚信礼、婚礼、圣餐礼、忏悔礼、终敷礼和授圣职礼,并要求所有基督徒每年至少向神父忏悔一次,做弥撒一次。从此,西欧基督教徒的宗教生活大为规范,宗教礼仪的约束力和象征性大为增强。

二、经院哲学

西欧中世纪文化,深深地打上了宗教神学的烙印,首先表现在庞大的神学—哲学体系的构建。中世纪早期,修道院是西欧各地的文化中心,这种情况一直持续到城市的繁荣和大学的兴起。11 世纪后,西欧的文化发展进入了中世纪的黄金时期。

12 世纪以前,西欧只有教会学校与修道院学校,教育具有浓厚的宗教色彩。学校传授的知识,也是出于宗教的需要而设立,主要课程是“七艺”,包括算术、几何、天文、音乐、文法、修辞和辩论术,其内容体现教会学校的教育目的和要求。恩格斯说:“中世纪的历史只知道一种意识形态,即宗教和神学。”在这样的背景下,基督教神学在思想领域占据统治地位,宗教信仰不仅是民众精神生活的主要内容,也是神学家和教士研究的重要内容,由此产生了经院哲学。

经院哲学是中世纪西欧封建社会的统治思想和官方哲学,其名称源自基督教经院。经院哲学以《圣经》、教父著作和古代哲学为依据来论证神学,以基督教信条作为思维的起点，利用亚里士多德的形式逻辑进行抽象、论证，得出脱离实际的空洞结论，从而建构起一个庞大而繁复的哲学化神学唯心论体系。

经院哲学是神学的理论形式，使基督教教义更加条理化和理论化。被称为“第一个经院哲学家”的意大利人安塞伦(1033年—1109年)用唯心论和形而上学来论证基督教的信仰问题，他说：“应该由信仰进到理性，而不是理性达到信仰。”经院哲学的研究只允许在基督教教义的范围内进行思维，为信仰寻找合理的论据。它反对离开教义而依靠理性和实践去认识和研究现实，探索自然。经院哲学往往争论一些荒唐的问题。如“天堂里的玫瑰花有没有刺”“一根针尖上能站多少天使”等。

意大利经院哲学家托马斯·阿奎那(约1225年—1274年)被誉为“神学之王”，是经院哲学的集大成者，他著有《神学大全》，是经院哲学的百科全书。阿奎那创立的“宇宙秩序论”竭力论证上帝高于一切，信仰高于理性。对教会权威和封建社会等级秩序做了充分的神学论证。不过，他也承认神的启示和自然真理这二者之间存在区别。

经院哲学内部存在唯名论和唯实论两大派别的论争，前者是非正统派，后者是正统派。唯实论认为一般概念是存在于个别事物之先的某种精神实在，它是上帝创造个别事物时所依据的原型，是上帝的理念。唯名论主张一般概念是人的思维所创造的，用以概括个别事物的名称，不能独立于事物而存在，只有包含独特性质的个别事物才是实体，是真实的存在。唯实论把一般概念看成是第一性的，把物质世界看成是第二性的，因而是客观唯心主义。唯名论则与此相反，具有唯物主义倾向。但它不能说明一般与个别的矛盾统一关系，因而不能作出彻底唯物主义的结论。唯名论和唯实论是经院哲学的派别斗争。唯名论没有摆脱神学唯心主义体系成为独树一帜的唯物主义哲学。唯实论是维护封建制度的理论，论证神学教条、教会权威的思想言论；而作为非正统的唯名论反对教权至上，主张自由争论基督教思想体系；在政治上倾向王权，城市市民的自由思想运动、异端运动及新兴工商业阶层发展实验科学与唯名论有联系。因此，唯名论同唯实论的斗争具有重要的社会意义。

三、文学艺术

民族语言和文学的发展是西欧文化发展的重要基础。从罗马时代开始，拉丁语一直都是西欧正规的书面语言，无论宗教经典、官方文书，还是文学作品，大都使用拉丁语来书写。12世纪以后，世俗国家的文件逐渐开始使用本民族语言，但拉丁语直到18世纪仍是西欧统一的学术语言。中古西欧较早的文学作品主要是教会文学,拉丁语宗教文学多是赞美诗、宗教寓言和神话,以及描写基督与圣徒生活的戏剧。随着民族语言的发展,到11世纪,方言作品发展起来。最早的是行吟诗人的作品,他们用吟唱的诗歌来歌颂爱情和勇敢。更为重要的方言文学是英雄史诗。由于受到基督教的影响,英雄们的爱国行为也往往表现为反击异教徒的斗争。最著名的史诗有法国的《罗兰之歌》、德国的《尼布龙根之歌》、西班牙的《熙德》和俄罗斯的《伊戈尔远征记》。

12—13世纪,骑士文学代替英雄史诗成为西欧文学的主流,它是对骑士阶层的文化观念、精神个性和生活理想的文学表达。骑士文学又分为骑士抒情诗和骑士传奇两大类,主要描写骑士为信仰而战的虔诚、对于君主或领主的忠诚、对贵妇人的爱慕和崇拜。德国的《海德堡诗歌集》、英国的《亚瑟王传奇》为其代表作。骑士文学具有浪漫主义色彩,其艺术手法对后世文学产生了影响。

值得一提的是,11世纪以后,随着西欧经济的发展和城市的兴起,西欧文化开始出现了一些新的变化。波伦亚城出现了第一所大学,以后陆续有巴黎大学、牛津大学、海德堡大学等。到14世纪,西欧已经有40多所大学。这些大学讲授的课程有文艺、法律、数学、医学、神学等。大学的出现,逐渐改变了以往的教育制度,打破了教会对文化知识垄断的局面,孕育形成了专业知识分子阶层,他们的专业研究或创作,带来了一些意想不到的结果。在神学研究中,13世纪后,一批神学家反对经院哲学过分强调概念演绎的倾向,主张用意志和心灵去感应上帝,其中有人还学习了初步的科学知识,主张用观察和实验的方法探索自然界,主要代表者是英国的罗哲尔·培根。培根做了许多有价值的科学实验,成为近代实验科学的先驱,为后来的文艺复兴、宗教改革准备了条件。在文学创作领域,城市的发展推动了城市文学在13世纪以后的兴起。这些城市文学在反映日益成熟的市民思想感情的基础上,还带有明显的反封建反教会的倾向,具有浓厚的现实主义色彩。其主要艺术特点是多采用讽刺手法,也常运用隐喻、象征等手法,描写封建主和僧侣的愚蠢和贪婪,歌颂市民的机智和勇敢,著名作品有法国的《列那狐的故事》。

中世纪西欧建筑艺术主要体现在教堂建筑上。中世纪教堂建筑分为两种不同风格:9—12世纪盛行罗马式建筑,其特点是普遍采用罗马建筑的圆拱、穹顶和梁柱等建筑构件,教堂内部较少使用雕塑,主要的装饰品是壁画。具有代表性的有法国的图卢兹圣塞尔南教堂、德国的沃姆斯教堂、美因斯大教堂、意大利的比萨大教堂等等;12—13世纪,哥特式教堂逐步取代了罗马式的建筑风格,成为西欧建筑艺术主要的表现形式。哥特式建筑的特点是建筑使用拱形结构提高天花板的高度，安装有较大的玻璃窗，并在教堂内外增加雕刻和绘画装饰。高耸入云的教堂尖塔和透过彩色玻璃从高处射进教堂内部的阳光象征着教徒期望接近上帝并最终进入天堂的愿望(图 10－1)。巴黎圣母院、沙特尔大教堂、亚眠大教堂、米兰大教堂等，都是哥特式建筑中最负盛名的杰作。今天，遍布西欧各地的哥特式教堂仍是当地最引人注目的人文景观。

图 10－1 哥特式教堂

哥特式教堂

从这个角度而言，西欧中世纪文化在 13 世纪以后的新变化，为后来文艺复兴、宗教改革的产生提供了条件。

【专题研讨】

1. 十字军东征

“上帝的众子们啊！你们既然已经认为天主教较以前更热忱地在彼此之间保持和平，要更忠实地遵守教会的法律。那么现在，在你们得到上帝的矫正，重新振作以后，这里便另有一个任务等待你们了！这是一件你们自己和天主同样关心的事情。你们应当在这个任务上表现坚定不移的力量。这就是你们必须去援救那些住在东方的兄弟们，因为他们正迫切地期望你们的援助，而且也时刻祈求你们的援助。正如你们中间很多人都已经知道，突厥人(波斯人的一支)已经向他们发动进攻。……我现在恳求你们。勖勉你们：不，不是我，乃是主在恳求，主在勖勉；我只是作为基督的使者向你们勖勉，督促一切等级的人。骑士、步兵、富人、穷人，都必须迅速起来，及时地给予基督徒以援救。将这个邪恶的种族，从我们兄弟的土地上消灭干净！……”这是 1095 年 11 月教皇乌尔班二世(1088 年—1099 年在位)在法国克勒芒城宗教大会上动员十字军的演说，自此揭开了漫长的十字军东征的历史。

(1) 背景知识。

1095 年教皇乌尔班二世在克莱芒宗教会议发表演说，引起与会者热烈反响。教皇成功的宣传，并非因其人格魅力，主要原因在于为西欧蓄积的对外扩张提供了理由，把各种社会力量导向东侵。十字军的发动，动员的不仅是那些虔诚的护教者，而是所有感到不如意的人。而他们的非宗教动机，也必然导致十字军进攻目标的偏转。

1096 年,德、法、意贵族骑士组成军队开始第一次十字军东侵(1096 年—1099 年),1099 年攻陷耶路撒冷,大肆杀戮劫掠。在中东占领区先后建立 4 个国家:埃德萨伯国、安条克公国、耶路撒冷王国和特里波里伯国。教皇为了能控制这些王国,先后批准建立许多军事武装性质的修道团体——骑士团。12 世纪伊斯兰国家开始联合对敌,陆续收复被十字军侵占的土地。西欧随即又组织第二次十字军东征(1147 年—1149 年),由法王路易七世和德皇康拉德三世指挥,但旋即失败。第三次十字军也很快无功而返。13 世纪初,在教皇英诺森三世的推动下,组成的第四次十字军东征,这次东征充分暴露了十字军的侵略、贪婪和掠夺的本性。1203 年 6 月,十字军进抵君士坦丁堡城下,次年攻陷君士坦丁堡,纵兵焚掠达 7 日之久,无数精美绝伦的艺术珍品遭到疯狂抢劫,藏书丰富的君士坦丁堡图书馆也被毁于一旦。十字军占领了拜占庭的大部分领土,所建立的拉丁帝国一直存续到 1261 年。第四次十字军东侵,充分暴露了罗马教廷组织发动“讨伐异教徒”的“十字军与新月”的侵略战争的本质。由于埃及等阿拉伯国家日益强大,十字军在东方的处境越来越困难,1291 年丧失了最后一个据点阿克城。

(2) 研讨论题。

野蛮 · 苦难 · 愚昧 · 发展——十字军东征影响之我见。

(3) 思路提示。

十字军东征是中世纪史上的一次世界性的战争。历时 200 多年的侵略战争,不仅使几十万欧洲人死于非命,大量财物被消耗,而且也严重破坏了近东各国及拜占庭帝国的社会经济和文化的发展,给东方带来了空前的灾难,使拜占庭文明走向衰落、地中海东岸文明遭到野蛮破坏。无数无辜的生命被屠杀、许多城市被摧毁、大量艺术珍品被毁坏。同时,十字军东征对中古欧洲社会发展产生了深远的历史影响。这场战争把东方的古代文明和文化技术成就带到西欧。这不仅对西欧商品经济的发展,对西欧思想文化的发展也有一定的积极作用。

2. 城市的兴起

“城市”是一个历史范畴,它的出现标志着人类社会开始步入文明时代。“物质劳动和精神劳动的最大一次分工,就是城市和乡村的分离。城乡之间的对立是随着野蛮向文明的过渡、部落制度向国家的过渡、地域局限性向民族的过渡而开始的,它贯穿着文明的全部历史直至现在。”(马克思、恩格斯《德意志意识形态》。)10—11 世纪时,中世纪城市兴起标志着西欧封建社会进入了一个城市兴起的历史时期。

(1) 背景知识。

关于西欧城市的起源,西方学术界一直存在“罗马派”和“日耳曼派”的争议,前者认为中古之初仍然有一定数量的古罗马时期留下的城市;后者坚持认为,古罗马城市已经全部被摧毁,西欧城市都是后来重新兴起的。无论如何,有一点是可以肯定的,中世纪西欧城市有两个来源:一是幸存的罗马城市;二是新兴的日耳曼城市。西欧城市兴起的途径多种多样,但主要途径和原因是生产力和经济的发展,使手工业者脱离庄园聚居而成,城市是封建庄园的对立物。城市一般在封建领主的土地上兴起,封建领主的剥削和压迫阻碍了城市的自由发展,城市展开了反对领主、争取自治权的斗争。自治后的各城市尽管各有特色,但有一点是共同的,即所有城市居民都是自由人。任何一个农奴,无论身份如何,只要在城市中住满一年零一天,就可以成为自由人。西欧中世纪有句谚语:“城市的空气使人自由。”“自由”和“自治”是西欧中世纪城市的重要特质。13—14 世纪,城市在行会和城市贵族直接的矛盾和斗争中发展。随着城市的发展,市民阶层也开始形成。

(2) 研讨论题。

城市何以被誉为“中世纪的花朵”?

(3) 思路提示。

欧洲历史上,城市、市民社会形成及其所产生的历史作用,引起学界的广泛兴趣,城市的兴起是市民社会形成的前提,它对欧洲政治和社会民主化也有深刻影响。中世纪西欧城市的发展,极大地影响了西欧社会的发展方向。城市的兴起,极大地冲击了封建的自然经济。城市的发展也改变了欧洲社会阶级构成。由于城市工商业的发展,新的市民阶层的出现,使阶级关系发生变化。商品经济的发展,使各地经济联系加强,为结束封建割据创造了条件。同时市民文化、城市大学等都动摇和破坏了封建制度的精神支柱——封建神学,为文艺复兴、宗教改革、自然科学的诞生准备了初步的条件。

【拓展阅读】

1. [法] P·布瓦松纳:《中世纪欧洲生活和劳动(五至十五世纪)》,潘源来译,商务印书馆,1985 年。

2. [德] 马克斯·韦伯:《新教伦理与资本主义精神》,于晓、陈维纲译,生活·读书·新知三联书店,1987 年。

3. [美] 汤普逊:《中世纪经济社会史(300—1300 年)》,耿淡如译,商务印书馆,2017 年。

【超级链接】

1. 中世纪的世界观本质上是神学的世界观。统一的欧洲世界,对内而言实际上是不存在的,而对外则为反对共同的敌人——萨拉秦人而通过基督教联合起来了。由一群在经常变化的相互关系中发展起来的民族组成的西欧世界,是通过天主教联合起来的。这种神学上的联合不只是观念上的。它是实际存在的,不仅体现在这种联合的君主制中心即教皇身上,而且首先体现在按封建和等级制原则组织起来的教会中。教会在每个国家大约占有三分之一的土地,它在封建组织内部拥有巨大的权势。拥有封建领地的教会是各国之间的真正的纽带;封建的教会组织利用宗教把世俗的封建国家制度神圣化;而且,僧侣又是唯一的受过教育的阶级。因此,教会信条自然成了任何思想的出发点和基础。法学、自然科学、哲学,这一切都由其内容是否符合教会的教义来决定。

——[德] 恩格斯、卡尔·考茨基:《法学家的社会主义》,《马克思恩格斯全集》(第 28 卷),人民出版社,2018 年,第 608 页

2. 欧洲要比大多数人所认识到的还要多地感谢基督教信仰。当野蛮人摧毁了西罗马帝国时,正是基督教会将被称为欧洲的新秩序整合起来。教会在法治、追求知识和文化表现形式上占据主导地位。这个基本概念就是基督教王国,它将帝国和教会联合起来。它始自 8 世纪的查理曼大帝统治时代,但是教宗慢慢地肩负起越来越大的权力,最终英诺森三世教导欧洲认识教宗为世界统治者。但是其后的数世纪看到的是教宗被权力腐化,日益激进的改革家们则呼吁变革。

——[美] 布鲁斯·雪莱:《基督教会史》(第二版),刘平译,北京大学出版社,2004 年

【思考题】

1. 简述西欧封建化的历史进程。
2. 简述中世纪欧洲城市的兴起及其影响。
3. 简述基督教对西方文明的影响。

第十一章 人性回归

——欧洲文明的近代化

【学习重点】

1. 理解文艺复兴的基本内容及其传播。
2. 了解宗教改革的深层社会背景知识。
3. 掌握启蒙运动思想与大革命的联系。

经过漫长的中世纪，欧洲文明在内部的整合中，逐渐走上了近代化的道路。文艺复兴、宗教改革和启蒙运动是西欧向近代社会迈进时发生的三次重大的思想解放潮流，它们的一致性主要表现在：发展了人文主义，摆脱了天主教会的束缚，促进了资本主义生产关系的发展。

文艺复兴是指14世纪中叶在意大利各城市兴起，后扩展到西欧各国并于16世纪在欧洲盛行的一场思想文化运动，它揭开了近代欧洲历史的序幕，使欧洲进入了科学与艺术革命的时期，被认为是中古时代和近代的分界线。马克思主义史学家认为它是封建主义时代和资本主义时代的分界。文艺复兴是一个特定的时代，表明欧洲已经走出黑暗的中世纪，迎来了现代文明的曙光。从本质上讲，文艺复兴是现代西方文明的开端，对现代西方文明产生了不可估量的影响。因此，与其说它是古典文化的再生，不如说它是现代文化的开始；与其说它是复兴古典，不如说它是自我创新。宗教改革是文艺复兴的深入和发展。宗教改革家通过对基督教经典的重新解释，摈弃了人文主义者外部的温情面纱，高举鲜明的反教皇、反教会的旗帜，给统治欧洲千年的天主教会以致命打击。从此，罗马天主教会在西欧基督教世界一统天下的局面被打破，取而代之的是众多独立的民族教会和享有主权的民族国家。

启蒙运动的时代，又称为理性的时代。它是这样一个时期：人们开始用他们的理性去发现这个世界，摆脱中世纪的迷信与恐惧，努力探索科学、政治和社会进步的法则。启蒙思想家们审查所有信仰的理性基础,并在这个过程中拒绝了教会与国家的权威。伊曼纽尔·康德认为,启蒙运动的箴言应该是:敢于认识!要有勇气运用你自己的理性!

第一节 文艺复兴

文艺复兴,意思是“重生”,它的灵感来自古希腊和古罗马的文明。西方艺术史鼻祖瓦萨里在其《画家、雕刻家和建筑家大师列传》(又译《艺苑名人传》)一书中,最早提出这个术语,意大利文为 rinascimento。1751 年至 1772 年,法国启蒙思想学者在《百科全书》中第一次使用 renaissance 一词来称呼“文艺复兴”,英文借用这个法文词汇并被沿用至今。

文艺复兴时期的世界观是对知识的渴求。学者们大多研究教会的学问,但是他们重新发现了古代的哲学家。艺术家则对人体着迷,为了赞美人体之美,他们从中世纪的正统绘画风格转向,采用了一种更为真实、自然的风格。

意大利是文艺复兴的发源地。当时,它分裂为几个独立的国家,这些国家富有的统治者向艺术家、作家和音乐家提供资助。此外,文艺复兴还传播到法国南部和西班牙,其影响远达欧洲北部。

一、发展历程

恩格斯给予文艺复兴运动很高的评价,认为它是一次人类历史上从来没有经历过的最伟大、最进步的变革。对于文艺复兴的发源地、发生原因,学界至今仍有着诸多争议。

一般认为,文艺复兴始于中世纪晚期商业发达的意大利北部城市佛罗伦萨,后传播到法国、西班牙、德国、尼德兰、英国等欧洲各国,它作为一个新文化运动风靡整个西欧各国的知识阶层。更具体来说,文艺复兴的上限以但丁的《神曲》(1307 年—1321 年)为标志,下限则以培根的《新工具》(1620 年)和笛卡儿的《方法论》(1637 年)为标志。

整个文艺复兴史可以分为三个时期:第一,14 至 15 世纪中叶。文学艺术启蒙主要发生在意大利,人文主义思想开始与现实主义的创作方法相结合。第二,15 世纪中叶到 16 世纪中叶。文艺复兴在欧洲加速向纵深发展,文学艺术高度繁荣,史学、哲学、政治学巨著涌现。第三,16 世纪中叶至 17 世纪。在文学艺术继续繁盛的同时,以 1543 年波兰人哥白尼《天体运行论》为开端,现代自然科学取得一系列划时代的成就。

12 世纪以来欧洲各地对古希腊—古罗马文学的重新发现,最终导致了 14 世纪人文主义运动的发展。除了强调希腊语和拉丁语的学问,人文主义者相信个体在社会中的意义。对人文主义的兴趣的日益增长带动了艺术和科学领域的变革,并最终形成了一般意义上的文艺复兴的观念。

14 世纪至 16 世纪的欧洲处于经济不稳定的时期,意大利发生了最广泛的变化。腓特烈二世在 1250 年去世后,皇帝在意大利和整个欧洲失势;腓特烈的继任者们均无法望其项背,权力转移到多个教皇手中;在东西教会大分裂后,当三个教皇同时当权时,控制权又返回到世俗统治者手中。

知识窗

东西教会大分裂:是指 11 世纪基督教会大分裂分出了希腊正教及罗马公教两大宗派。自 2 世纪以后,以罗马为首的西方教会和以君士坦丁堡为首的东方教会,因各自不同的教会、政治、社会、文化等原因,在神学及教会的组织、纪律等各方面的分歧逐渐扩大,彼此争论不休,最终导致了 1054 年的东西方教会大分裂,形成日后的公教(即天主教)和正教(即东正教)。基督教历史上的第二次大分裂,即 15 世纪的新旧教会大分裂(或称宗教改革)中又从罗马公教中分裂出了信义宗(路德教派)、圣公宗(英国国教派)及归正宗(加尔文教派)等。

早期文艺复兴大体局限于以佛罗伦萨为中心的意大利,而且主要表现在文学艺术领域内。在文学方面,但丁、彼特拉克、薄伽丘被称为意大利“文学三杰”。但丁的代表作《神曲》,虚构了但丁本人神游地狱、炼狱、天堂的人生三境界,它揭露了天主教会的丑恶,但仍未摆脱中世纪宗教世界观的影响。恩格斯称其为“中世纪最后一位诗人,也是新时代的最初一位诗人”(图 11-1)。彼特拉克则被称为“人文主义之父”,至于薄伽丘的《十日谈》,用讲故事的方式,揭露了教会的腐朽和虚伪。在艺术领域,意大利涌现了很多著名的艺术家,达·芬

图 11-1 但丁

奇、拉斐尔、米开朗琪罗并称为“艺术三杰”,他们的绘画艺术突破了中世纪欧洲艺术方面的呆板、缺少个性的风格,转而代之以秀美、优雅与通俗相结合的风格。但总的来说,早期文艺复兴对人们的思想观念,特别是对宗教神学观的冲击极为有限,它更多的是继承了古典文化的传统。

后期文艺复兴几乎遍及西欧各国,其成就不仅表现在文学艺术领域,而且在政治思想、哲学思想、自然科学的各个领域里展开,它以创新的精神,取得了一系列辉煌的成就。

在文学方面,代表性成果如英国“诗歌之父”乔叟的《坎特伯雷故事集》、英国“戏剧之王”莎士比亚的悲喜剧、法国文学巨匠拉伯雷的《巨人传》、西班牙骑士文学家塞万提斯的《堂吉诃德》、荷兰“人文主义之王”伊拉斯谟的《愚人颂》等;在政治思想方面,英国思想家托马斯·莫尔的《乌托邦》为空想社会主义奠定了基础,意大利哲学家康帕内拉的《太阳城》为人类描述了理想的社会制度;在哲学方面,“现代唯物主义之父”培根的《新工具》揭开了现代科学革命的序幕,他的“知识就是力量”的名言至今激励人们前进;在自然科学方面,许多科学家挣脱了神学的羁绊,推动了社会向前发展。如天文学革命的开创者、波兰人哥白尼的“日心说”推翻了所谓上帝选定地球为宇宙中心的谬论,而布鲁诺更是成为现代科学与真理的第一个殉道者,伽利略注重实证研究的态度,使他成为实验科学的奠基者,德国的开普勒更是发现了行星运行的定律。

二、人文主义

人文主义(humanism)是文艺复兴的核心精神、伟大旗帜和指导思想,它源于人文学科和人文主义者。人文学科是相对于宗教学科的世俗学科,15 世纪这一词汇出现在大学和学院的文件中及图书馆的分类表中。人文学科包括语法、修辞、诗歌、历史和道德哲学。人文主义者出现于 15 世纪中期,牛津英文词典认为 1589 年首次使用该词汇,这是当时的学生用语,他们用以称呼那些教授人文学科的教师们。简言之,人文主义者就是某些学科的职业代表。

人文主义精神是一种勇于进取、乐观向上的世界观,是照亮人们精神世界的一盏明灯。15 世纪末 16 世纪初,文艺复兴在意大利进入全盛时期,并开始跨越阿尔卑斯山,广泛传播到欧洲其他国家,一直持续到 17 世纪初。这一时期的文艺复兴通常被称为后期文艺复兴。在这 100 多年的时间里,文艺复兴与商业的繁荣、人口的增长和不同文明之间的交相呼应,不仅在更大范围内改变了人们的观念和生活方式,也进一步冲击和动摇了教皇和教会的权威。至此,全球文明的序幕已经完全拉开。

人文主义者强调人是万物的尺度，并且把个人的自由与幸福提升到现实生活的突出地位。在宗教枷锁下禁锢了千年之久的人类天性，在基督教神学束缚下压抑了几个世纪的人的个性，在以人为中心的世俗精神和民族精神的感召下，开始挣脱蒙昧主义和禁欲主义的羁绊，朝着个人主义、利己主义和享乐主义的方向迅速发展。个性意识虽然在宗教改革家身上体现得不像人文主义者那样明显，但是他们把改革的立足点放在个人的精神自由和自我的“信仰得救”上，于是新教就成为资产阶级反封建斗争的意识形态和表现形式。

三、褒贬争议

历时 300 多年的文艺复兴运动，是欧洲封建社会向资本主义社会过渡时期，新兴资产阶级在意识形态领域内进行的一场反封建、反宗教神学的思想文化革命运动。文艺复兴时代在西方乃至人类文明发展史上占有极其重要的地位。

新兴资产阶级打着“复兴古典文化”的旗号与封建主义和宗教神学展开斗争，湮没千年的希腊、罗马古典文化重新受到重视。但是，文艺复兴并不是真正要“恢复”古典的文化，而是借此抨击当时的文化和制度，以建立新的文化，为建立新的社会制度体系制造舆论，这标志着资产阶级新思想、新文化的出现。

文艺复兴是一个逐渐发展的时期，没有明确的分界线和事件。但文艺复兴使当时人们的思想发生了变化，导致了宗教改革和激烈的宗教战争，并成为后世启蒙运动的榜样。19 世纪的历史学家认为后来的科学发展、地理大发现、民族国家的诞生均源于文艺复兴。文艺复兴是“黑暗时代”的中世纪和近代的分水岭，是资产阶级革命的舆论前提。文艺复兴是使欧洲摆脱腐朽的封建宗教束缚，向全世界扩张的一个前奏曲。

不过，文艺复兴运动在传播过程中因为过分强调人的价值，在传播后期造成个人私欲膨胀，奢靡泛滥，带来了一系列的负面影响。比如人文主义者虽然猛烈抨击教会的腐朽堕落，但是他们大多乐于接受教会的保护，对待教会势力持和解姿态，不愿进行彻底的宗教改革；有些人文主义者的作品中也保留了迷信庸俗的东西。

总之，文艺复兴是新兴资产阶级在意识形态领域里的革命，是一次思想解放运动。它冲破了基督教神学的桎梏，唤醒了人的自我意识，高扬了为创造现世幸福而奋斗的精神，为后来启蒙运动的出现打下了基础，在精神方面为资本主义制度的发展和胜利开辟了道路，对宗教改革和近代科学的产生与发展起到推动作用。

第二节　宗教改革

宗教改革是欧洲基督教在16世纪至17世纪进行的一次改革运动,代表人物有马丁·路德、加尔文、茨温利,甚至包括英格兰国王亨利八世等人,尽管这些宗教改革派的初衷只是反对罗马天主教会,但是在具体的改革过程中却促成了新教的诞生。通常认为宗教改革始于1517年马丁·路德提出《九十五条论纲》,结束于1648年的《威斯特伐利亚和约》。

知识窗

《威斯特伐利亚和约》是在德国明斯特市和奥斯纳布吕克市签订的一系列和约,标志着三十年战争的结束。签约的一方是统治西班牙王国、神圣罗马帝国、奥地利大公国的哈布斯堡王朝及神圣罗马帝国境内巴伐利亚公国,另一方是法兰西王国的波旁王朝、瑞典王国以及神圣罗马帝国境内勃兰登堡、萨克森公国等诸侯国。而在1648年10月24日签订的《西荷和约》,正式确认了威斯特伐利亚这一系列和约,并象征三十年战争结束。政治学者一般将该条约的签订视为民族国家的开始。和约导致奥地利哈布斯堡王朝失去大量领地,也削弱了王朝对神圣罗马帝国境内各邦国的控制,使王朝陷入中衰,也使德国陷入封建分裂的时代。但是,和约导致法国、荷兰和瑞典这三大欧洲新霸主的崛起。

宗教改革以前,教会不仅控制了普通民众的精神世界,还凌驾于世俗王权之上。宗教改革打破了罗马天主教会的垄断局面,衍生出许多不同的新教教派,这些新教派与不同民族国家相结合,使各个王国迅速发展壮大。例如,英国圣公会的建立使英国的民族国家和君主专制得到强化,为后来的英国资产阶级革命奠定了社会基础。欧洲的各个国家也因为各自的宗教信仰而加强了民众的民族意识和国家的精神凝聚力。

宗教改革产生了一系列后果:新教徒的成功在罗马的天主教会中间引起了恐惧和愤怒,导致宗教纷争开始,欧洲由此陷入了近百年的分裂状态;在各国的宗教战争中,常夹杂经济和政治利益等的争执;各个教派之间互相杀戮;大量的教堂和修道院毁于战火;内战和民族战争造成了破坏和难民潮。从16世纪中期到17世纪中期的百年纷扰，欧洲人口大量减少，经济衰退，各国终于逐渐意识到久战俱伤的教训，才开始采取宗教宽容政策，给欧洲带来了自由、宽容的新气息，从最初对不同信仰的包容到后来对不同政见的包容，应当说，这场宗教改革促进了欧洲政治、经济、文化等方面的进步与发展。

一、暗流涌动

宗教改革运动的准备工作是一个长期的过程。正统思想的反对者们早在14世纪时就已出现。约翰·威克里夫领导了一场持不同政见者的运动，他的思想后来被波希米亚的约翰·胡斯发扬光大，不幸的是，1415年康斯坦茨宗教会议下令对胡斯施以火刑。胡斯去世后，他的追随者在波希米亚用长期、残酷的胡斯战争来继续他的未竟事业。这些斗争活动最后演变为妥协，但胡斯挑战正统的圣餐观念使得胡斯战争的革命影响永留史册。

教会丑闻带来了巨大的负面效应。中世纪欧洲人民的心灵依靠是宗教，对于教会礼仪非常重视。随着工商业的发展，教会拥有庞大教产，神职人员的道德修养急剧下滑，教会丑闻不断出现。许多教会高级职位可用金钱购买，教会有时为聚敛财富公然贩卖赎罪券。最耸人听闻的是一些高级神职人员甚至卷入性丑闻中，其中教宗亚历山大六世的私生活臭名昭著。新兴力量煽动人们对教会和中世纪社会秩序的不满，对教会滥用职权的抨击久已存在，特别是一些神职人员公然世俗化，对金钱贪婪，对人民精神和经济进行双重压迫。在15世纪，出现了试图建立基督教会高于教皇的运动，预示着教会内部越来越多的思想分歧。尽管这个运动最终失败了，但是那些希望改革的群体却日益壮大。

人文主义的出现和文艺复兴的精神推动了人们对变革的渴望。古希腊和希伯来文的研究者主要集中于对《圣经》的关注，并引发了一种新的批判精神，比如说像洛伦佐·瓦拉和约翰·卢希林这样的人。文艺复兴发展，人文主义成为当时欧洲的新思想，人们开始改变中世纪以神为本位的人生价值，而开始认真思考以人为本位的新观点。就在这样的新思想下，基督教的人生观也慢慢地受到民众的怀疑。此外，文艺复兴时期也倾向于对个体发展的强调。后期的人文主义者直言不讳地攻击教会的弊端。其中，或许伊拉斯谟是最突出的，但还有许多人，包括牛津大学的人文主义者。新学问和宗教改革本身之间的紧密联系表现为有追求的人们，这些人在中欧的宗教改革运动中是非常突出的。乌尔里希·冯·胡登和菲利普·梅兰希顿都是人文主义的杰出人物，乌尔里希·茨温利主要是通过学习希腊语和希伯来语来反对教会。威登堡大学(后成为起义的中心)的成立恰好是激励人文主义的一部分。

新兴阶层出现。中世纪的欧洲存在着教士、贵族、骑士、农奴、平民的阶级划分。工商业的复兴创造出了一个新的阶级——中产阶级,大多由平民商人所组成的中产阶级发展出了完善的商业组织如行会、银行等,而之后的欧洲世界也从原来的教权控制转移到由君主及中产阶级主导。城市复兴,商人与中产阶级的兴起,不仅打破了旧的中世纪秩序,而且人们对那些束缚企业家追求财富的旧的金融经济学术观点(如教廷反对借贷取息)产生了很多不满。欧洲经济的发展加大了这个僵化体制的裂痕。20 世纪的学者们提出大量把强调宗教思想的新模式与经济变革(即新教与资本主义之间的关系)之间的联系作为宗教改革中的主要力量。但是,有许多因素在起作用,并且这个领域到 1517 年时已经准备妥当。然而,宗教改革却是以突然和令人惊讶的方式开始的。

技术进步的力量也不容忽视。宗教改革的原因之一是《圣经》最初多由教职人员阅读,一般信众学习《圣经》的机会并不多,因此只能完全听信于教会对经典与教义的解释。但是随着 1456 年约翰内斯・谷登堡在美因茨大量印刷《圣经》,普通民众得以有机会阅读。而印刷术在西欧的引进,使得对教会的批评可以得到更为广泛的传播。印刷术的革新加速了宗教改革,反过来宗教改革又进一步促进了印刷业的发展。在世俗事务中,教会与国家之间的对立已有百年的历史,但是,它已经开始带来了一个新转机,那就是建立强大的国家。在德国,这种反对教会的力量已经存在于许多诸侯的心目中,因为这些诸侯是反对教会凌驾于国家机构之上的。因此,神圣罗马帝国和诸侯王公在教会的叛乱中发挥了决定性作用。

二、路德发难

马丁・路德是德国威登堡大学的一名神学教授,他很早就认为古代教会纯法性的学说的某些内容已被追逐私利的教皇和神职人员所歪曲,而多明我会修士约翰・特泽尔在德国发放特殊"赎罪券"的行为,深深地激怒了他。1517 年 10 月 31 日,路德把他对赎罪券的批判,用拉丁文写成《九十五条论纲》,张贴在威登堡大学的教堂门口。当天恰逢万圣节,很多人看到论纲的内容,于是引发了有关实践与理论问题的争论。路德的本意并非背叛教会,而是希望改革教会的部分制度,《九十五条论纲》更多的是反对教会搜刮钱财的行为及神职人员的世俗政策,因此它仅仅是教会内部的一个改革运动。

路德不同意教会对《圣经》的某些解释,而且这种分歧很快便显现出来。1519 年,路德与教会神学家约翰・埃克公开辩论,他的观点早已隐含在他所写的文章之中,否认教会在宗教事务管理中的权威。1520 年,教皇利奥十世发出敕令,革除路德教籍并将他逐出教会，同时神圣罗马帝国皇帝查理五世也不满路德的反叛。但是，路德无视教会的胁迫，当众焚毁了教皇的绝罚书和教谕，并散发宣传册质问教皇和圣礼的学说。1521 年路德与天主教会决裂，从此他不再承认教皇的权威。是年，在沃尔姆斯议会上，双方非但未能达成妥协，反而促使许多对教皇持怀疑态度的人们加入路德阵营。尽管路德被宣布为不法之徒，但这种指控是空洞的，因为在强大的萨克森的选帝侯腓特烈三世的庇护下，路德堂而皇之地躲进了瓦特堡的安全之地。此后路德所代表的教派总称"更正教"或"新教"，与之相对的东方的正教会、西方天主教，则称为旧教。他直接建立的教会称为"路德会"或"信义宗"。由于路德个性保守，因此他改革的教会没有明文禁止旧教传统，如祭坛、蜡烛、基督画像、周日礼拜等。

三、新教传播

新教在瑞士获得了极大发展，某种程度上，瑞士成为早期新教的大本营。瑞士苏黎世的宗教改革家茨温利比路德更为激进，导致本已归隐的路德跳出来制止激进主义的步伐。新教的传播直接导致了德国农民战争(1524 年—1525 年)，甚至出现了具有共产主义色彩的革命领袖托马斯·闵采尔。这些革命后来都被残酷镇压下去，起义领导人也不幸遇难，许多革命农民又回归到罗马天主教，但是更多的新教改革者不屈不挠，继续革命，组成了更激进的教派，如再洗礼派。

新教的传播、农民的战争、宗教改革家的论战，促成了欧洲大陆的神圣罗马帝国内部、新教诸侯结成反对皇帝查理五世的施马尔卡尔登防御同盟，同盟的主要领导者是黑森州的菲利普和萨克森州的约翰·腓特烈一世。联盟在施马尔卡尔登战争(1546 年—1547 年)中被镇压，但是，皇帝查理五世为了维护和平，也作出了妥协，具体体现在《奥格斯堡和约》(*Peace of Augsburg*)中。但这个和解协议是不稳定的、暂时的，很多原则性的问题并未得到解决，所以这诸多问题最终导致了宗教冲突的继续，导致后来的三十年战争(1618 年—1648 年)。

知识窗

三十年战争(1618 年—1648 年)：由神圣罗马帝国的内战演变而成的一次大规模的欧洲战争。这场战争是欧洲各国争夺利益、树立霸权及宗教纠纷加剧化的产物。战争以波希米亚人民反抗奥国哈布斯堡皇室统治为肇始，最后以哈布斯堡皇室战败并签订《威斯特伐利亚和约》而告终。这场战争使日耳曼各邦国大约死去百分之十五至百分之三十的人口,其中男性更有将近一半死亡,战况十分惨烈。

1536 年,日内瓦成为约翰·加尔文的总部,加尔文被许多新教的神学家所认可。是年,他的《基督教要义》在巴塞尔出版,标志着思想领域新时代的开始。他异于路德的主要是预定论(认为上帝以其恩典指定某些人得救的永恒命运),过敬虔的紧缩生活,并强调政教合一的政府。他的影响是直接的和巨大的,他本人被誉为"日内瓦教皇"。法国虽然几乎没有受到马丁·路德的影响,但加尔文主义学说在法国南部很受欢迎。法国的加尔文派教徒处于少数派地位,被称为胡格诺派,他们发动了反对法国天主教的激烈宗教战争,直到胡格诺派领袖纳瓦拉的亨利成为法王亨利四世,并于 1598 年颁布了宗教宽容的《南特敕令》。

在荷兰,加尔文教派取代路德教,在那里宗教起义与反对查理五世和他的继任者西班牙的菲利普二世的政策结合起来。通过血腥战争,加尔文宗在北部低地国家占了上风。此外,加尔文宗还在苏格兰取得了胜利,它甚至还传播到匈牙利和波兰,并且在路德宗占统治地位的德国部分土地上也扎下了根。

当然,新教内部的分歧从一开始就非常尖锐,尽管他们试图调和路德宗、加尔文宗与其他宗教学说之间的分歧,但效果并不明显。比如在英格兰,宗教改革走上了自己的道路。当时更多的是教会与国家的冲突而非欧洲大陆式的宗教改革,英王亨利八世与罗马天主教廷的冲突导致 1534 年的《至尊法案》(*Act of Supremacy*),该法案坚决拒绝罗马教皇的控制并建立民族教会。但是,加尔文思想的潮流在英格兰具有强大民意基础。英王爱德华六世对加尔文主义者采取接触政策,尽管玛丽一世在位时完全推翻了这一政策,但继任的伊丽莎白一世则在天主教徒和加尔文主义者中间寻求一种平衡,这个问题在后来的英国内战中得到解决。必须指明的是,新教内部的分歧有时还是非常残酷的。

1648 年的《威斯特伐利亚和约》给欧洲大陆带来了暂时的稳定,但宗教改革的力量并没有结束,时至今日它仍在发挥着影响。它的最大意义在于打破了教会对人们生活的控制,代之以世俗化的生活及态度。

第三节 启蒙运动

谈到启蒙运动(Enlightenment),人们往往把它与 18 世纪联系在一起,事实上，启蒙运动的源头可以追溯得更远。在追根溯源之前，有必要首先定义这个术语。启蒙是法语 lumières 的英文翻译，意指“光明、光亮、光辉”，思想家们直接挑战欧洲封建制度的理论，启发了人们的反封建意识，给人们带来了光明。

启蒙运动发源于 17 世纪资产阶级革命后的英国，18 世纪在法国达到高潮。因此，启蒙运动的中心是巴黎，并且这个运动从一开始就具有大都市沙龙的国际特色。

关于启蒙运动的发展历程，或者说确切起止时间，学界一直存在争议，并无定论。但是，多数学者认为，启蒙运动大体上是从 17 世纪末期开始，通常以 1688 年为起点。因为这一年有两个标志性事件：英国光荣革命和牛顿《自然哲学的数学原理》发表，这两个事件对以后的思想发展的影响深远。关于其下限，有些学者认为启蒙时代结束于 1789 年，即法国大革命的开始。还有学者认为启蒙运动止于 1815 年拿破仑统治的结束。

一、追根溯源

为什么启蒙运动在 18 世纪变得如此有影响力，回溯历史可以找到原因。

首先，思想力量对此发挥了重要的作用。

古希腊哲学家亚里士多德的逻辑学说在 13 世纪被托马斯·阿奎那巧妙地用来捍卫基督教的教条，在接下来的几个世纪，其他的思想家追求这些目标，用逻辑支持信仰的每个方面。这些思想家们也被称为“经院哲学家”，伏尔泰经常把他们称作“医生”，意思是“神学的医生”。不幸的是，对天主教来说，逻辑的工具是把双刃剑。

知识窗

经院哲学家通常是指中世纪的教会人物，经院哲学是与宗教神学相结合的唯心主义哲学，属于欧洲中世纪特有的哲学形态，是天主教教会用来训练神职人员，在其所设经院中教授的理论。经院哲学是与宗教（主要指天主教）相结合的哲学思想，是教会力量占绝对统治地位的欧洲中世纪时期形成、发展的哲学思想流派。它的积累时期主要受柏拉图思想的影响，古典时期（大发展时期）受亚里士多德思想的影响，但它并不研究自然界和现实事物，主要论证中心围绕天主教教义、信条及上帝。托马斯·阿奎那是经院哲学的代表人物,是自然神学的主要奠基人,他著有《神学大全》,被天主教会认为是历史上最伟大的神学家。

14—15 世纪,意大利和法国出现了一个著名的"人文主义者"的思想家群体。在那时,"人文主义者"这个词汇没有现在政治争论中的反宗教的意思。他们几乎所有的人都是天主教徒。他们崇拜上帝,赞美天主创造万物,特别是赞美万物之冠——人类。

这种对人类能力的赞美是赠给欧洲人的一笔巨大遗产。文艺复兴时期人文主义者的目标是恢复古希腊和古罗马的一些自豪、气魄和创造力,复制他们的成功并超越他们。欧洲人发展了促进变革的传统,认为通过梳理和加强古代的工具,可以重塑自己的时代。例如,1632 年伽利略使用经院哲学惯用的观测法来支持哥白尼的观点:地球沿其轴线围绕太阳旋转。罗马教廷宗教裁判所的胁迫虽然使伽利略保持沉默,但却不能阻止科学的进步。

17 世纪的欧洲,被政治迫害、宗教战争和帝国征服所撕裂。新教徒和天主教徒都谴责对方是撒旦的追随者,人们往往可能因为参加错误的教会或不参加任何教会而被监禁。所有出版物,无论是小册子或学术著作,均受到教会和国家的事先审查。奴隶制普遍存在,特别是在西半球的殖民地种植园,其残酷性经常被教会所包庇。君主比任何中世纪的国王有更大的权力,因为他们有"君权神授"学说的支持,任何试图挑战教会和国家的组织都被禁止。

但是,许多欧洲人对于利用绝对真理的名义进行的镇压和战争日益感到厌倦。人们对于那些宣称唯一通向拯救道路的教会开始怀疑,法国大思想家蒙田的怀疑论无疑结束了路德或加尔文的权威性。

其次,经济力量在其中也发挥了巨大作用。

中世纪后期,农民已经开始从农村流向城市,寻找日益增加的自由和繁荣。在文艺复兴时期,随着贸易和通信的改善,普通城镇居民要求变革的呼声越来越高,于是有了一系列新变化——订立新宪章、组建新政府、通过新法律、开办新企业。来自亚洲和美洲的财富,使得暴发户商人阶级部分取代了源于土地所有权的旧贵族势力。这些商人在艺术、政府、经济中成为变革的主要推动者。但是,商人阶级重塑欧洲的主要障碍同样是理性主义哲学家所面临的:专制的国王和死板的教会。斗争是复杂和多方面的,个人主义、自由和变革取代团体、权威性和作为核心欧洲价值观的传统。幸存下来的宗教,受到了极大削弱,甚至被改造得面目全非。

简言之,欧洲人正在改变,但是欧洲的社会架构和上层建筑却没有跟上变革的步伐,这就是 18 世纪启蒙运动的背景。

二、光明世纪

“启蒙”的法文一词内涵丰富,其中主要意思是“光明”,因此,法国文学史把 18 世纪称为“光明世纪”,法国文献典籍中也常用它来代替“启蒙运动”。

启蒙运动包罗万象,因此对它也形成了不同的诠释。启蒙运动总体上具有某些共性,但是也因人、因地而表现出各种差异。启蒙运动不是一场统一的运动,而是各种前无古人和与众不同的现象重叠交错形成的。启蒙运动不是僵化静止的,它的表达方式和内容也随着时间的推移、根据不同的环境而变化。

从行为主体来说,启蒙学者或启蒙哲学家(philosophes,又译为哲人)通常是指积极参与 18 世纪这场重大思想运动的各类知识分子,如伏尔泰、卢梭、狄德罗及百科全书派学者;此外,还指其他文化领域的知识分子,任何一位开明的评论家或作家都可称为启蒙哲学家。启蒙学者在提到法国同仁时称他们为“才智出众的人”。应当说绝大多数启蒙哲学家并非受过专业训练的思想自成体系的哲学家。恰恰相反,他们是社会、政治和文化秩序的批评家。他们运用自己尊崇的理性工具来批判探究 18 世纪欧洲文明所面临的问题。启蒙时期的知识分子用批判的眼光来审视几乎所有公认的欧洲传统(比如宗教、政治组织、社会结构、科学知识、人际关系、人性、历史、经济学等)。启蒙思想家的目的是推翻现存旧的机构,重构人类社会、机构和知识,用所谓的自然秩序为新社会提供坚实的理论基础。

知识窗

百科全书派:法国启蒙运动时期编纂《百科全书》的学者群体,这里的《百科全书》是《百科全书,或科学、艺术和工艺详解词典》的简称,由法国启蒙思想家达朗贝尔和狄德罗于 1751 年开始编写,1772 年完成。该书概括了 18 世纪启蒙运动的精神。恩格斯称赞狄德罗是“为了对真理和正义的热诚而献出了整个生命”的人。因此,狄德罗被誉为“现代百科全书之父”。

从传播途径来说,启蒙思想家们的研究工作多是在社交活动中进行,记者、作家、公务员、知识分子及其他人,多聚集在沙龙、咖啡馆和科学院中共同砥砺思想、交流心得。在有些地区,大学也是启蒙运动的重要中心之一,比如苏格兰,出现了社会理性论思想家托马斯·霍布斯、人民主权和分权思想家约翰·洛克、共和思想家约翰·弥尔顿。最初的启蒙思想家多为受过高等教育的群体,他们通过报纸、杂志、书籍传播这些思想,比如作为体现启蒙思想家价值观的《百科全书》。当然,各地繁多的俱乐部也起了很大作用。甚至还有一些秘密团体也成为传播启蒙思想的渠道,如共济会就曾引入启蒙思想家的某些观点或主张。

在宗教领域,启蒙思想家的理性与批判性探究既能用来摧毁宗教,也能用来稳固信仰的基础。一方面他们对基督教的丑恶腐败现象进行了一针见血、毫不留情的批判,另一方面他们还提出了检验《圣经》的新方法,使得基督教经典的著述更符合开明信仰者的要求。还有一些较为激进的启蒙思想家试图用自然宗教的模式来取代基督教价值体系。如自然神论,使宗教真理与人类理性相通,从而超越各种教义纷争,具有普世性。最激进的启蒙哲学家则走得更远,他们甚至接受了彻底的无神论,从而具有某些唯物主义的特征。

在社会层面,启蒙运动在社会生活的各个方面都引发了现实的变革。无论是由启蒙思想家或其他社会团体自下而上发起的,还是由开明专制的君主自上而下领导的,这些变革都改变了当时人类的基本行为方式。工业革命、自由放任的经济理论、美国革命、法国大革命,所有这些都受到了启蒙思想的激励。

三、历史遗产

作为西方历史上重要转折点之一的启蒙运动兴起在英国,高潮在法国,直接实践在美国,影响了全世界。尽管启蒙运动最终被浪漫主义所取代,后世对它也褒贬不一,但都将其视为现代的开端,因为启蒙运动揭示了我们这个世界所面临的基本问题,尽管它没能给出令所有人都满意的答案。

启蒙思想家们有力地批判了封建专制制度及其精神支柱——天主教会,描绘了未来“理性王国”的蓝图,为资产阶级取得统治地位提供了思想上和理论上的准备。法国声势浩大的启蒙运动对封建制度进行了深刻揭露,为即将到来的法国大革命做了充分的思想准备。

启蒙运动还陆续传播到世界其他地区,启迪了人们的思想,动摇着封建统治。启蒙思想家们宣扬的天赋人权、三权分立、自由、平等、民主和法制等思想原则得到广泛传播,形成了强大的社会思潮,动摇了封建统治的思想基础,推动了资本主义的发展,促进了社会的进步。启蒙思想家们的许多著作也逐渐被介绍到中国和日本等亚洲国家,激励着那里的仁人志士为改造旧社会而奋斗。

总之,启蒙运动的最大价值和意义在于它对人本身的一种彻底解放,即人身的解放和思想的解放,或许这正是启蒙的真谛所在。

【专题研讨】

1. 永恒的微笑

达·芬奇的名画《蒙娜丽莎》,又名“永恒的微笑”,现收藏于世界上最大的美术馆巴黎卢浮宫,它是直接画在白杨木上的,画像面积不大,长 77 厘米,宽 53 厘米,悬挂于卢浮宫一处显要的位置,隔着厚厚的玻璃,每天以我们熟知的、神秘而永恒的微笑迎候数以万计的来访者。据统计,卢浮宫 90% 的参观者都不会错过这个“微笑”。博物馆的纪念品店每年售出的《蒙娜丽莎》纪念品超过 33 万件,包括明信片和拼图。《蒙娜丽莎》不但是卢浮宫的镇馆之宝,还是法国人的骄傲。蒙娜丽莎神秘的微笑引发了人们无限的遐想,究竟艺术家运用了怎样的技法,才将她的神态表现得如此完美?

(1) 背景知识。

达·芬奇(1452 年—1519 年)是一位意大利文艺复兴时期多项领域的博学者,同时是建筑师、艺术家、工程师、数学家、发明家、解剖学者,他无穷的好奇与创意使得他成为文艺复兴时期典型的艺术家,而且也是历史上最著名的画家之一。他与米开朗琪罗和拉斐尔并称“文艺复兴艺术三杰”。达·芬奇的父亲是地主,母亲是农妇,他在意大利佛罗伦萨附近的芬奇出生、长大。达·芬奇的《蒙娜丽莎》《最后的晚餐》以写实著称,对后世影响深远。

1502 年,达·芬奇开始创作《蒙娜丽莎》,耗时 4 年完成。1516 年,达·芬奇受法国国王弗朗索瓦一世的邀请,移居到法国的昂布瓦斯,担任宫廷画师,弗朗索瓦一世将克劳斯·吕斯城堡赠予达·芬奇作为其居所。这幅画也从意大利被带到了法国,国王花了 4 000 埃居买下了它,当时把它保存在枫丹白露宫。

《蒙娜丽莎》数百年来一直被誉为最名贵的肖像画,20 世纪 60 年代此画估价已达 1 亿美元。画中人是谁至今无法确切考证,据说所绘的是佛罗伦萨富商弗朗西斯科·吉奥康多的夫人丽莎·乔宫多。这幅画可以说是世界上最著名的油画作品,很少有其他作品能像它一样,被人审查、研究或演绎。这幅半身肖像油画描绘的是一位表情内敛的、微带笑容的女士,她的笑容有时被描写为“神秘的笑容”。

《蒙娜丽莎》或许是世界上拥有最多爱好者的一幅画。法国前总统戴高乐每当心绪烦躁时,必驱车前往卢浮宫欣赏《蒙娜丽莎》,出来后便满面春风,原先的烦恼荡然无存;铁娘子撒切尔夫人亦对《蒙娜丽莎》情有独钟,竟收藏了 4 幅赝品。

(2) 研讨论题。

《蒙娜丽莎》的技法与中世纪其他油画技法的区别。

(3) 思路提示。

在基督教思想支配下,哥特式艺术和拜占庭艺术在中世纪欧洲占据主导地位。意大利由于同罗马帝国的特殊关系,在艺术上受到拜占庭生硬、呆板、缺少个性的风格的影响较多。

达·芬奇的故乡佛罗伦萨是艺术家的摇篮,这里学术自由,艺术流派纷呈。他的启蒙老师是早期文艺复兴最著名的雕塑家和画家,他要求把艺术建立在科学的基础上,达·芬奇受到这些人文主义的熏陶后,作为文艺复兴兴盛期美术的奠基人登上历史舞台,充分全面地掌握了当时物质文化与精神文化的最高成就。达·芬奇是伟大的艺术巨匠和人类智慧的象征,他关于人的崇高概念,对现实世界的盎然兴致,对大自然的美的无限向往,对人类理性精神的真情领悟,无疑使他成为文艺复兴时代最卓越的人文主义者。

《蒙娜丽莎》这幅享有盛誉的肖像画杰作,代表了达·芬奇的最高艺术成就。为了创作这件不朽传世之作,达·芬奇先潜心研究蒙娜丽莎原型的心理,后作精确的数学计算,再勾画出素描底稿。可见,人文主义画家是把绘画建立在科学的基础上的。

达·芬奇在人文主义思想影响下,着力表现人的感情和愿望,以母性的温情和青春健美体现了人文主义思想,《蒙娜丽莎》成功地塑造了资本主义上升时期一位城市有产阶级的妇女形象。画中人物坐姿优雅,笑容微妙,背景山水幽深,表现了画家奇特的笔法,是人文主义者追求世俗精神的生动写照。

达·芬奇用《蒙娜丽莎》的艺术形象向欧洲中世纪压抑人性的神学统治和禁欲主义宣告:人不再是徒有形质,没有七情六欲的模具,也能够向人微笑。作品具有强烈的时代精神,蒙娜丽莎的微笑不仅成为这幅肖像画的重要特征,而且成为文艺复兴时期女性美的典型,生动地体现了一个新时代的精神美。《蒙娜丽莎》成为画家可以全力颂扬真善美的象征,成为西欧人们结束漫长中世纪痛苦生活的标志,正如恩格斯所说:“这是人经受煎熬而取得的最伟大的进步的转折点。”

2. 布鲁诺之死

1600 年 2 月 17 日,罗马鲜花广场上人山人海,在广场中央,耸立着高高的十字架,一位身体虚弱、头发像野草一样、穿着异端囚衣的犯人,被罗马宗教裁判所的铁链绑在一根高高的柱子上,在教会神父们劝说无效的情况下,犯人脚下的柴薪和旁边的书籍熊熊地燃烧起来,但这位被火焰和浓烟包围着的脸色苍白、眼睛凝望遥远天空的殉道者,最后的遗言是:“火并不能把我征服,未来的世纪会了解我,知道我的价值的。”这个人就是乔尔丹诺·布鲁诺。

(1) 背景知识。

布鲁诺(1548 年—1600 年),文艺复兴时期意大利著名的思想家、自然科学家、唯物主义哲学家和文学家,出生于意大利那不勒斯附近的一个小镇诺拉,父亲是军人。布鲁诺从 9 岁开始就在那不勒斯城学习人文科学、逻辑和辩论术。17 岁时进入修道院隐修。他系统学习了亚里士多德学派的哲学和托马斯·阿奎那的神学,24 岁时被任命为神父。1576 年,布鲁诺为逃避学术上的指控而开始了流浪生涯,云游欧洲传播"异端"思想。他在伦敦逗留了两年,著有《论无限宇宙和世界》《论原因、本原和统一》《诺亚方舟》。布鲁诺宣扬泛神论,反对天主教会的信条,如天主三位一体等,被罗马教廷指为"异端"。1592 年,他被人告发,被天主教宗教法庭控以"异端邪说"罪。监禁八年后,他始终拒绝放弃自己的信念,最后被处以火刑。

(2) 研讨论题。

教会为什么惧怕布鲁诺的天体论?

(3) 思路提示。

随着文艺复兴的传播,人文主义通过与自然主义的结合,解放了思想,开阔了知识视野。16—17 世纪,数学、物理学、化学、医学、生物学、天文学等自然科学历经几个世纪的停滞之后,挣脱了宗教神学的羁绊,显示出走向世俗化探索的趋势,尽管科学发展本身有一个渐进的过程,但天文学却是现代自然科学领域中最早走向成熟的知识领域。

中世纪最流行的天文学观点,是托勒密的"地球中心论"或"地心说"。它以当时人们的认识条件为基础,是正确的、科学的,代表了人类科学认识发展的最高水平。托勒密认为:"地球在世界的中央,静止不动,所有的重物都朝着它运动。"天主教会起初反对"地心说",后来发现它恰恰和上帝创造宇宙和人类的神话相吻合,也与天下教会是一家、罗马教廷是世界中心的观点相一致,因而把它奉为天主教会神圣不可侵犯的神学信条。谁否认这个信条,就等于否认教会的神圣权威,因而长期以来没有人敢对此提出疑问。

根据教会的宇宙观,上帝按自己的模样创造了人,创造了天和地,又创造太阳、月亮和众星来照耀大地。它们都是为了照耀人类而存在的,上帝就是一切的主宰,而教会则是上帝在人世间的代表。哥白尼的"太阳中心论"认为,太阳是世界的中心,而地球不是,他的"日心说"颠覆了教会所谓上帝选定地球为宇宙中心的谬论,从根本上动摇了基督教神学宇宙观的理论基础,把自然科学从神学中解放出来,引发了一场深刻的天文学革命。布鲁诺的宇宙观更为进步:太阳也不是世界的中心,宇宙是无限的,上帝绝不是存在于宇宙之外,而是存在于无限的宇宙之间。显然,布鲁诺的思想为天主教所不容,但他面对教会指控毫不妥协,成为现代科学与真理的第一个殉道者。

真理终将战胜谬误,正义定会击败邪恶。布鲁诺殉难289年以后,在社会舆论的压力下,罗马宗教法庭不得不为这位意大利杰出的思想家平反。“火并不能把我征服,未来的世纪会了解我,知道我的价值。”布鲁诺的预言,如今实现了。1886年6月9日,人们在鲜花广场布鲁诺遇难的地方为他立起一尊铜像,以表示对这位伟大人物的怀念和尊敬。荒诞的教会天球论被布鲁诺勇敢的思想所摧毁,荡然无存。无限的宇宙和广阔的世界展现在人类的眼前。

【拓展阅读】

1. [美] 梯利:《西方哲学史》(增补修订版),葛力译,商务印书馆,1995年。

2. [美] 勒纳、米查姆、伯恩斯:《西方文明史》,王觉非等译,中国青年出版社,2003年。

3. [美] 阿伦·布洛克:《西方人文主义传统》,董乐山译,生活·读书·新知三联书店,1997年。

4. [瑞士] 布克哈特:《意大利文艺复兴时期的文化》,何新译,商务印书馆,1979年。

【超级链接】

1. 人是一件多么了不起的杰作!多么高贵的理性!多么伟大的力量!多么优美的仪表!多么文雅的举动!在行为上多么像一个天使!在智慧上多么像一个天神!宇宙的精华!万物的灵长!

——莎士比亚:《哈姆雷特》,卞之琳译,作家出版社,1956年

2. 路德战胜了虔信造成的奴役制,是因为他用信念造成的奴役制代替了它。他破除了对权威的信仰,是因为他恢复了信仰的权威。他把僧侣变成了世俗人,是因为他把世俗人变成了僧侣。他把人从外在的宗教笃诚解放出来,是因为他把宗教笃诚变成了人的内在世界。他把肉体从锁链中解放出来,是因为他给人的心灵套上了锁链。

——马克思、恩格斯:《马克思恩格斯选集》(第一卷),中央编译局编译,人民出版社,2012年

3. 如果17世纪是路易十四的世纪，那么，18世纪是伏尔泰的世纪，确确实实没有他人能够更好地体现那个充满生机、璀璨光辉的时代。正是在这个世纪，自然科学采用新的方法发展起来，伏尔泰热衷于一切科学，正是在这个世纪，宗教、君主政治和贵族经历了一个彻底改革，伏尔泰是一个伟大的改革者。此外，他用超群绝伦的横溢才华，捍卫了新的原则，他以最清晰、最使人愉快的风格表达了那个时代深受欢迎的思想。

——葛力：《十八世纪法国哲学》，社会科学文献出版社，1991年

【思考题】

1. 论述文艺复兴在西方文明中的地位。

2. 简析德国首先爆发宗教改革的原因。

3. 试析启蒙运动与法国大革命的关系。

第十二章　发现新大陆
——欧洲文明的扩张

【学习重点】

1. 了解新航路开辟的深层原因。
2. 理解工业革命的影响及其本质。
3. 理解东西方文明的异同及其现代关系。

以意大利资本主义萌芽的出现为契机，西方文明在内在整合之际，也开始了向外传播。

1492 年 8 月 3 日，意大利人克里斯托弗·哥伦布带着西班牙国王的重托，开始了他横渡大西洋的航行。这支仅有 3 艘小船和 80 多名水手的船队在航行了 69 天后到达了巴哈马群岛，这是一片未知的领土。然而，就是这一稍显寒酸的航行，将要开启一个新的世纪。正是这次航行，激发了欧洲人向未知领域探索和发掘的热情，使他们在心中早已积蓄的征服冲动得以喷发和释放。而早在哥伦布航行 80 多年前，东方大明王朝也曾开展过世界航行活动，其船队规模之大（最多时宝船 62 艘，人员将近 3 万）、所到区域之广（东南亚、南亚、西亚、非洲等）当世无匹，然而，它不过是中国古代专制王朝的一次巅峰表演。它依然是中国传统文明或者说前现代思想的集中体现，它的旗帜上书写的是君子之道。与之相比，哥伦布的小船队虽然相形见绌，但它所代表的精神却是现代的。在其船头飘扬的是一面欲望之旗，上面彰显着对大自然的征服欲与控制欲，以及对物质财富的无限向往。此后，西方的“哥伦布”们，沿着新航路走向世界，其船头所到之处，便是西方现代精神及商品的流散之处。

第一节　新航路的开辟

所谓“新航路”可能并不新，许多地方在很早的时候就有人到过了。它之所以是新的，是因为所背负的精神是全新的。这一全新的精神将西方人推向了全世界。在这一意义上，所有的航路都是“新航路”。

一、欧洲新世俗精神的骚动

“欧洲新世俗精神”也就是近代或现代精神。说它是“新世俗精神”，是对应着古希腊罗马的传统世俗精神。如此称呼它，是因为这种新的世俗精神完全不同于古典世俗精神。

古希腊雅典被人们称为世俗生活的典型，其史学作品也往往被标上“人本主义”史学的标签。然而我们细致考察的话，古希腊作家、史学家、思想家却从未使用过“人本”这一词汇，也没有强调“以人为本”的生活原则。相反，我们看到的更多是对人性的悲观论调，苏格拉底、柏拉图、修昔底德、西塞罗、李维、塔西佗等思想家和史学家莫不看到了人性的局限，因此，他们都教导说，人要遵循道德和理性的指导而生活。也就是说，他们都承认有高于人的事物和秩序的存在。虽然普罗泰戈拉喊出了“人是万物的尺度”这一口号。但这不过表明，人生活在一个有秩序的宇宙中，而人在这个宇宙中居于最高位置，他可以管理万物。虽然人是最高的物种，但他并没有高明到冲破宇宙秩序而另起炉灶的地步，他依然受制于一种秩序或道德规范。换句话说，他依然是受造物而不是造物主。既然是受造物，就要遵循更高造物主所创造的宇宙秩序和规范。所以说，古希腊罗马人虽然重视人的生活，对生活充满自信和热情，但他们的自信是由于相信人是更高本原的最好产品才产生的。可以说，古人是根据某种作为终点的道德目标来要求自己的，这就诞生了古代精英专制和贵族精神。所以古代的人本不是普通人的人本，而是崇拜英雄、圣人的人本。

只有到了近现代，新世俗精神出现后，才产生了真正的“人本主义”。这时人类生活的核心完全转移到了所有人尤其是普通人身上，神或造物主已经退居幕后或被遗忘。英雄或圣人设定的目标也为普罗大众所不满，神和圣人的光环退隐之后，人们目光所及，宇宙不过是一个物质的存在，什么神圣信仰和贵族精神都是虚无缥缈的。对自己的物质生存和具体之物的追求和占有，逐渐成了人们生活的核心内容。经过了近千年的压抑之后,这一新的世俗化热情更是势不可挡。神及其秩序退隐之后,使人们认为自己就是这个宇宙的主人,他们将按照自己的心意来安排和处理这个宇宙。如果说古希腊罗马人是自信的话,近代或现代人则是自负的。关于人在宇宙中地位的变化,图示如下(图 12－1):

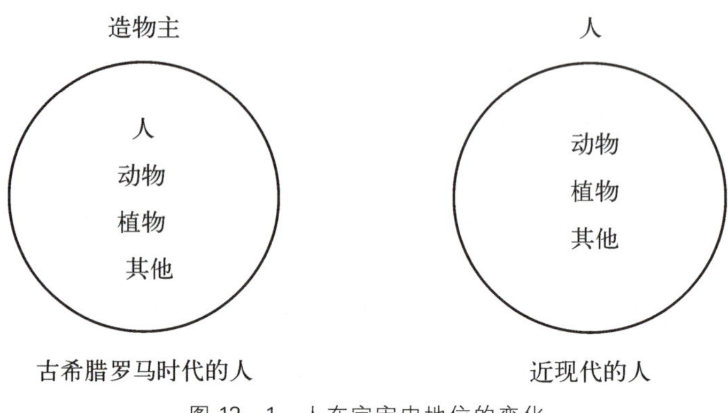

图 12－1 人在宇宙中地位的变化

自从人解放出来之后,人便寻求其意志的完全实现。而其意志最初的对象就是自然之宇宙。只有通过对宇宙的征服和驾驭,人才能够体验到主人的快感和安全。歌德笔下的浮士德正是这种新世俗精神的代表,下面是歌德对这一灵魂的描述:

> 一种纯净而不可描述的希祈,
> 驱迫着我,飘荡过丛林和原野,
> 而在盈眶的热泪所凝成的雾里,
> 我感到有一个世界——
> 为我而升起,为我而存在。
>
> ——《浮士德》

在这里,有一种明显的自我中心主义倾向。而这种唯我自是的情绪又是以极端浪漫和感伤的形式出现的。这种极具审美色彩的艺术气质本身却蕴含着极大的爆发力和破坏力。浪漫的感伤和自我沉迷,使浮士德意识到了自己的独一无二和唯我独尊。在这种极端的自我情绪中,宇宙已经失去了独立的存在,它变成了情绪和意志的奴隶。为了摆脱自己的孤独和被抛弃之感,他要向整个宇宙宣战,他要通过对外在宇宙的征服和驾驭来感悟自己的存在和摆脱孤寂状态。只有将宇宙变成了自己的私有财产,他才能证明自己的存在。所以,浮士德精神就成了一种悖谬结合体：自我的孤寂、沉迷与对外无穷扩张的结合、浪漫感伤与暴力的结合等。而现代人的精神状态正如浮士德一样，他们将审美与暴力完美地结合在一体。也可以说，歌德笔下的少年维特和浮士德是一个人，他们都是自我中心主义的表现。自爱自怜与自我放纵是现代人的一体两面。

二、新梦想实现的条件保障

在新世俗精神的感召下，欧洲人开始重新审视周围的世界。当然，对世界态度的转变是一回事，而将这一新态度付诸实践是另一回事。换句话说，欧洲人是否拥有了改变世界、驾驭世界的能力，是其新精神实现的关键因素。通过考察，我们发现，在 15 世纪的欧洲，向外扩张的各种社会和物质条件已经基本具备。而首先具备这些条件的是葡萄牙和西班牙，尤其是前者。在 14 世纪，欧洲经历了一次大萧条，这对小国来说冲击尤其严重。濒临大西洋的葡萄牙早在 13 世纪就开始了海上探险活动。而在 14 世纪的紧急情况下，这种航海活动得到了空前发展。正是在这种海上扩张的需求下，葡萄牙人才积累和创造了先进的航海技术知识。

首先，天文学知识和数学知识增长和创新。传统的指南针、罗盘、海程计算图已经不能满足远洋航行的需求，必须有一种新的导航体系。人们开始通过星辰来确定自己的位置和方向，而这就是天文学知识和数学知识大发展的开始。最初，这些天文知识来自伊斯兰教徒和犹太天文学家，后来葡萄牙人在此基础上进行了改进和创新。星盘和象限仪的使用就是其创新的结果。1485 年，葡萄牙人第一次使用星盘，不久又使用了象限仪，天文航海的世纪由此揭开。

其次，地理科学和绘图技术的进步。14—15 世纪，罗盘地图风行欧洲，它精确地标明了海岸线港口的位置及其障碍物。葡萄牙绘图员们根据对太阳星辰的天文观察绘出了纬度线，再加上星盘、象限仪对经度的确定，使其绘图技术成为欧洲最先进的技术之一。15 世纪，海梅在葡萄牙创办了著名的地图绘制学校，大大推进了地图绘制技术的发展，为航海活动提供了技术保障。

再次，造船技术的发展。为了便于海上活动，葡萄牙人在阿拉伯人三角帆船基础上创制了一种快帆船。这种快帆船长约 30 米，宽约 8 米，兼有横帆和三角帆，航行速度很快，还可以逆风行驶，特别适合远洋航行。快帆船的出现便利了葡萄牙人的海上扩张。

最后，政府大力扶持。如前所述，欧洲的经济萧条促使各国向海外寻找某种缓解的办法。其重要措施就是发展海外贸易、拓展海外市场、掠夺海外资源等。政府在这一方面是持积极态度的，最具代表性的就是葡萄牙王子亨利的海上活动。他网罗了大批奇人异士,为他的海上帝国梦积蓄力量。为此,他还建立了一所航海学校,传授和改进航海造船技术,为葡萄牙的航海事业做好了铺垫。正是在他的筹划和组织下,葡萄牙政府派出了一支支探险队,去勘察非洲西海岸和通往东方的航路。政府的积极介入,是欧洲人航海活动得以顺利展开的推进剂。

正是在现实社会中遇到的这些问题和积累的这些经验知识,再加上新精神的引领,才成就了欧洲人地理大发现和征服世界的梦想。

三、航海大发现

航海大发现的过程我们耳熟能详,葡萄牙人是这场运动的领跑者。亨利王子的海上帝国梦想可谓宏伟之至,他想与欧洲流传的神秘的基督徒皇帝约翰教士会面并结成联盟,共同征服摩尔人,成为非洲的统治者。在葡萄牙地图绘制人的作品中,约翰教士的王国在非洲东海岸或亚洲。在这一极富想象力的梦想指引下,亨利王子组织了一系列的探险活动:1434 年,吉尔·埃阿内斯绕过了非洲海岸最艰难的海角之一——博哈多尔角;1445 年,迪尼斯·迪亚士到达佛得角和塞内加尔河口,两年后,到达几内亚海岸,一个新的非洲区域向葡萄牙人敞开。在这里,他们初次闻到了黄金、胡椒、象牙的气息,贪婪之手也伸向了黑奴贩卖;1460 年,亨利王子去世时,葡萄牙航船已经到达塞拉利昂。此后,葡萄牙国王约翰二世继承亨利王子的宏伟事业,并将其推向高潮。约翰二世鼓励葡萄牙航海家们向南半球进发。1483 年,迪奥戈·康到达刚果河并与刚果建立友好关系。1487 年,巴托罗缪·迪亚士被约翰二世选派去非洲最南端探险。迪亚士沿非洲西南海岸南行,遭遇到了风暴,船失去控制,风暴则将他们向南大西洋推去,几经周折,最终在莫塞尔贝登陆。该地位于我们现在所知的好望角以东 320 公里处。迪亚士回国后,葡萄牙国王即命名他们所经过的海角为“好望角”。迪亚士是第一位绕过好望角的欧洲航海家。

接下来就是哥伦布的海上探险活动。在看到葡萄牙海上活动的丰硕果实之后,西班牙也蠢蠢欲动,这也是哥伦布能说服西班牙女王支持他航行的主要动因。他的活动成为近代世界的一种标志,并非虚名。不管葡萄牙人的探险活动是多么历史悠久,规模是如何庞大,收益是如何丰盛,都无法与哥伦布相比。因为葡萄牙人的探险不过是向已知世界探寻不同的通道,而哥伦布则是发现了一个未知的世界。他使欧洲人的眼光不再局限于已知的地中海世界,而是激励他们去探寻更广阔的世界。哥伦布的行为告诉人们,世界是广大的,还有许多未知领域等待人们去开拓,还有许多宝藏有待人们去发掘,更重要的是,人们现在有能力去征服和开发未知的世界。只有在对新领域的征服中，人类才能体现自己的主人地位，才能建立自己的自由王国。正是在这一意义上，哥伦布的远航才成为一个标志性的事件，它才称得上改变了世界历史的进程。它集中体现了一种新的世俗精神，在其引领下，西方开始走出中世纪的藩篱，并以不可阻挡之势崛起，将世界带入一个新的阶段。虽然哥伦布航海的暂时收益远不如葡萄牙，但长远看来，其意义和影响远在后者之上。

此后是达·伽马的航行，他开辟的西欧到印度的新航路，是在前辈葡萄牙航海家们艰辛努力的基础上摘得的胜利果实。1497 年 7 月，达·伽马奉葡萄牙国王之命，率领四艘船从里斯本南部的海港出发，从浩瀚的大西洋南下，绕过好望角，进入了印度洋。1498 年，他到达今肯尼亚的马林迪，在那里雇了一个阿拉伯水手引航。同年 5 月 20 日，达·伽马的船队横渡印度洋，抵达印度西岸重镇卡利卡特(也称科泽科德)。达·伽马不负众望，满载而归。他用葡萄牙的小型商品和毛织品等换取了胡椒、肉桂等东方物品，在欧洲售卖的利润超过其航海费用 60 倍。达·伽马航行的意义虽不如哥伦布，但也大大激发了欧洲人向东方获取财富和进行殖民掠夺的欲望。

西班牙人继承哥伦布的遗志，继续探索通向东方的道路。亚美利哥·韦斯普奇发现哥伦布所到的是一个新大陆，于是从 1507 年起，地图绘制者便称其为“亚美利加”。1513 年，巴尔沃亚发现太平洋。如何绕过太平洋到达东方，则成了麦哲伦的任务。他本来是葡萄牙航海家，但与葡萄牙国王不合，遂转投西班牙。1519 年 9 月 20 日，麦哲伦在西班牙国王的资助下，率领 5 艘帆船共 265 名船员人组成的探险队，从西班牙圣卢卡尔港起航，横渡大西洋。11 月底到达美洲巴西海岸，然后沿岸向南航行。1520 年 10 月，终于找到连接大西洋和太平洋的狭窄而难行的通道，后被命名为“麦哲伦海峡”。进入太平洋后，麦哲伦感念这一大洋的风平浪静，遂称其为“太平洋”。1521 年 3 月，麦哲伦船队到达菲律宾群岛。因卷入岛上部族的内讧，麦哲伦受重伤而死。其余船员越过马六甲海峡进入印度洋，1522 年 9 月 6 日回到西班牙。麦哲伦船队的探险求财之旅，无意中完成了人类历史上第一次环球航行，用实践证明了地球是一个圆体。如此，便为西方人肆无忌惮的贸易和殖民活动打开了方便之门，因为无论其从哪个方向出发，都能到达东方，还能回到原地。

这一次次的海上探险活动，刺激了西方人征服未知世界、掠夺世界财富的欲望，同时也增强了他们战胜海洋、征服世界的信心。他们航海活动的商业气息也越来越浓厚，世界经济和贸易的一体化进程由此揭幕。一系列的经济、政治运动也随之风起云涌。

第二节 欧洲工业革命

随着世俗欲望的增长和征服世界野心的膨胀,人类原有的体力劳动和物理能量已经不能满足其要求了。欧洲人需要超出人力的工具来助其征服和驾驭大自然,满足其无限增长的欲望和需求。而实现这些要求的前提是科学知识的大发展。新世俗精神也为科学的发展奠定了基础:随着对自然的宗教和道德解释的褪去,人们可以自由而客观地研究自然。科学知识的发展,为满足人们的欲望提供了保障。欲望的无限增长就促生了同样力量无限增长的机器。而机器及其产业的出现和发展,导致了欧洲另一场轰轰烈烈的运动——工业革命。

一、超人力的向往——机器的发明

技术革新和机器的出现是有一定规律的。它必然首先出现在能够带来更多利润的产业。而在 15—16 世纪的欧洲,最赚钱的行业就是纺织业,技术革新就先出现在这里。而新技术出现的流程却是从产品生产向原材料生产加工逆向运动的。最先出现的新技术是在织布这一环节,先是凯伊飞梭的发明,后是珍妮机、水力织布机、骡机的发明,这些都是为了提高织布速度。而织布速度提高后,又要求其他工序也要进行相应技术革新,如清除棉籽、梳棉、漂白、印染等环节。不久,整个纺织行业都进行了技术革新。

在一个追求欲望满足的世界,利润最终会成为其最理想的载体。而为了追求利润的最大化,必然会产生对效率的追求。正是对利润和效率的追求,才催生了资本主义经济或市场经济。所以,在市场经济逐渐成形的社会,必然会产生对生产的有效化和最优化之追求。而对效率和利润的追求与技术革新、机器发明又是不可分割的。由此,在市场经济模式下,每一领域的技术革新也就不再是孤立的和个体的行为,它必然迫使其他领域也进行革新,以便追上它的步伐。否则,整个生产体系将会出现停滞或者瘫痪。市场经济就是迫使所有人和所有部门不断提高工作效率并创造更大利润的经济生产模式,一旦某个人或某个部门出现停滞或落后状态,要么是他或它被踢出这个竞争体系,要么是他或它使整个体系瘫痪或停顿。因此,我们就会得出以下结论:新世俗精神促使人们去追逐利润和效率,而资本主义经济或市场经济就是满足人们利润和效率追求的最佳生产模式,而在市场经济模式下,经济生产和机器发明又是密不可分的。利润、效率、市场经济、工业革命构成了一个不可分割的整体，在这个整体中，任何个人或部门的生产行为都是一体的和互相影响的。因此，在市场经济模式下，纺织工业的技术革新必然不会是孤立的行为，它会促使其他部门一起进行技术革新。

当产品生产部门普遍采用机器之后，它必然会提出至少两个方面的要求：一个是制造机器所需的原材料充足；另一个是需要充足的动力源。这是维持生产的基础。因此，接下来的革新就出现在材料部门和动力部门。在材料部门中，最主要的就是炼铁业。为了满足日益增长的对机器的需要，铁的生产必须提高生产效率。于是就出现了一系列的技术革新，如煤焦炭混合石灰炼铁术、搅拌炼铁技术、碾轧铁片法等，还出现了鼓风机。同时钢的冶炼也有了新进展，出现了先进的冶炼法，如贝塞炼钢法、马丁炼钢法等。而铁和钢的冶炼需要大量的煤炭，煤炭采掘业也随之发展起来，并产生了新的技术和设备，如凿井机、曳运机、蒸汽抽水机等。纺织、冶金和煤炭就成了资本主义早期的三大支柱产业。

这时另一个亟待解决的问题就是动力问题。如何让机器不知疲倦地运转下去呢？传统的水力已经不能满足越来越多的产品需求。水力有季节性，又受地域限制，这些问题困扰着产业主们。1782 年，瓦特在前人研究的基础上改良了蒸汽机，缔造了动力史上的神话。这意味着，从此机器的生产能力将像脱缰野马一样漫无边际。人赋予机器这一能力之后，就在摆脱自然束缚和控制自然的道路上迈出了一大步。蒸汽机很快被应用到了纺织、冶金、采矿等各个部门。蒸汽机的广泛使用推动了工业部门的机械化，也推动了机器制造业的发展。因此，将蒸汽机称为第一次工业革命的标志，实至名归。

如果说纺织业、冶炼业、煤炭业和机器制造业构成了商品生产的四肢的话，蒸汽机就是它们的心脏。这五个部分形成了一个完整的商品生产体系。但是，仅仅是生产效率的提高还不够，生产只是市场经济的一部分。构成市场经济的另一大环节是销售。只有生产没有销售就不是完整的市场经济。而如果生产的效率提高了，销售的效率还停滞不前的话，市场也会瘫痪。因此，接下来就轮到销售环节的技术革新了。而影响销售效率的一个主要因素就是交通运输。于是，交通运输业掀起了技术革新的热潮。首先是道路的修筑、运河的开凿和铁路的出现。在道路方面，除了规模扩大和数量增加，还应用了新的技术，如耐久路面铺设法。英国在这个领域处于领先地位，到 19 世纪 20 年代，英国共铺设了 3 000 千米的公路，形成了一个发达的公路网。运河的开凿、内河航运的发展也突飞猛进。更让人振奋的是，铁路也出现了。19 世纪 50 年代到 60 年代，英国掀起了修筑铁路的热潮，到了 1870 年，英国铁路网已基本形成。

同这些交通路线相应的，是交通工具的改进。1807 年，富尔顿发明了蒸汽木船。1820 年，英国出现了蒸汽铁船，汽船时代开始了。1825 年，斯蒂芬逊制成蒸汽机车,火车时代从此开始。19 世纪 90 年代,汽车、飞机也随之出现。这一系列的技术革新就掀起了交通运输业的革命。人类生活至此就似乎插上了翅膀,向更高的目标展翅飞去。

这一系列的变革首先出现在英国,而后便蔓延至整个欧洲。工业革命使欧洲人实现了质的飞跃,它以机器的无限力量代替了人自身有限的物理力量。从此,人们就可以借助机器的力量来驾驭和改造这个世界。自然世界开始渐渐隐退,代之而起的是一个人造的世界。

二、机器体系的建立和人造世界的开始

机器具有高效性、准确性、标准化、恒久性等特点,这些特点正是人类无限欲望得以实现的寄托。人们越来越希望像机器一样,以无限而恒久的力量来对抗任何的偶然和有限,从而实现自己无限的意志。他们很快便开始以机器的标准来规范自己的生活。由此,一个人机合一的社会便出现了。在一个机器化的社会,所有的物品都将不再是自然的,而是人通过机器和技术制造的。在一个人造的世界内,自然的领地必将越来越少,直至消失。美国科幻片《机器人瓦力》以天才的眼光洞察到了这一远景:自然之地球已经被开发殆尽,人类制造的机器及物品布满了地球表面。而机器垃圾和污染也已经摧毁了任何生物在地球存活的可能性,人类不得不迁离地球,居住在纯粹人造的宇宙飞船上。留在地球上的是清理垃圾的机器人,它们就像西西弗斯一样,日复一日重复着那单一的清理动作,无望又无助。而生活在飞船上的人们,则完全失去了自然特征,被塑造成了同机器人一样的万能博士。这时人真的是心想事成了,机器人可以为人提供任何他想要的东西。人所有的工作就是坐在一个可以随意移动的躺椅上按按钮。人的一生也是在躺椅上度过的。人已经摆脱了一个自然人所有的忧愁和烦恼、欢喜和悲哀、希望和梦想,如此,人和机器人也就没区别了。换句话说,在人制造机器的同时,人也被机器所制造了。

然而,这是一条不归路。初次体会到机器好处的欧洲人完全沉浸在欣喜之中。欧洲各国由此相继走上了机器大生产的道路。在地球还没有被开发完毕之前,他们是不会停止前进脚步的。

第三节　世界殖民扩张

对利润的追求、市场经济的发展和机器大生产的普遍展开,决定了欧洲人要冲

出欧洲，走向世界，对外殖民活动便轰轰烈烈地展开了。

一、疯狂的殖民竞赛

最初的殖民活动在新航路的探索过程中就已经开始了。在哥伦布和达·伽马等人的航海活动中，已经清晰地表明了其殖民的意图。哥伦布第一次航行到巴哈马群岛时，即宣布所到之地皆归西班牙所有。第二次远航到美洲后，他在伊斯帕尼奥拉岛建立了一个殖民地，他本人就是这个殖民地的第一任总督。达·伽马于1502年被授予海军上将军衔，率领一支武装舰队再次前往印度，途中用武力洗劫了阿拉伯商船。到印度后，炮轰卡利库特，屠杀当地居民，修建要塞，以取得对印贸易垄断权。

作为新航路探索的先行者，葡萄牙和西班牙就这样率先开始了大规模的殖民活动。葡萄牙自西向东，经非洲向西亚、南亚、东南亚和太平洋挺进，沿途建立了一系列殖民地和商站，如几内亚、印度的卡利库特、马六甲、爪哇、摩鹿加、日本的九州和中国的澳门等。西班牙在将广大的中南美洲收入囊中之后，继续向太平洋进发。于是，两个疯狂的殖民贩子在太平洋上迎头相撞，不时出现武力冲突。为了避免世界大乱和双方同归于尽，教皇出面调解双方的矛盾，于是有了1494年的《托德西利亚斯条约》。条约规定，在佛得角以西370里格（1里格等于6千米）的地方从北极到南极画一条线，将世界分为两半。葡萄牙得到了这条线以东的殖民垄断权，西班牙人则得到了这条线以西的殖民垄断权。这条线就是有名的“教皇子午线”。两个老牌殖民帝国据此瓜分了世界。

但是，由于葡萄牙和西班牙国内的封建因素残留过多，市场经济发展不太顺畅，整个国力增长速度稍慢，这就为后来者的赶超留下了空间。荷兰、英国、法国等国家的市场经济和工业革命都比葡、西两国发达，很快它们就相继加入了分割世界活动的行列。它们的行为方式可分为两种：一种是抢夺老牌殖民者的地盘，另一种是抢占新的殖民地，以后者居多。如荷兰通过与葡萄牙的一系列战争夺取了在印度尼西亚等地的贸易权；又向美洲大陆的大西洋沿岸渗透，在圭亚那和安德烈斯群岛设立商站；在北美，于1622年在哈德逊河口建立了新阿姆斯特丹，1623年从葡萄牙手中夺取了巴西，1624年侵占中国台湾南部；1648年又将南非的开普敦变为殖民地。英国则积极向北美挺进，1584年建立了弗吉尼亚殖民地，此后一系列殖民地相继建立；它还开始向印度渗透，通过排挤葡萄牙的势力，逐渐在印度站稳了脚跟。法国也开始在北美展开殖民活动，1608年在北美北部建立魁北克殖民地，在南部则建立了新法兰西、路易斯安那殖民地；在非洲，法国在摩洛哥、塞内加尔、马达加斯加等地建立了移民点;法国还在印度占领了部分殖民地。如果说15—16世纪是葡萄牙、西班牙的世纪的话,17世纪则是荷兰的世纪,此后就是英、法纵横天下的时代。

这些疯狂的殖民活动给世界带来了巨大的变化,整个世界被迫卷入了以近代西方政治经济模式为主导的时代,一个以西方价值为标准的统一的世界正在浮出水面。

二、世界市场的形成

通过一系列的殖民活动,整个世界逐渐形成了一个统一的市场,这个市场运行的是近代资本主义的法则。而推动各殖民地的资本主义化和建立市场经济,并不是殖民者的初衷,而是他们疯狂掠夺活动的副产品。

在殖民活动的开始阶段,无论是资本主义发展程度较高的国家,还是发展程度较低的国家,其殖民方式都是自私而野蛮的武力掠夺。西班牙在拉美的野蛮暴行更是闻名世界。臭名昭著的殖民头子科泰斯和皮萨罗,通过使用阴险而残暴的手段,生生灭杀了中南美洲的两大帝国:阿兹特克帝国和印加帝国。西班牙在接下来的殖民统治中,使用杀鸡取卵式的手段,肆无忌惮地驱使印第安人、黑人奴隶开采金银矿。从1500年到1650年,大约16 000吨白银、180吨黄金流入西班牙。英国殖民者开始也是使用直接掠夺的方式进行统治。在武装占领印度之后,英国人勒索的手段有如下几种:一是赔偿费和其他赔款,这是对战争的补偿;二是在拥立省督时向印度人勒索“酬金”和“礼金”;三是通过增加田赋税收进行掠夺。据统计,从1757年到1815年,英国从印度掠夺的财富高达10亿英镑。

当这种杀鸡取卵的方式用到极致,再也无法榨取出价值时,殖民者才会考虑用其他方式来进行进一步的掠夺,这种新的殖民方式就是帮助殖民地资本主义化。英国殖民者在印度原有的封建生产关系已经无法为其提供更多的收益时,开始对印度的土地关系进行改造,以使其农业生产适应英国资本主义经济发展的需要,他们实行了一种新的税赋方式——柴明达尔制。柴明达尔本是以前孟加拉的世袭包税人,英国人赋予了其新的任务。新的规定如下:包税人成为土地所有者,由他们直接向政府缴纳土地税——田赋。根据土地税税额的制定方式,又分为固定柴明达尔制和不固定柴明达尔制。不管固定还是不固定,都促进了印度农业中资本主义生产方式的出现。这些包税人就是最初的农业资本家。后来,农产品的价格上涨,固定的货币土地税对英国殖民者日益不利,于是他们又改换了另一种税收方式——莱特瓦尔制。新税制规定:个体农户成为土地所有者,同时他们也是土地纳税人。他们将处于东印度公司的直接控制下，应缴的土地税税额要由公司确定。无论公司的税额是多是少，这种税制本身已经承认了农民土地私有者的身份。拥有私有财产、独立生产身份和自由处理剩余产品的权利，这已经是资本主义性质的事物。莱特瓦尔制在少数包税人成为农业资本家之后，又将广大农户变成了土地私有者（小资本家）。这就进一步推进了印度农业的资本主义化。殖民者的无心之举就这样造就了殖民地的资本主义化，尽管大多数是一种扭曲的资本主义形式。其他殖民国家也和英国殖民者一样，经历了这样一个转化过程。

欧洲殖民者的活动就这样以一种扭曲的形式将资本主义生产方式推销到了全世界，一个世界市场逐渐形成。这个市场以欧洲殖民国家为中心，这些国家是宗主国，是世界生产的中心，它们从殖民地获取材料，又将产品再销往殖民地获取利润。而殖民地则构成中心的外围，它们是附属国，是宗主国的原料产地和产品销售市场。尽管这一世界市场体系还有着严重的剥削和不平等，但也不失为世界一体化的成果。这种不公正和不平等的世界体系，不可避免地引发斗争。

第四节　文明的大碰撞

欧洲的扩张势必引起西方文明和其他不同文明间的交流和冲突。在经历了一些复杂而反复的碰撞之后，近代西方文明逐渐显露出其可取性的一面，并因其一时的强势，使得其他文明或主动或被动、或显性或隐性地受到它的影响。

一、传统与现代的相遇

在《西方的没落》一书中，斯宾格勒提到了九种文化（文化后期则演化为文明），西方文化只是其中之一。在他看来，九种文化是独立的和平等的，每种文化都有其产生、发展、繁荣、衰落的过程，不宜作高低之分。汤因比在其巨著《历史研究》中也提到了几十种文明，同样承认各个文明的平等，与斯宾格勒不同的是他承认文明间的联系性。虽然两位巨匠都赞同文化或文明的平等，但不可否认的是，他们的著作中依然不自觉地流露出西方文化或文明的优越性倾向。

斯宾格勒眼光之独到在于，他将西方文化与古典文化（希腊文化）、基督教文化区分了开来。这就和流俗所认为的西方文明来自雅典和耶路撒冷有所不同了。斯宾格勒的天才洞识给我们的启示是：我们平时所认为的自希腊起源一以贯之的西方文明是不存在的。西方文明发生了某种断裂，这使之分裂为特征截然不同的三段：第一段是古希腊罗马文明，第二段是中世纪基督教文明，第三段是近代西方文明。而斯宾格勒所描述的西方文化正是其近代阶段的特征，如上所述，近代西方文化的核心特征是浮士德精神。而正是这种精神使之与其他文明的冲突不可避免。这种精神现今被我们定义为近代精神或现代精神，即现代性。据此，所谓的文明间的冲突，就是以近现代西方文明为一方，其他文明为另一方的冲突，也可以说是传统与现代的冲突。

亨廷顿著名的《文明的冲突与世界秩序的重建》一书，将文明间的冲突描绘成不同宗教文化间的冲突，恰恰掩盖了冲突的实质。亨廷顿显然没有理解斯宾格勒和尼采对现代基督教信仰的深刻洞识，他们认为，基督信仰要么已经被现代人改造，使之成为浮士德精神的俘虏，要么就是徒具形式的教条主义。在现代人心中，宗教信仰已经成为无根之木。所以，真正的冲突还是现代和传统的冲突。以满足个人自由意志和欲望为目的的现代精神，对于绝大多数人来说，诱惑力似乎不可阻挡。亨廷顿的担心与其说是担心现代精神的命运，不如说是担心现代精神的果实和领袖地位被非白种人所攫取。

二、交流和碰撞

西方文明在向世界传播的过程中，有一个一般性的规律，就是：传教士尤其是天主教传教士先行来到，进行基督教的传播，但效果都不显著，最终受到殖民地人民青睐的是近代西方文明及其世俗科学知识。随着西方的逐渐强大，这种文明交流也由最开始的双向交流渐渐变为近代西方文化向殖民地的单向流动。

在欧洲，科技还不太发达之时，他们也需要向不同地区的人学习先进技术。如达·伽马在航海过程中曾向阿拉伯航海家请教，如果没有后者的帮助，达·伽马就不可能顺利到达印度。当然，欧洲人也把他们的技术传播到所到之处，如利玛窦等传教士到达中国后，将天文历算、几何、简单机械制造等知识传授给中国知识分子。

在艺术领域，也出现了同样的交流。欧洲人在世界其他地方建造了大量的教堂、堡垒和宫殿，将当时风行欧洲的巴洛克风格带到了全世界。世界其他地方许多建筑都受到了这种风格的影响。北美殖民地在巴洛克风格的基础上创造了简洁明快的佐治亚风格。同样，欧洲人也受到了东方艺术的影响，例如：受中国瓷器和家具的启发，欧洲人也开始在其上面绘上彩色图景；受中国建筑的影响，欧洲人也开始建造中国式楼阁和园林。

在宗教文化领域，也出现了某种程度的交流。在这方面，耶稣会士是欧洲宗教传播的先锋，他们的传教活动取得了一些成果。在中国，利玛窦积极在上层传教，徐光启、李之藻、杨廷筠等著名士人都成了基督徒，这似乎是文明融合的好势头。不仅如此，儒家文化也在欧洲产生了影响，中国的政治被耶稣会士描绘成一群理性官僚的精英统治，科举制度则保证了对优秀人才的选拔。中国的这种文官制度引起了许多欧洲人的狂热崇拜，伏尔泰、莱布尼茨是典型代表。这对欧洲理性文官制度的建立和健全起到了某种推动作用。

由此看来，在初期，文明上的这种交流、互鉴和融合似乎让人较为乐观的，其交流也显示出某种平等。但随着交流的深入、扩大及西方的逐渐强大，这种表面上的平等和融合就发生了转变。

以日本和中国为例，耶稣会士的传教活动看似硕果累累，但却经不起推敲。首先，这些信徒的信仰动机令人怀疑。他们要么是羡慕耶稣会士的先进技术而信教，要么是将之当做求福避灾的保护伞，要么是好奇。所以，他们的信仰极不稳定，来得快去得也快，真正出于深入理解基督教义而信教者寥寥无几。利玛窦常常抱怨信徒的成分和素质，原因就在于此。其次，信徒质量不高与耶稣会士的传教策略也有关系。这些传教士急功近利，盲目追求数量，为此他们不惜采用非常手段，甚至修正和篡改基督教本来的教义。利玛窦就是典型代表，他传教的方式灵活多变，一方面靠先进技术知识吸引儒家知识分子，另一方面采用合儒的方式，将基督教教义的某些内容与儒家思想牵强地联系在一起，吸引儒家信徒。他这些方式短期内使信徒数量增加了许多，但质量上则无法保证，他们是不是真正的基督徒还是问题。正缘于此，才有后来的龙华民来清除这些扭曲的因素，改变合儒之策略，而这恰恰导致了传教士在中国被驱逐。这就涉及当地政府和人民的兴趣取向。当地政府和人民感兴趣的恰恰不是传教士们的宗教，而是其先进科学技术。如日本基督信徒最多的地区是西南沿海地区，之所以如此，是由于西南大名急于获得西方人的火器，所以才对传教士礼遇有加，允许他们自由传教。而当传教士失去价值或其传教威胁到大名的统治时，就会被迅速叫停和禁止，日本 18 世纪盛极一时的锁国政策就是由此而起。而中国政府和官员也是如此，他们也想利用传教士的科学技术为统治服务，对于其宗教不过是把玩光景而已。徐光启、李之藻更喜欢利玛窦带来的几何地理知识，清廷则是尽量利用传教士的天文历法知识。所以汤若望、南怀仁等在钦天监任职的传教士总是慨叹，自己真正的传教任务没有完成。所以，西方宗教文化在东方的传播并不理想。

综上所述，非西方的文明在同西方宗教文化的交往过程中，因为二者在某种意义上都是传统文明的体现，融合起来难度较大。就传统文明追求的都是一种道德偶像而言，就不存在谁高谁低的问题。如此，也就牵涉不到用谁来代替谁的问题，这也就决定了传统文化间相互移植是非常难的。而西方近代文明则完全是一种现代文明,和传统文明截然不同,它打破了精神的高度,转而信奉现实的力量,这对所有其他传统文明(包括基督教)都是威胁。

这种威胁和传统的威胁大不一样,在此同样以中国为例来说明。中国历史上中原也曾被北方游牧民族暴力入侵过。但儒家文明却没有受到挑战,反而还将外来者儒化了。究其原因,是因为这些游牧民族入侵依靠的力量依然是传统性质的,它依然局限在人之自身物理力量限度内,不具有持久性和扩展性。然而,这次的对手——西方近代文明——却大为不同,它所拥有的力量已经远远超出人身之外。不仅如此,征服未知宇宙的愿望使其力量还在不断地增长。使其超越自身的力量来自科学和机器,而科学同西方人的现代生活品性是合而为一的。当把传统的道德当成生存的附属品后,现代西方人的巨大能量便释放出来。他们可以无所顾忌地强化自己生存的手段。科学便成为其现代生活品性的自然结果,后者催生了前者,前者支持和维护着后者。

【专题研讨】

1. 哥伦布与郑和

从近代起跑线上将东西方进行一番对比,一直是人们比较感兴趣的话题。这一比较牵涉到方方面面,其中一个焦点就是这一时期东西方航海成就的比较。而哥伦布和郑和就成了东西方航海家及其成就的典型代表。对这两个人的比较,从一开始就不是简单就事论事。这一个案后面反映的是东西方社会文化的整体发展趋势和走向,大概就是这一话题一直保持热度的原因之所在。

(1) 背景知识。

对郑和与哥伦布两个伟大的航海家的比较研究,呈现出多种理论倾向,其中具代表性的有两种:一种是对哥伦布的赞扬和对郑和的批评;一种是对二者一分为二的评价,各有所长,各有所短。

第一种倾向以罗荣渠先生的研究(《15 世纪中西航海发展取向的对比与思索》《历史研究》1992 年第 1 期)最具代表性。他认为,二者航海的性质完全不同。郑和航海依然是王权朝贡制度、册封制度的表现,其活动完全受制于政治,其组织形式也是劳民伤财的国家组织形式。而以哥伦布为代表的西方航海活动是在重商主义潮流下的产物,国家支持私人海上开拓和探险,其组织形式更具有主动性和民间性,由此揭开了西方全社会的资本主义殖民和开拓时代。

第二种倾向的代表是何芳川先生,他在《文明视角下的郑和远航》(《北京大学学报》(哲学社会科学版)2004 年第 5 期)一文中,颂扬郑和下西洋的正面价值,尤其是突出其代表的古代中华文明的一种基本精神——和平精神。其批判的矛头则指向了西方基督教文明及其现代文明的暴力和野蛮。

(2) 研讨论题。

哥伦布与郑和的多维比较。

(3) 思路提示。

在上述两种倾向中,第一种仍然占优势。当我们跳出先入为主的传统或现代思维模式,客观地去看这两人时,我们会发现,他们分别代表了不同的人生理想及社会构想。

对郑和代表的传统文化来说,人的目标就是成为君子。传统社会更为看重精神品行上的高度。

而哥伦布等人航海已经不是为了道德上的目的,它只是为了世俗利益和欲望。

2.“双面人”——传教士

传教士为人们所熟悉,并不仅仅是因为其独特的信仰和传教活动,而是这一身份所代表的文化符号。作为西方文化殖民活动的先行者,传教士集中体现了东西方文化的冲突和矛盾。两种不同文化大规模交流和碰撞、征服和妥协也就此展开。时至今日,这一冲突和交流还在继续。

(1) 背景知识。

在人们已有的印象中,传教士是西方殖民活动的先锋。在商人们还没有到达之前,传教士尤其是耶稣会士已经在陌生的世界展开艰难的传教活动了。耶稣会的创始人是西班牙贵族依纳爵 · 罗耀拉。1540 年教皇保罗三世认可耶稣会是天主教的一个正式修会。

耶稣会的基本宗旨是塑造贞洁、忠诚的上帝之战士。它建立了自己独特的组织,以培养别具一格之传教人才。在组织和管理上,耶稣会仿效军队编制,以军人的服从原则作为首要原则;在教育上,除神学教育,还引入现代科学知识,成为耶稣会正式会员要进行 15 年左右的训练。

在欧洲人殖民的过程中,殖民势力与教会紧密合作。于是殖民活动推进到哪里,传教活动就开展到哪里。为此,还出现了著名的“保教权”之争。葡萄牙和西班牙在争夺海外殖民地过程中,也在争夺势力范围内的宗主权和宗教裁判权,以至于引出了著名的“教皇子午线”。

(2) 研讨论题。

文化殖民者抑或文化传播者——传教士之我见。

(3) 思路提示。

从传教士的知识结构来看,他们集神学和近代科学知识于一身。正是这种博学使他们在传教时较易赢得其他地方知识分子的信任和尊敬,便利了他们的传教。

其近代科学知识在其他地方的传播也起到了某种启蒙性质的推动作用,但他们的传教初衷和心态则不利于其与陌生世界知识分子的深入交往。保罗等使徒向外邦人传教时,一直有一种"贬低—施舍"的心态。

传教士的潜台词是:相对于基督教,任何其他文明都是有残缺的甚至是堕落的,需要基督教去拯救它。这种心态就很容易产生同其他民族的冲突。此外,也容易出现传教的功利倾向,即只注重数量而不重质量。结果,传教活动要么以冲突和战争结束,要么以虚假的征服收场。

【拓展阅读】

1. [美] 斯塔夫里阿诺斯:《全球通史:1500 年以后的世界》,吴象婴、梁赤民译,上海社会科学院出版社,1999 年。

2. [美] 保罗·肯尼迪:《大国的兴衰》,蒋葆英等译,中国经济出版社,1989 年。

3. [法] 费尔南·布罗代尔:《15 至 18 世纪的物质文明、经济和资本主义》,顾良、施康强译,生活·读书·新知三联出版社,2002 年。

【超级链接】

1. 我们可以说,正是因为宇宙不可理解,人类才能确保智慧的实现……只是因为对于人道没有什么来自宇宙的支持,人类才能够成为主宰。只是因为他在宇宙中完全是个陌生人,他才成为了主宰。只是因为他被迫成为主宰,他才成为了主宰。既然宇宙不可理解,既然对于自然的控制并不需要理解自然,那么,他对于自然的征服就并不存在什么可知的界限。他失去的只是锁链,得到的将是一切。

——[美] 施特劳斯:《自然权利与历史》,彭刚译,
生活·读书·新知三联书店,2003 年

2. 资产阶级在它已经取得了统治的地方把一切封建的、宗法的和田园诗般的关系都破坏了。它无情地斩断了把人们束缚于天然尊长的形形色色的封建羁绊,它使人和人之间除了赤裸裸的利害关系,除了冷酷无情的"现金交易",就再也没有任何别的联系了。……总而言之,它用公开的、无耻的、直接的、露骨的剥削代替了由宗教幻想和政治幻想掩盖着的剥削。

资产阶级抹去了一切向来受人尊崇和令人敬畏的职业的神圣光环。……

资产阶级撕下了罩在家庭关系上的温情脉脉的面纱，把这种关系变成了纯粹的金钱关系。

……一切固定的僵化的关系以及与之相适应的素被尊崇的观念和见解都被消除了，一切新形成的关系等不到固定下来就陈旧了。一切等级的和固定的东西都烟消云散了，一切神圣的东西都被亵渎了。人们终于不得不用冷静的眼光来看他们的生活地位、他们的相互关系。

——［德］卡尔·马克思：《共产党宣言》，《马克思恩格斯选集》（第一卷），中央编译局编译，人民出版社，2012 年

【思考题】

1. 简述西方近代航海大发现的性质。

2. 评述新航路开辟后东西方文化的交流和碰撞。

第十三章 自由女神

——西方近代制度文明

【学习重点】

1. 了解现代政体的形成和变迁。
2. 了解亚非拉民族民主运动的特点。
3. 理解现代政体的特点和局限。

从大洋彼岸来的船只驶入纽约港时，首先映入眼帘不是高楼大厦，而是一座巨大的雕像——自由女神像。雕像坐落在哈德逊河口的自由岛上，出入纽约港的游客都能看到它。这座女神像是法国送给美国的国庆礼物，由法国雕刻家弗雷德里克·奥古斯特·巴托尔迪历经10年，于1884年5月完成，然后运抵纽约，1886年10月安装完成。自由女神像的整个雕像高达93米。女神手握火炬，向空中高高举起，目视前方，姿态优美。女神身穿长袍，头戴光芒四射的冠冕，七道尖芒象征世界七大洲，右手高举象征自由的火炬，左手捧着封面刻有“1776年7月4日”字样的《独立宣言》，脚下则是打碎的镣铐。女神神态端庄安详，目光坚毅而果敢，迎接着来自世界各个角落的贫苦大众，为他们高举起自由的火炬，引领他们走上自己当家做主的新生活。在基座上，镌刻着美国女诗人埃玛·娜莎罗其脍炙人口的诗句：

送给我，
你那疲乏的和贫困的，挤在一起渴望自由呼吸的大众，
你那熙熙攘攘的岸上被遗弃的可怜的人群，
你那无家可归饱经风波的人们，
一齐送给我，
我站在金门口，高举自由的灯火。

自由女神像被认为是欧洲近代政治精神的集中体现。而对自由和民主的追求，是近代欧洲文明内在精神发展的自然结果。对世俗欲望的承认势必导出这一结论，即私有财产神圣不可侵犯。为每个人创造自由发展的环境也就成了政治的主要任务。在自由追求个人权利面前，所有人都是平等的，自由和平等就成了现代政治中的孪生兄弟。而自由和民主则是通过一系列的革命运动实现的。

第一节　资产阶级的革命运动

在新精神的启蒙之下，欧洲诞生了一个新的阶级，即资产阶级或市民阶层。他们需要自身生命财产的安全和自由，这就要求市场和政权的统一和稳定。而中世纪神权和王权之间、王权与王权之间的争斗致使欧洲陷入分裂割据的局面，使资产阶级的意愿难以达成。他们迫切需要一个强有力政权能够结束这个混乱的局面。正是如此，资产阶级才和王权结合起来，一起对付封建贵族和教皇。所以，在中世纪后期就出现了消灭封建贵族、加强王权的倾向。然而这也给国王们一个错觉，以为他们从此就可以权倾天下、为所欲为了。殊不知他们此时权柄的支撑是资产阶级，已不是古代的小农阶层。这一政权是要为资产阶级服务的，如果国王们再像古代独裁君王颐指气使、为所欲为，破坏了市场及其法则，资产阶级是不答应的。认识不到这些，就很容易引发资产阶级革命。越是肆无忌惮的君主，引发资产阶级革命的时间就越提前。

这场发起于 16 世纪的民主政治风潮延续了四个多世纪。一般认为，它始发于尼德兰，著于英格兰，盛于法兰西，光大于美利坚。

一、尼德兰革命

16 世纪的尼德兰相当于今天的荷兰、比利时、卢森堡与法国的东北部一带，它是当时欧洲资本主义因素发展最快的地区，其都市化程度也最高。手工工场已经发展到各行各业中，用资本主义方式经营的公司也出现在许多行业中。商业发展也很迅速，南部的安特卫普是欧洲最重要的贸易集散中心和金融信贷中心。欧洲各国的商品在这里汇集、转运，各国金融家也在这里从事证券交易和商业活动。北部的商业中心是阿姆斯特丹，在这里出现了世界第一家股份制公司——荷兰东印度公司(1602 年)，而其雏形是 1560 年尼德兰商人建立的一个股份公司。而股份公司的出现也催生了世界上第一个证券交易所——阿姆斯特丹证券交易所(1609

年)的出现。种种迹象表明,尼德兰资本主义经济的发展已经走在欧洲和世界的前列,它对稳定的政治和统一的市场的需求也是最迫切的。但它却碰到了欧洲最为保守也最霸道的统治者——西班牙国王查理一世和腓力二世。

到了16世纪,在经历了一系列的联姻和继承等活动之后,尼德兰沦为西班牙的附属地。而作为天主教的大本营,西班牙的统治是以严苛和保守著称的。作为航海活动的领跑者,西班牙却并没有成为新生产方式的开拓者,反而是以传统的方式来经营它的殖民地。查理一世和腓力二世任命的尼德兰总督握有全权,可以随意破坏市场的规则和城市的法制,还以天主教的名义大肆迫害尼德兰新教徒。在尼德兰,新教徒与新兴资产阶级几乎是同一个阶层。所以,无论是对市场的破坏,还是对新教徒的迫害,打击的都是资产阶级。这就不可避免地招致日益强大的资产阶级的反击。

首先行动起来的是与资产阶级关系密切的贵族们。1566年4月,以奥兰治的威廉亲王为首的“贵族同盟”向总督玛格丽特提交请愿书,要求取消苛刻的法令和暴力统治工具,但腓力二世拒绝让步。贵族和资产阶级正在商量对策时,群众的自发性运动把他们推向了革命大潮。同年8月,佛兰德斯市民开始了浩浩荡荡的“破坏圣像运动”,他们冲进天主教的教堂和修道院,捣毁了圣像,并没收了教会财产。这一运动很快蔓延至整个尼德兰。贵族和部分资产阶级还没有做好与西班牙政府正面冲突的准备,曾一度退却,尽量不卷入市民的暴力行动。但西班牙更残酷的镇压和统治很快就威胁到了他们的生存,他们被迫走向了革命。奥兰治亲王逃亡国外,积极组织反西班牙武装力量,多次向尼德兰北部发起进攻。留守在尼德兰的群众则组成了森林游击队和海上游击队,坚持与西班牙军队作斗争。在内外长期的斗争下,尼德兰北方诸省相继解放。1573年,北方诸省实际上已成为一个独立的国家,奥兰治亲王被拥立为各省总督。南方解放的步伐比较缓慢,南方大资产阶级和贵族屡屡向西班牙政府妥协,致使革命成果一再丧失。无奈之下,北方各省于1579年1月结成“乌特勒支同盟”,宣告永不分裂。并于1581年7月宣布独立,成立联省共和国,即荷兰共和国。西班牙国力的日趋衰落,已无法再征讨联省共和国。1609年,西班牙政府被迫于与荷兰签订休战协定,这其实就是变相承认了荷兰独立之事实。荷兰独立在国际上的承认,是通过1648年《威斯特伐利亚条约》实现的。至于南方诸省,则形成后来的比利时和卢森堡两国。

尼德兰革命是历史上首次资产阶级革命的胜利。其胜利不仅体现在阶级力量上,还体现在其政治模式上,其政权性质是君主立宪形式的。各省代表组成的三级会议是最高权力机构,总督或国王是行政首脑,受议会监督。这一切都表明,荷兰共和国是历史上首个资产阶级共和国,这为日后欧美资产阶级革命开辟了道路。

二、英国"光荣革命"

在荷兰共和国宣布建立半个世纪之后，英国资产阶级革命的时机也到来了。由于英国资本主义生产方式较为发达，工业革命也最先出现在这里，资产阶级和新贵族的力量较为强大，英明的英国国王往往顺应资产阶级要求，避免发生激烈冲突，但这种审慎和英明并不是每一位国王都能做到的。1603 年，英明的女王伊丽莎白一世去世了，也意味着王朝黄金时代的结束。

继位的詹姆士一世昏庸而刚愎自用，很快就在征税问题上与资产阶级发生了冲突。这一冲突延续到其子查理一世时，已呈剑拔弩张之势。查理一世的强制征税行为导致了资产阶级的权力机构——议会的反对。议会代表于 1628 年向查理一世提交了一个"权利请愿书"，以限制国王的为所欲为。但查理一世并未将其放在眼里，在骗到议会的钱财之后便解散了议会，并随意增加税收。与此同时，查理一世又加紧了对清教徒的迫害，而英国资产阶级的信仰就是清教信仰，这使他们和国王的关系又雪上加霜。查理一世迫害清教徒的行为引发了 1634 年的苏格兰起义，资产阶级议会借此机会再次向国王提出要求，招致国王反对，议会再次解散。1640 年，查理一世镇压起义失败，要赔偿苏格兰人大量金钱。为了偿还债务，查理一世不得不再次召开议会。这一次议会决定要借机提出全面的要求，力图建立君主立宪制。查理一世决定逮捕议会中的激进议员皮姆等人，其行动遭到伦敦市民的坚决抵制，市民们开始武装起来阻止查理一世的行动，伦敦周围地区的农民向伦敦集结，声援伦敦市民。查理一世眼见势头不妙，于 1642 年 1 月离开伦敦，到北方集结自己的力量。1642 年 8 月，查理一世宣布讨伐议会。内战开始了。

在战争开始阶段，大资产阶级和贵族还想向国王妥协，致使议会军连连溃败，这就招致了中等资产阶级的不满。议会中出现了长老派(代表大资产阶级和大贵族)和独立派(代表中等资产阶级和贵族)的对立。独立派的代表人物是克伦威尔，他具有出色的军事才能。他注意招募中下层农民士兵，组织起一支作战勇敢、纪律严明的军队。在连遭败仗的议会军中，克伦威尔的军队一枝独秀，屡获胜利，1644 年马斯顿荒原一战使其军队获得"铁军"威名。作为主战派，克伦威尔提出改组军队的主张，于是就出现了"新模范军"，这为打败查理一世奠定了基础。新模范军很快击溃国王军队，于 1646 年 6 月攻占其大本营牛津，查理一世被监管起来。新模范军的胜利标志着议会的胜利，同时也预示着独立派的崛起。

议会胜利之后，在资产阶级内部出现了新的纷争。长老派和独立派的矛盾首先出现。这一矛盾主要体现在长老派把持的议会和独立派控制的军队之间的矛盾。长老派企图独占胜利果实,排斥军队的权力。结果下层军官推动克伦威尔驱逐了长老派,独立派暂时取得了优势。但军队内部又发生了分歧,独立派高级军官与下层军官组成的平等派在改造国家和社会的纲领上产生了分歧。独立派不能接受平等派激进的要求,利用权势镇压了平等派。这时,查理一世利用混乱逃跑了,并集结军队卷土重来。1647 年底,独立派与平等派再次联合,共同对付国王军队。国王再次被打败并于 1649 年 1 月 30 日被处决。这一行为又刺激了民众的革命热情,平等派和新出现的掘土派都要求将革命进行得更彻底,他们不仅仅要求平等的选举权和土地再次分配,而且要求废除私有制。这就招致了大、中资产阶级的恐慌,他们开始和保守贵族联合起来镇压下层群众和士兵的激进运动,并呼吁建立强有力的政权。克伦威尔的护国公政府和君主制的复辟就出现了。而当君主制再次威胁到资产阶级和新贵族的利益时,一个温和的革命就出现了,即 1688 年的“光荣革命”。一个资本主义的政治体制——君主立宪最终得以确立。这一体制吸取了革命的教训,兼顾传统和现代、保守和激进、上层和下层等各层面的利益,成就了一个较为稳定和持久的现代政治体制。

英国资产阶级革命展现了欧洲资产阶级革命的一种普遍规律,即领导权先掌握在大资产阶级手中,然后转到中等资产阶级手中,而小资产阶级激进派或无产者由于希望革命的彻底性,进而提出平等甚至平均的要求,而这就和资本主义自由占有财产和追求财富的要求相违背,大、中资产阶级和新贵族对它的镇压就是必然的了。革命的动荡和惯性使整个社会陷入无序状态,想要保住胜利果实的资产阶级需要建立强有力的政权,于是独裁政权应运而生。为了追求秩序的恢复,在新权威还没有树立起来时,资产阶级有时不得不向传统权威妥协,所以就有了旧王朝的复辟,但王朝复辟只是昙花一现。当资产阶级的阶级权威和政治思想逐渐被人们熟悉和接受时,传统王朝权威也就不需要了。因此,当复辟政权摆不正自己的位置,妄图恢复旧有的专权,进而再次侵犯资产阶级的利益时,其统治也就岌岌可危了。英国君主立宪制之出现也就水到渠成。

三、美国独立战争

从 1607 年到 1733 年,英国人先后在北美洲建立了 13 个殖民地,它们也是北美殖民地中最发达的地区。由于最初来到这里的英国人多数是清教徒,他们带来的是资本主义的生产和生活方式,所以,多数殖民地天生就是资本主义性质的。在政治上它们实行议会统治,在经济上是自由的市场经济。这些得天独厚的条件预示着殖民地将有一个辉煌的未来。

当殖民地的资本主义正按部就班发展的时候，外来的威胁将其打断了，这一威胁来自刚刚完成资产阶级革命的英国。历史就是这么吊诡，一个资本主义国家不愿意看到其殖民地资本主义的顺利发展。这其中很大的原因就是利益。为了弥补与法国战争中的损失，英国政府开始搜刮北美殖民地，其征税措施严重阻碍了殖民地经济的发展。这一次，英国资产阶级政府扮演了查理一世的角色，激起了殖民地人民的反抗。对自由非常敏感的清教徒后裔们奋起反抗，1773 年 12 月的波士顿倾茶事件吹响了殖民地反英的号角。

面对英国的严酷镇压，北美殖民地议会召集了 1774 年第一届大陆会议，坚决抵制英国的高压政策。各殖民地人民则做好了与英国一战的准备，他们建立了革命政府——公安委员会，建立了民兵组织，还修建了军火库。1775 年 4 月 19 日，偷袭殖民地军火库的英军与殖民地民兵在列克星敦相遇，响起了著名的“列克星敦枪声”。北美革命正式开始。在革命过程中，产生了著名的《独立宣言》，宣告 13 个殖民地脱离英国独立。更重要的是，它全面阐释了现代自由民主的思想：人人生而平等，具有保全生命和追求自由、幸福的自然权利；政府由人民选举产生，是为保障人民自然权利服务的。在这样的思想的指引下，北美人民经过长达八年的艰苦斗争，终于迫使英国于 1783 年在巴黎签订了和约，取得了独立战争的胜利。

美国在战后只建立了一个松散的邦联。然而缺乏强有力政府保障的自由是脆弱的。吸取一番教训之后，1787 年，精英们制定了一部《联邦宪法》，决定建立一个强有力的政府，一个真正的国家。这部宪法使联邦政府的权力大大加强，实行三权分立，在一定程度保障了资产阶级民主；协调了各个集团、阶层和地区的利益；使美国能长期比较稳定，体现了宪法制定者的智慧。

四、法国大革命

英美的革命激发了法国资产阶级革命。1789 年 7 月 14 日，巴黎人民举行武装起义，攻克巴士底狱，革命爆发。在这场革命中，资产阶级的革命运动达到了顶峰。法国资产阶级革命也呈现出与英国革命类似的规律，只不过法国的平等派曾一度攫取政权，将革命推进得更为彻底，而正因为此，其反弹也最大。直到 1848 年革命之后，法国资产阶级的统治才明朗起来。

这场革命也是源于税收问题，其深刻根源则是资产阶级对自由市场和法制社会的需要与君主的肆意妄为之间的尖锐对立。由于法国国王及其王后的专断比英国国王更甚，其阴险狡诈亦远胜查理一世，再加上他们和国外势力千丝万缕的联系,致使革命的任务更加艰巨,也推动着革命朝着更极端的方向发展。革命战车呼啸前行,不肯停留,前次革命既有的成果很快就被新的革命所摧毁,最后就是革命的自我毁灭。从君主立宪派到共和派吉伦特派,再到激进派雅各宾派,走的就是这样一条道路。其间政体马不停蹄地变换,从力求稳定的君主立宪政体到共和政体,再到革命的恐怖独裁。各种思想和政治文献也层出不穷,一个比一个激进,但却一个比一个更远离现实。政治家和思想家们迷上了革命,认为革命是万能的,通过革命能够解决人类所有的问题。对革命寄予的希望是如此之高,以至于他们的理想随着革命也日益拔高。

法国大革命给我们展示了一场思想的竞赛,当这些思想变得日益完美和抽象,也就越加远离现实,而不切实际的政治家强行推行这些空中楼阁时,便导致了抽象思想对现实的暴政。英国政治家埃德蒙·伯克对法国大革命中抽象理论的极端推行看得很清楚。他认为法国人脱离现实去追求不切实际的理论幻想,与其说是一种建设,不如说是一种破坏。虽然柏克的观点有偏颇之处,但也有部分道理。法国大革命的极致是雅各宾派专政,也是革命自我的完结。接下来的督政府时期及拿破仑时期,就是革命开始向反面的反弹,从此之后保守势力逐渐回流。拿破仑的称帝是人们对王权记忆的回光返照,后来波旁王朝的复辟也就水到渠成。不过,此时的王权已经不是过去的王权,经过革命的洗礼,它不能再忽视资产阶级的要求,其支撑力量也是来自资产阶级。这时的王权不过是资产阶级防止革命恐怖的一个保护阀而已,与其说资产阶级喜欢君主,不如说它更怕革命恐怖。法国大革命的贡献在于,它诞生了一系列的政治文献和政治思想,如《人权宣言》、平等派思想等;作为各种思想的试验场,它也给人类展示了种种发展的可能,给历史指出了某种发展方向;它更警告那些专制的暴君们,如果不有所收敛和节制,人们将以革命的恐怖来对抗专制的恐怖。

总之,经过这几场资产阶级革命,现代政治体制基本上得到了确立,自由和民主的思想开始向世界传播。世界历史进入了一个全新的阶段。

第二节　欧美全新的制度架构

新的生活态度和价值观念的产生,最终必然反映在政治上。而随着资产阶级革命的胜利,新型的政治架构也就随之建立起来。这种新型的政治架构有其独特的内容和特点。

一、现代西方政治建构的基础和内涵

现代西方政治的社会基础，就是“资产者”。所谓“资产者”，不过是将财产私有化的个体。这是近代自然权利说的产物，尤以洛克的财产说为代表。这里所说的私有已经和古代与中世纪之私有有所不同，近代意义上的私有是一种绝对化和固定化的东西，它和人的自然权利如生存、自由、发展等权利息息相关。对个人财产的尊重是一种近代意识。而在古代或中世纪并没有这样的观念，那里的私有并不是一种真正的私有，因为君主或政府可以随时将其褫夺。近代意义上的私有是人人生而有之的权利，可以说是一种绝对的权利，而政府不过是保护这种私有的工具，它是在私有基础上产生的，是私有决定政府而不是政府随意干涉私有。在这一意义上，“资产者”就是一个全新的阶层。而资产阶级也并不是专指某个阶级，因为每个拥有私有财产的个体都属于资产阶级。在某种意义上，每个人都拥有一定的私有财产。按照洛克的观点，每个人都拥有自己的劳动，每个能劳动的人都具有创造财富的能力，也就能拥有自己的财产。因此，进入近代以后，每个人都成了资产者。资产阶级的革命就是扫清私有化障碍的革命。在私有化基础上，诞生了近代政体——民主政体。尼德兰和英国建立了立宪民主制、美国建立了三权分立制、法国建立了共和制来保障人们的私产和自由权利。其他国家也相继建立分权政府来为资产阶级服务。

资产阶级民主政权建立后就开始了逐渐完善的过程，如议席如何分配得更加合理、官僚体制的科学化和合理化等，其中英国的议会改革和文官制度的建立最为典型。但随着民主制度的推进，人们越来越发现私有制的缺陷和不足。近代人追求的是一种绝对的和固定的私有，由此他们才能保证自己的生存和自由。但自由民主发展的结果却是，每个人的财产都不是绝对的和固定的，其私有并没有成为真正的私有。每个人所拥有的东西都由市场来决定，也即每个人的财产的多少都由他人来决定。在最公正的情况下，能力强的人获得的财产相对较多，不仅如此，能力强的人还能通过左右市场来剥夺他人的财产。如此一来，每个人的财产就不再是确定不移的了。如果你不提高自己的竞争能力的话，你的财产就有可能被能力强的人拿走。固守已有的成果会使你无法再消费和购买其他生活资料和服务。被抛进市场的现代人被迫加入一个永恒的竞争体系中，一旦谁停下来，就会被抛出市场体系，无法生存。而由于人的能力天然有强有弱，天赋也并不像人们所想的那样平等。竞争的结果只能是社会的两极分化，财富会越来越集中到少数人手中。

当自由市场发展成为垄断资本主义，人们的财产和自由又无法得到保障时，自由民主政治也就行不通了。人们必须找到办法来真正地保证自己的私有财产,这时人们的唯一选择就是政府了。必须依靠政府来调节自由市场,从而使私有得以真正实现。这种加强政府调控力量和仲裁功能的政治就是现今的福利国家或民主社会主义。这种制度的目的就是保证人们起码的自然权利,使之不能在市场竞争中被剥夺,这是现今欧美大多数国家所应用的制度。

近代或现代民主政治就分成了两种,一种是自由民主,另一种是人民民主。这两种民主虽有区别,但前提基础是一致的,即保障人的基本的自然权利和私有财产。其间还出现了另一种扭曲的社会主义——国家社会主义,它是以国家和民族的名义将所有资源都收归政府,然后再分配给个人。但这种社会主义是以牺牲其他种族或国家为前提的,其结果便是种族灭绝和国家战争,这就是后来臭名昭著的法西斯主义,这一类型的社会主义已经为人类文明所不容。所以,能为人们所接受的现代民主政治就只有自由民主和人民民主了。如今,为了应对市场垄断对自由的侵害,自由民主已开始演化成民主社会主义,政府有限地对市场进行干预,对部分财富进行再次分配,在这一方面,它正向人民民主靠近。人民民主或社会主义国家也开始实行市场经济,政府指导和市场调节互相结合,既发挥人的创造力,也兼顾社会和市场的秩序。

按照柏拉图的设想,最理想的社会将是共产主义,即由绝对公正无私的哲人王及由其培训的政府管理者统治的国家。当人类的聪明才智能够达到无所不知、无所不能的时候,这一理想国就有可能会实现。

二、现代西方政治的特点

现代政治显然远不能达到柏拉图的要求,这是由其特点决定的:

首先现代政治追求的是自由和平等,而柏拉图追求的是正义,即一种自然秩序。现代政治预设的是人天生平等,每个人都拥有天赋的自然权利,现代制度就是要每个人把他们平等的天赋完全发挥出来,形成一个所谓的“全能博士”的社会。相对于现代政治的平等主义,柏拉图更强调精英主义。这一精英主义的前提是人的天赋是不平等的,因此,正当的社会就是一个由最智慧的人统治的等级社会。在现代人看来,柏拉图的政治观点显然是落后的,因为就总体而言,我们现今的科学知识比柏拉图进步。这足以证明人们天赋的潜力和平等性,强调等级就无法发挥人们的潜能和创造力。所以,精英主义的政治设计远不如平等主义。这可能是对柏拉图的误解,因为柏拉图的精英主义并不束缚人们聪明才智的发挥。但是,柏拉图的精英主义确实很容易被误用,因为最高统治者往往不是真正的哲人王,这就会导致对人们聪明才智的破坏和压制。

知识窗

关于“全能博士”这个概念，人们常常把这一发明归于马克思。因为在马克思的著作中曾谈到未来的人是全面发展的，他应是这样一种状态：上午打猎，下午捕鱼，傍晚畜牧，晚上则致力于哲学。所有这一切都归因于他的自由和兴趣。

其次现代政治的起点是人们最低的现实需求。虽然说现代人追求人的完全解放和才能的全部实现，但其预设的才能或自然权利皆是低层次的。它从人的最低层次的需求入手提倡人的解放，解放的主要是人的物欲。正是在物欲或金钱这样低层次的追求上，近代或现代自然权利说本身就排斥了高层次的需求。即使有后来的所谓的马斯洛需求层次理论，也是一种低级需求决定高级需求的现代思维之产物。只要人们把眼光首先关注在低层次需求上，就不自觉地对高层次的东西形成了抵制和排斥，甚至是遗忘。正因为如此，现代人才强调生活的舒适而不是美好。而柏拉图的精英主义恰恰相反，它首先关注的是美好。它要求人要超越低层次的需求，以高层次的东西来统治低层次的东西。在这一意义上，现代人依然没有超越柏拉图。不过，现代人在低层次事物上取得的成就还是应给予肯定的，它在物质环境和社会条件上给人们创造了前所未有的基础，当务之急就是在此基础上进一步提升。这是应当的也是必需的，因为一个只关心物欲的世界是无法持续存在下去的。现代社会之所以还没有完全崩溃，只因为它还没有将传统的东西全部清除，如西方的古希腊节制思想和基督教信仰、东方的儒家信念和佛教禁欲思想等。

第三节　西方制度的世界传播

西方近代精神的特性使之必然向其他地区蔓延和辐射，其市场经济模式和制度也随之扩散到全世界。无论其他地区愿不愿意，西方的挑战是必须应对的。亚非拉的民族民主运动就是在这一背景下兴起的。

一、亚非拉的民族民主运动

面对西方近代精神的猛烈冲击，亚非拉各国不得不作出反应和回击。如前所述,无论这一回击的最后结果是什么,它们首先要解决的问题就是冲击下的生存,为了生存,它们要接受西方物质文明和科学文化。而西方物质文明和科学文化又与其政治经济制度相挂钩,这就迫使各国在学习西方的科技文化之后又效仿其政治制度。所以说,“科学”和“民主”的口号十分准确,它们已经囊括了西方近代精神的精髓。但是,这一认识过程又是曲折的。不仅是中国,其他国家亦如此,与西方近代文明相纠缠的过程也是亚非拉国家民族民主运动的过程。民族独立意识的增强不仅仅来自传统和现代、民族和民族间的对抗,而且也来源于西方近代意识本身。所以说,亚非拉的民主运动往往也是其民族运动。也可以说,近代民族民主运动往往是一体的。接下来我们就概述一下各国民族民主运动的曲折过程。

在亚洲,以印度、日本和中国为例。印度在经历了英国长期的殖民之后,在 19 世纪初,开始出现了致力于民族启蒙的知识分子。兰姆·摩罕·罗易是这一时期的代表人物,他认识到西方近代文化的进步性,认为印度民族的复兴必须依靠西方先进文化,他开始主动向西方学习。19 世纪后半期,孟买出现了一个启蒙运动学派——印度国民经济学派。学派领导人马哈捷瓦·戈文达·伦那德深谙西方近代经济学家亚当·斯密、大卫·李嘉图的理论,提倡印度的经济独立和建立健全的市场经济。这些启蒙知识分子的积极活动为印度近代政党的建立奠定了基础。1885 年 12 月,印度国民大会党在孟买举行成立大会,从此,国大党成了印度民族独立和民主自治运动的领导者。经过提拉克、甘地、尼赫鲁等人努力,印度终于在 1947 年 8 月取得独立。

日本也是觉醒较早的国家之一。19 世纪中期日本被美国强迫打开国门以后,接受了一系列的不平等条约。日本的有识之士也认识到要学习西方先进科学和制度的必要性,不过其主张是在“尊王攘夷”的口号下提出的,这是他们充分考虑了日本天皇文化的特性而作出的选择。这些人中的代表人物有佐久间象山、横井小楠、吉田松阴、木户孝允、井上馨、伊藤博文等。1867 年至 1868 年,在这些有识之士领导下,爆发了倒幕运动——“戊辰战争”,结束了德川幕府的统治,并于 1868 年进行了明治维新。明治维新的一系列措施和法规使日本从此走上了近代强国的道路,并很快跃入世界强国之列。

中国经历了“中体西用”的洋务运动、君主立宪的“百日维新”和孙中山的辛亥革命,才初步完成资产阶级的革命。但接着又陷入军阀混战的局面。直至 1949 年中国共产党才使中国结束了被西方势力左右的局面,使中国获得真正的独立。

在非洲,具有代表性的是埃及的民族民主运动。从 18 世纪末开始,埃及相继为土耳其、法国和英国所侵占,埃及人民的民族解放任务异常艰巨。第一次世界大战之后,形成了英国独占埃及的局面。而这时,埃及的民族主义力量已经有了长足的发展,开始谋求政治和经济上的独立,其代表人物是柴鲁尔。1918 年,柴鲁尔组建了“埃及代表团”,这成为埃及大规模独立运动的开始,史称“华夫脱运动”(“代表团”阿拉伯语为“华夫脱”)。“华夫脱运动”通过 1919 年到 1920 年的群众抗议活动、1924 年到 1937 年的护宪运动,持续了将近 30 年。埃及虽然于 1922 年成立了君主立宪政权,但依然没有摆脱英国的控制。埃及国王在英国的扶持下进行君主独裁统治,华夫脱党对此无能为力,这一局面直到二战后才有所改变。1949 年,埃及军队中成立了由青年中下级军官组成的“自由军官组织”,纳赛尔是发起者。1952 年 7 月,“自由军官组织”发动了著名的“七月革命”,推翻了君主政权,于 1953 年 6 月宣布成立埃及共和国,并于 1956 年通过与英、法、以三国的第二次中东战争夺回了苏伊士运河的主权。其他非洲国家也经历了与老殖民者、新殖民者和独裁君主作斗争的过程。直到今天,非洲的民主运动还在进行。

在拉美,具有代表性的是墨西哥。在拉美,人民先要对付葡萄牙和西班牙等老殖民者。19 世纪初,当他们摆脱老殖民者统治之后,接下来又是英法美等新殖民者的渗透。这时遍布拉美的统治方式是考迪罗制,即军事独裁者统治。墨西哥的考迪罗制最为典型。考迪罗们频繁发动军事政变,墨西哥从 1824 年至 1848 年发动了大约 250 次军事政变,更换了 31 个总统。考迪罗们的统治肆无忌惮,可以随意修改宪法,任意处置人民财产,甚至任意监禁、流放、处死任何人。而英美等殖民者就通过考迪罗这一代理人输入资本,逐渐控制了拉美各国的经济和政治。面对如此混乱的状况,墨西哥的爱国进步知识分子强烈希望建立一个自由民主、富强独立的墨西哥,于是便出现了以胡亚雷斯为首的自由派,它开始领导墨西哥的革新运动。1854 年至 1855 年,自由派参与了一场起义运动,考迪罗政权被推翻,自由派组成了新政府。胡亚雷斯在新政府中起到了关键作用,他设法使政府通过了一系列具有资产阶级性质的法案,史称“胡亚雷斯法”。新政权面临着保守派和英法等殖民者的反击,胡亚雷斯率领墨西哥人民分别于 1861 年和 1867 年击溃了保守派政权和法国的入侵,取得了卫国战争的胜利。但 1872 年胡亚雷斯去世后,墨西哥又遭政变,陷入独裁统治。1910 年至 1917 年,墨西哥又经历了一场资产阶级革命,并于 1917 年制定了墨西哥宪法。该宪法的激进性激起了外国公司、教权主义者的反对,墨西哥政府又开始了长达将近 20 年的护宪运动,直到卡德纳斯改革的展开。1937 年,卡德纳斯着手进行土地改革、国有化运动、教育改革等墨西哥全面改革计划,使墨西哥的民族民主运动达到了顶峰,其改革大大推进了墨西哥资本主义的进程,它在捍卫墨西哥的民族主权的同时,促进了其民主政治的发展。卡德纳斯改革为拉美的民族民主运动树立了榜样。

知识窗

"考迪罗":西班牙语 Caudillo 的音译,原意为"首领",后来特指 19 世纪初拉美靠军队夺取政权的军事独裁者。"考迪罗"制经济上依靠大地产主和大庄园主,在政治上则依靠军人专政来维持其统治。

二、亚非拉民主政治移植的教训

亚非拉民主政治的经验和教训,可归纳为如下几点:

第一,亚非拉的民族民主运动曲折坎坷,它们要面对多重的革命任务。首先是老殖民者的干扰,如西班牙、葡萄牙、荷兰等。这些殖民国家开展殖民活动较早,在广大区域建立了殖民地,尤其是在拉丁美洲、东南亚和非洲等地。这些地区的人民首先必须清除老殖民者的势力。其次是新殖民国家的渗透。英法美等新殖民国家国力上升迅速,其影响亦远超老牌殖民者。其殖民手段和力度发生了很大的变化。在手段上,从简单的商品输出过渡到资本输出,这种剥削方式更具隐蔽性和残酷性。在赤裸裸的武力征服之外,它们更注重在殖民地选取代理人来保障其利益,而这一代理人更多的是保守派和封建势力。如此,殖民地人民在反抗新殖民者的同时,还要对付本国的封建傀儡政府。后者就是殖民地人民所面对的第三重任务。即使殖民地的资产阶级革命取得了一定成果,也常会被新殖民者及其代理人窃取。所以,亚非拉国家的资产阶级革命常出现反复,资产阶级宪法制定后,要经过长期的护宪运动来保护革命成果,其民主政治的道路曲折又漫长。

第二,亚非拉国家的民族民主运动在处理本国传统文明与西方近代文明的问题上取得了某些经验和教训。在对待西方近代文明上,他们经历了这样一个普遍的过程:拒斥—逐渐接受—崇拜—反思—部分接受(本国传统与西方近代文明相结合)。这样一个过程在民主政治建设上具有代表性。如上所述,亚非拉国家并不是一开始就接受西方民主制,它们是在看到了其某种优越性及其与现代物质文明的必然联系之后才开始接受它的。因此,它们更多的是将它与民族生存与富强联系起来。如果西方民主政治有利于这一目标的实现,它们就准备接受它。但在民主政治的建设中,它们发现全盘照搬会带来社会的动荡和无序。为了社会人心的稳定,有必要将本国传统文明中的某些因素保留下来,形成本国特有的民主政治体制。于是就有了日本的天皇君主立宪制,墨西哥的军事首领占主导的共和制。君主专制时间越长的国家,其民主政治的斗争越呈现出两种极端的倾向,即极端开放的民主和极端集中的民主的反复纠缠。而在最终尘埃落定之后，其民主政治一般也是集权式的。这就导致了其民主政治建设的长久性和艰巨性。

第三，在亚非拉民族民主运动中，有些国家看到了资本主义或自由民主政治的局限性，进而谋求建立不同的民主政治。一些类型的民主政治与一些地区的集权传统结合后，产生了某种极端的政治运动，对政治和经济造成了破坏。在这一系列教训之后，亚非拉国家试图在传统和现代之间寻找某种平衡，试图建立一种稳步推进民主的政治模式。

总之，必须充分认识到，不同形态文明的发展演变有其自身的规律。西方民主政治制度的产生有其特定的文明土壤，而广大亚非拉国家不仅各有自己的国情，而且各有自己的文明传统，盲目生搬硬套地移植西式民主，必将带来难以消弭的后遗症甚至灾难。

【专题研讨】

1. 1787 年联邦宪法

这部宪法是美国 1787 年制定并于 1789 年批准生效的美利坚合众国联邦宪法，也是世界上第一部比较完整的资产阶级成文宪法。它奠定了美国政法制度的法律基础，强调加强国家权力，又在权力结构中突出“分权与制衡”的原则，以避免权力过于集中，体现了一定的民主精神。

(1) 背景知识。

谢斯起义和邦联的分离运动使美国精英们忧心忡忡，他们决定于 1785 年 5 月在费城召开一次会议，以解决邦联的危机。1787 年 5 月至 9 月，制宪会议在费城的州议会大厦举行，到会的有 55 人。在宪法制定过程中，与会代表尽量将各个阶层的利益都考虑到，尽量倾听不同的意见，在各种意见的交锋中，一项项明确的原则得以确立。

《1787 年联邦宪法》的贡献如下：

一是建立了一个强有力的政府。政府拥有征税、征兵、发行货币、制定工商业政策、决定军事和外交、决定战争与缔结和约等基本的权力。

二是实现了三权分立的原则。行政权归国家元首——总统，他是行政首脑、三军统帅，可自由组阁，可以否决国会立法；立法权归国会，国会分为参众两院。国会制定法律经两院通过，总统签署即生效。国会可征税，但一切征税法案应由众议院提出；最高司法权归最高法院。法官由总统任命，但须得到参议院同意，任职终身。最高法院对一切案件都有最高审判权，还有解释一切法律和条约的权力。三权分立有利于防止专制产生。

三是确立了民主共和原则。首先,根据宪法建立的美利坚合众国是各州的自愿联合,这是民主与共和精神的体现。其次,政府是由民选产生。这是民主的典型表现。再次,宪法体现了文官治国的原则,杜绝了军事独裁政权的产生。最后,宪法规定了修宪原则,这就保持了宪法的开放性。

(2) 研讨论题。

现代宪法的原则性和现实性如何协调。

(3) 思路提示。

从美国《联邦宪法》的制定过程及其内容来看,我们能得到诸多启示。首先,美国《联邦宪法》的诞生与其国情有密切关联。共和在北美比在欧洲有更为深厚的社会基础。其次,宪法制定人的聪明才智是一部明智的宪法产生的关键因素。据考察,参与制定美国联邦宪法的 55 名代表都有丰富的政治经验,这些人对共和国的历史与理论尤其是英国的宪政传统非常熟悉,其政治文化水平代表着北美的最高水平。

2. 明治维新

日本向来被看作西化的典型,也是被西方纳入发达国家俱乐部的一个东方国家,其现代化的经验和教训值得我们借鉴。而其现代化的真正起步是在“明治维新”,这一事件奠定了日本现代化的方向和基础,从中我们可以搜集到很多有价值的信息。

(1) 背景知识。

1868 年倒幕运动成功之后,日本明治天皇即位,期间进行了一系列改革,称为“明治维新”。其主要内容可分为两大块,即除旧和布新。在除旧方面,明治政府实施了如下几项措施:首先是奉还版籍、废藩置县。其次是对封建身份和封建特权的废除,允许四民通婚。最后是土地改革,重新确定土地所有权,土地税也变成了货币形式,这就进一步推进了农业的市场化。

在除旧基础上,明治政府积极布新,以促使日本迅速强大富强起来。其措施主要有:① 殖产兴业,通过国家政权的力量,运用各种政策来引导经济发展,并动用政府资金来帮助市场建立各种企业。② 文明开化,明治政府在教育、文化和生活方面向西方学习。③ 富国强兵,这是改革的目的,也是国家长治久安的基本保障。

(2) 研讨论题。

明治维新与百日维新的成败得失之比较。

(3) 思路提示。

日本的明治维新带给我们诸多启示:首先我们看到,明治维新得以实现的前提是倒幕运动。这场运动本身就是一场具有资本主义性质的革命。其次,明治维新的资本主义性质的措施之所以能顺利实施，也和这场运动的领导人的素质和主体的性质有密切关系。与之相比，中国清末也曾发生百日维新运动，但却以失败告终。究其原因，中国政府的封建色彩依然浓厚，在没有摧毁封建政权的前提下，维新变法举步维艰。明治维新的诸多政策中，政府的角色耐人寻味。政府起到了引导、宣传和资助的作用。明治维新将传统文化和近代文明较好地结合起来。这一经验也可为传统文化较悠久的国家和地区所借鉴。

【拓展阅读】

1.［英］阿诺德·汤因比：《历史研究》，郭小凌、王皖强、杜庭广等译，上海人民出版社，2010年。

2.［法］孟德斯鸠：《论法的精神》，张雁深译，商务印书馆，1961年。

3.［美］鲁思·本尼迪克特：《菊花与刀》，孙志民、马小鹤、朱理胜译，九州出版社，2005年。

【超级链接】

1. 这个奇形怪状的庞然大物就是断头台。

在它对面不远的地方，……有另一个怪物，就是图尔格。一个石头的怪物和一个木头的怪物相对。……

图尔格即君主制，断头台即革命。

这是悲剧性的对抗。

……

在这一切之中，袒露了人类可憎可恨的无耻；在这一切之中，出现了城堡和断头台，这是血腥的时代和流血的时刻的两个象征，这是过去黑夜的猫头鹰和未来黎明的蝙蝠。在这鲜花盛开、芳香馥郁、迷人可爱的宇宙中，灿烂的晨空将曙光洒满图尔格和断头台，仿佛在向人们说："请看看我所做的事情和你们所做的事情吧。"

——［法］维克多·雨果：《九三年》，郑永慧译，人民文学出版社，1996年

2. 我们与民主主义享有相同的逻辑：用过时的、被归之于丘吉尔名下的话说，民主政治在所有可能的制度中是最坏的；唯一存在的问题是，根本没有比它更好的政治制度。这就是说，民主政治总是要面对各种可能的腐化堕落、迟滞

低效；唯一存在的问题是，总是有人企图躲避这个内在的危险，恢复“真正”的民主制度，这必然走向民主政治的反面，最终导致民主政治的终结。

民主使得一切种类的操纵、腐败、煽动式统治成为可能，这倒是真的。但是一旦我们除去了诸如此类的畸变的可能性，我们就会失去民主自身。……所谓“真正的民主”只是不民主的另一种称谓：如果我们想排除操纵的可能性，那我们就必须预先“验证”候选人……这样，我们只能终结于通常所谓的“有组织的民主”，在那里，有效的选举发生在选举之前，投票仅仅具有形式上的价值。

——[斯洛文尼亚] 斯拉沃热·齐泽克：《意识形态的崇高客体》，季广茂译，中央编译出版社，2002 年

【思考题】

1. 简述西方近代民主制度的建立及其演化。
2. 评述亚非拉国家民族民主运动的特点及其经验教训。

第十四章　科技革命

——世界现代文明

【学习重点】

1. 掌握第二次工业革命的特点和影响。
2. 理解垄断产生的历史过程。
3. 了解现代科技文化的主要成就。

文明因交流而多彩，文明因互鉴而丰富。15 世纪之后的新航路极大地缩短了各文明之间的距离，带来世界文明的大交汇。在各形态文明的剧烈碰撞中，逐步形成一种全人类共享的“世界现代文明”。从人类文明整体性角度观察，世界文明是多元的，它们有各自的历史源头和历史传承，但在近现代以来世界文明的大交汇、大碰撞中，它们求同存异，在提升物质文明水平等方面取得了共识，从而推动着技术、科学的不断创新和革命，创造了前所未有的物质财富，极大地改变了世界经济和社会的面貌。

19 世纪 70 年代，世界历史进入一个全新的、前所未有的大变革时代。电学、化学、光学等科学技术突飞猛进，科技发明层出不穷，第二次工业革命实际上是在第二次科技革命的直接推动下兴起的。第二次工业革命促使电力、钢铁、化工等新兴产业部门蓬勃兴起，工业化浪潮开辟了一个新的时代——电气时代。作为一种“神奇的力量”，电能的运用与开发给人类的社会生活带来了巨大变革。

由于“电气时代”“钢铁时代”的生产力推动，资本主义生产关系也发生变化——生产积聚、垄断形成。人类社会的工业化和城市化的进程大大加速，欧美主要资本国家相继完成了从农业社会向工业社会的转变，现代社会的主要特征和基本形态已经显现，世界经济整体化或一体化趋势也大大加强。与此同时，现代工业文明也获得新发展，出现了新的哲学思想和流派，新的文学和艺术形式。在这样的背景下，人们的思想观念逐渐更新，社会生活呈现越来越丰富的色彩。

第一节　工业生产的新飞跃

自 19 世纪上半叶以来,以新能源的发现和应用、新机器的创制和新通信工具的发明为主要特征的第二次工业革命首先从欧美兴起。在其推动下,世界工业无论是在生产能力、生产方式还是组织管理上都出现了飞跃发展。

一、电气时代

从 19 世纪上半叶开始,以电力、电动机和内燃机的发明和应用为主要特征的第二次工业革命在全球范围内广泛兴起,人类经历了一场急风暴雨式的电力革命,一举跨入“电气时代”。各种新技术、新发明层出不穷,并被迅速应用于工业生产,大大促进了经济的发展。当时科学技术的突出发展主要表现在三个方面:新能源——电和石油的发现和应用、新机器——电动机和内燃机的创制及远距离通信工具的发明。

1821 年,英国科学家法拉第在研究中发现了电磁感应现象,创制了世界上第一台电动机的雏形。1834 年,德籍俄国物理学家雅科比制成了第一台回转运动的直流电动机,1838 年他把改进的电动机安装在船上,成功地进行了电动船的航行。在人们研制电动机的同时,发电机也在加紧研制中。1857 年,英国物理学家惠斯通(1802 年—1875 年)最先在电机中采用电磁铁作为电机场磁铁,为提高发电机的容量提供了可能。1866 年,德国科学家兼工程师西门子制成了自激式直流发电机,标志着第二次工业革命的开始。

随着对电能需求的显著增加和用电区域的扩大,直流电成本昂贵、无法远距离输送等弊端开始爆露出来。从 19 世纪 80 年代起,人们把目光转向交流电的研究,交流电具有通过变压器任意变化电压的长处。1882 年,法国学者德普勒发现了远距离输电的方法。1891 年,德、奥两国建成了世界上第一个三相交流输电系统。从此,远距离高压交流输电有了很大发展,电力工业的发展进入新阶段。到 20 世纪初,电力作为新能源逐步取代蒸汽动力占据统治地位。电的发明和应用,是继蒸汽机之后近代史上的第二次技术革命。

在利用电力为人类生产和生活服务方面,美国发明家爱迪生(1847 年—1931 年)在 1879 年用碳素纤维制成了第一个白炽电灯,连续发光达 40 小时,电灯逐渐取代了油灯。爱迪生在电气领域有许多发明。到 19 世纪结束时,电作为新能源已被逐步推广应用于工业、照明及城市公共事业等部门。

电力在人类社会生产和社会生活的各个方面得到了广泛应用,它引发了信息传输等多个领域的全面变革,通信工具的发展有了长足的进步。

1836 年,英国人科克制成了实用电磁电报机。1846 年,英国成立了第一家电报公司,此后欧洲各大城市相继办起了电报公司,逐步建立电报通信网络。1876 年,美国的贝尔(1847 年—1922 年)试验有线电话成功,是人类运用电话通信的开端,到 1880 年,美国的电话用户已达 5 万户。19 世纪 80 年代,德国物理学家赫兹证明了电磁波的存在,并测量出电磁波的波长和速度。1895 年,意大利物理学家古列尔莫·马可尼(1874 年—1937 年)发明了无线电报通信设备。19 世纪 80 年代,全世界电报线的长度已达 150 万公里,到 19 世纪末增加到 430 万公里。这一系列发明使人类经历了一场信息传输革命,大大缩短了人们交往的距离。

内燃机的创制和使用,是第二次工业革命中又一项重要成果。1869 年,法国发明家里诺制成第一台实用的内燃机。1876 年,德国工程师奥托制成第一台以汽油为燃料的四冲程往复活塞式内燃机,具有马力大、体积小等特点,因此被冠以内燃机发明者的声誉。1892 年,德国机械工程师鲁道夫·狄塞尔发明了以柴油为燃料的高效内燃机。由于内燃机使用液体为燃料,比蒸汽机方便得多,因而在工业和运输业中得到了迅速而广泛使用,汽车工业随之迅速崛起。1885 年,德国人卡尔·本茨成功地制造了第一辆由内燃机驱动的汽车。1893 年,美国人查尔斯·杜里埃和弗兰克·杜里埃兄弟制造出四马力汽油发动机汽车,1908 年,亨利·福特制造出 T 型车。1909 年,福特工厂日产约一百辆,到第一次世界大战前夕增至 15 万辆。汽车工业自此在许多国家兴起。此外,1900 年,德国人齐柏林制造飞艇。1903 年 12 月,美国人莱特兄弟制造的飞机在北卡罗来纳州试飞成功,这预示着交通运输业新纪元的到来。

内燃机的应用推动了石油的勘探、开采和炼制。1870 年,全世界的石油开采量只有 80 万吨,1900 年已增至 2 000 万吨。石油作为新能源,在工业和军事上日益重要。此外,石油也是新兴化学工业的重要原料。近代化学工业是随着近代化学科学的成长而发展起来的。以德国为代表,涌现出一批卓越的化学家,如霍夫曼、格莱贝、里伯曼、拜尔、霍伊曼、F.霍夫曼、赫普等。在无机化学工业方面,19 世纪 60—70 年代发明了以氨为媒介生产纯碱和利用氧化氨为催化剂生产硫酸的新方法,使这两种化学工业的基本原料产量有了很大的增长。有机化学工业也随着煤焦油的综合利用得到迅速发展。从 19 世纪 80 年代起,人们开始从煤焦油中提炼氨、苯、人造燃料等化学产品。各种无机和有机化学工业,如制酸、制碱、燃料、涂料、药品、肥料、炼油、电镀、电解等建立起来,使化学工业一跃成为重要的生产部门。

二、钢铁时代

伴随着电气时代而来的是钢铁时代。进入 19 世纪,铁日益成为最基本的工业材料。由于英、法、德等国相继大力发展铁路建设,铁的产量迅速提高,1850 年,全世界铁产量已达到 400 万吨,但仍无法满足需要。此外,无论铸铁还是熟铁都缺少工业材料所要求的韧性,而由于冶炼工艺的限制,钢的产量少,价格昂贵。第二次工业革命的新技术也广泛应用于冶金工业,19 世纪下半叶取得了突破性进展。英国著名发明家贝塞麦(1813 年—1898 年)在 19 世纪 50 年代对炼钢技术进行了一系列改进,发明贝塞麦炼钢法,大大降低成本,提高效率。1856 年,威廉·西门子(1823 年—1883 年)和弗里德里希·西门子兄弟共同将玻璃制造中的利用废气预热法提高炉温的方法,用于钢的熔化和再加热。1864 年,法国人马丁(1824 年—1915 年)改造了炼钢炉的炉体,并在威廉·西门子的帮助下,成功地用废钢铁炼出了优质钢,这就是“平炉炼钢法”,又称“西门子—马丁炼钢法”。19 世纪末,英国人希得尼·托马斯(1850 年—1885 年)发明的碱性转炉,成功地解决了炼钢过程中含磷矿石的脱磷问题,极大地提高了钢的质量。全世界铣铁产量从 1870 年的 140 万吨增加到 1900 年的 4 100 万吨,同期钢产量从 52 万吨增加到 2 830 万吨。19 世纪末,钢铁成为工业领域的最基本的生产材料,史称“钢铁时代”。

第二次工业革命带来了前所未有的巨大生产力,科学、技术发明和机器使生产率成百倍提高。新的生产方法,标准化、系列化、自动化和流水线的形成,极大地提高了生产效率。以电力发明和使用为主导,诞生的一系列新技术、新设备,使原有的冶金、采煤、机器制造等原有重工业部门加速发展,并引起了电力、电器、石油、汽车等新兴重工业部门和化学工业的建立和兴起,促进了工业生产的快速增长。世界工业总产量在 1850 年—1870 年间只增长了 1 倍,而在 1870 年—1900 年间则增长了 2.2 倍。1870 年—1913 年,世界贸易总额增长 3 倍以上,铁路长度增长 4 倍。欧美各国重视新兴科学领域的开发,积极倡导技术革新。美国和德国更是充分利用推广现代科技的时机,后来居上。

与第一次工业革命相比,第二次工业革命的一个突出特点便是,科学成为推动生产力发展的一个重要因素,科技与工业生产紧密结合起来。19 世纪中期后,自然科学特别是热力学、电磁学、化学等方面的新发展,与工业生产紧密结合,带动了相应的新兴工业部门的兴起。第二次工业革命完全是在近代科学理论的直接指导下兴起和发展起来的,几乎没有什么工业部门未曾受到科学新发现的影响,实验室开始在技术发明中起关键作用。在欧洲,实验室依然附属于大学或类似研究机构,而在美国开始出现了纯粹的商业实验室,最著名的就是爱迪生实验室。

三、垄断的出现

第二次工业革命不仅带来了人类社会生产力的迅速发展,而且导致生产关系的深刻变革。大企业的兴起和垄断组织的出现,引起劳动结构、生产组织、管理体制、市场机制等一系列连锁反应,最终导致了垄断资本主义的产生。19 世纪末 20 世纪初,欧美主要资本主义国家基本上完成了这一转变。

资本主义经济的迅猛发展,不仅表现在物质财富的剧增上,也给生产领域带来了许多新问题。第二次工业革命后,电力、电器、化学、石油、汽车等一大批内在联系密切的新兴工业部门出现,生产流程日益复杂、技术含量猛增,这就使各国企业都面临提高资本有机构成、优化劳动组织形式、提高工人素质、加强企业管理等方面的问题,逐步使企业内部生产结构发展变化,呈现现代企业的一些显著特征。如生产流水线的建立、机器作用的日趋突出、分工与合作日益加强、劳动效率大大提高等。其中,最为深刻的变化是资本积聚和生产集中的趋势,企业的规模越来越大。正是在这种情况下,股份公司适应扩大企业规模的要求,在 19 世纪最后 30 年得到广泛发展,随着股份公司的发展,资本与生产迅速集中了。

19 世纪末 20 世纪初,各主要资本主义国家生产和资本的集中达到了很高的程度。在美国,产值在 100 万美元以上的大企业,1904 年约 1 900 个,占全国企业总数的 0.9%,而它们拥有的工人占全国工人总数的 25.6%,它们的产值占全国总产值的 36%。在德国,雇用 50 人以上的大企业,在 1907 年占企业总数的 0.9%,而它们拥有的工人占全国工人总数的 39.4%,占有的蒸汽马力和电力分别高达 75.3%和 77.2%。英国和法国进入 19 世纪 70 年代后,生产增长的速度相对缓慢,生产集中的速度和程度也相对落后于美国和德国。俄国和日本由于在工业发展中引进了外国技术和组织形式,特别是日本出现了国家政权扶植的特权资本,因而生产集中程度也很高。

生产的集中引起了垄断的产生。垄断组织加速发展,至 19 世纪末,美、德、英、法等国,在冶金、航海、铁路、化学、电气等工业部门建立了垄断组织。

所谓垄断组织,一般是指资本主义大企业间为了独占生产和市场,以攫取高额利润而联合组织的垄断经济同盟。垄断组织的主要形式有卡特尔、辛迪加、托拉斯和康采恩。卡特尔通常指生产同类产品的企业,通过签订关于产品价格、销售市场、生产规模等协定而形成的垄断组织,参加这种组织的企业一般拥有一定的生产和销售的独立性,它首先出现在德国。1857 年,德国出现了第一个卡特尔,到 1870

年增加到6个。1873年经济危机后,卡特尔迅速增加,1890年猛增到210个。辛迪加是指同一生产部门的少数大企业通过签订统一销售商品和采购原料的协定而形成的垄断组织,参加该组织的企业保留法律和生产上的独立地位。辛迪加是俄国垄断组织的主要形式。托拉斯是指若干生产同类商品的大企业或产品有密切关系的大企业合并而成的垄断组织。参加该组织的企业在生产、销售和法律等方面都失去独立地位。这种垄断组织通常发展在后起的资本主义国家,如美国的垄断组织是以托拉斯为主要形式。美国出现的第一个托拉斯是1879年成立的洛克菲勒的美孚石油公司,它在建立之初便掌握全国石油生产的90%,是美国最大的垄断组织之一。到1904年,美国共有318个工业托拉斯,拥有全部加工工业资本的40%。美国的各重要工业部门一般被一两个或少数几个大托拉斯所垄断。康采恩又称财团,它是由一些共同依赖于某些金融机构的不同经济部门的大企业、大公司和银行联合而成的垄断组织。这种垄断组织规模庞大,往往包括工业、贸易、银行、运输等领域中的各种企业,参加康采恩的企业通常有独立性。如日本垄断组织大多采取康采恩的形式,其主要代表是三井、三菱、安田、住友等财阀。

垄断组织的出现是生产力发展的结果,它的产生又促进了生产力的进一步发展。其积极作用主要表现在三个方面:首先,在竞争中获得胜利的大企业,设备精良,经营管理有方。它们在发展成为垄断组织后,企业规模进一步扩大,这自然有利于劳动生产率的提高。同时,也使技术发明和改良的过程社会化了。其次,从主观动机来看,建立垄断组织的目的,自然是独占生产和市场,以攫取高额利润,但这也是为了“调节生产”以适应市场的变化。恩格斯曾指出:为了摆脱困境,“国内同一工业部门的大生产者联合为一个‘托拉斯’,即一个以调节生产为目的的联盟;他们规定应该生产的总产量,在彼此间分配产量,并且强制实行预先规定的出售价格。但是,这种托拉斯一遇到不景气的时候大部分就陷于瓦解,正因为如此,它们就趋向于更加集中的社会化”。可见,各种形式的垄断组织,都是为了“调节生产”而建立的一种经济联盟。此外,垄断组织对于改善企业的经营管理也提供了更为有利的条件。第二次工业革命也在生产管理方面发生了深刻的变革,生产的集中,企业的扩大,导致所有权与经营权的分离,科学化的管理开始兴起。

虽然垄断组织具有促进生产力发展的积极一面,但也有消极的一面。垄断组织的形成意味着对广大劳动人民掠夺的加重。垄断组织不仅成为社会经济生活的基础,而且参与政治事务,甚至控制国家的经济命脉和政治事务;它们不仅继续要求扩大商品销售市场及原料供应地,而且也要求扩大资本输出,支持政府对外扩张和对外战争。在19世纪末20世纪初,主要资本主义国家包括美国、德国、英国、法国、日本、俄国等相继进入帝国主义阶段。

伴随着第二次工业革命，人类进入了崭新的“电气时代”和“钢铁时代”，工业化也进入一个新阶段，到 19 世纪末 20 世纪初，欧美主要资本主义国家基本完成从农业社会向工业社会的转变。大工业成为国民经济的主导力量，驱动国民经济的发展；工业化也使机械化和电气化程度提高，大大提高了劳动生产率。此外，工业化也带来了诸如工业污染和对自然资源的破坏等一系列新问题。

第二节　走向现代化

工业化直接推动了城市的发展，城市化带来了人类社会生活的新面貌。工业化带来的国际分工，促成了世界市场的形成，进而促成了世界经济的整体化趋势。总之，整个世界的社会经济向着现代化迈进。

一、工业化与城市化

由于现代工业及城市人口的迅猛增长，农业生产也使用机器，农产品生产大幅度增长，尤其是在美国、加拿大、澳大利亚等国。电灯、电话、电车、电报等，改变了人们的衣食住行等社会面貌。

19 世纪最后 30 年，资本主义工业化直接推动城市的兴起。随着工厂厂房的兴建，大量劳动者聚集一地，直接带动了住宅、饮食、商业、交通等行业的发展，新兴的城市如雨后春笋般拔地而起，美国的芝加哥、底特律、匹兹堡、旧金山等城市都是在这一过程中崛起的。随着工业化的进一步深入，一些超大城市出现，如 1880 年伦敦人口达 400 万，是世界上最大的城市。纽约从一个普通商埠迅速壮大，1898 年拥有人口 330 万，成为仅次于伦敦的世界第二大城市。巴黎、维也纳、柏林、圣彼得堡等城市也迅速发展。城市愈大，人口的增加就愈快。1871 年德国 10 万人以上人口的城市有 8 个，1900 年即达 33 个。城市人口的比例也不断提高，以美国为例，1880 年美国城市人口占全国总人口的 28.2%，1900 年上升为 39.6%。城市日益成为国民经济与社会生活的中心。

19 世纪下半叶，随着钢铁冶炼、加工技术的突破，除砖瓦、石料、木材等传统建筑材料，钢材开始广泛应用于建筑，并逐渐成为最重要的结构材料，城市面貌也随之发生了新变化。1889 年，巴黎为举行世界博览会而建造的埃菲尔铁塔是其中的典型代表。这是一座高达 328 米的巨型高架钢铁建筑。电气时代的来临使城市的交通也越来越便捷。1881 年 5 月，世界上第一条有轨电车线路在柏林交付使用，同年巴黎也出现了有轨电车。而后,随着输电技术的进步,有轨电车发展为无轨电车。1893 年芝加哥建成第一条电气铁路,1897 年,波士顿建成第一条地铁,1904 年,纽约建成第一条地铁线。交通、通信业的发展,将城市中各个社区有机地联系起来。

伴随着工业革命的进行,社会财富大幅度增长,同时,社会结构也有所改变。少数富翁的财富积累越来越多,这些人掌握了巨额社会财富,成为特权阶级。工业革命后的相当长一段时间里,广大工人的物质生活水平并没有多大改善,工人家庭的收入,从表面上看可能是增加了,但那是以工人每天工作 16 小时以上、妇女和儿童都参加工作为代价的。白天他们被束缚在半自动的生产流水线上,夜晚则栖身于贫民窟中。直到 19 世纪末 20 世纪初,各主要资本主义国家工人工资才有了稳步增长,劳动者的境遇有所改善,人民的生活水平普遍有所提高。但就整个社会来说,贫富差距还相当大。在社会结构中,资产阶级中所谓的中产阶级财富和地位的变化引人注目。由于企业所有权和管理权的分离,以及科学技术和科学管理对工业生产影响的增强,社会上形成了许多从事经营管理、脑力劳动和技术工作的中产阶级。他们一般有良好的工资待遇和生活条件,人数也日益增加。但在激烈的社会竞争中,他们的地位朝不保夕,时刻有被排挤的危险。

随着生活的改善、医学的进步,近代欧洲人口增长比较快。欧洲人口的增长率,从 1800 年前后的 22.4%上升到 1900 年前后的25.9%。欧洲人口在 1800 年前后大约为 1.87 亿,1850 年增加到2.66亿,1900 年则增加到 4.01 亿,换言之,在一个世纪内增加了一倍多。但从 19 世纪中叶开始,欧洲人开始有意识地控制人口的增长,出生率呈下降趋势。但是在一些比较落后的地区,在 19 世纪中叶以后人口的增长率仍较高,如爱尔兰、德国南部、意大利南部和俄国中部,人口的高增长使这些地区更加贫困,并大量向外移民,特别是向北美移民。

19 世纪末,随着经济的发展和工人物质生活的逐步改善,家庭比 18 世纪末 19 世纪初时稳定,婚姻家庭观念也发生了变化。1850 年,在工人中,恋爱婚姻已经取代了工业革命以前那种漫长的求婚过程和买卖婚姻。婚姻的双方更多地来自不同的社会阶层,不同的地区或城市,年龄也更加接近,爱情的地位更为重要。但对中产阶级来说,经济状况仍是婚姻考虑的重要因素,特别是女子按照父母安排结婚是普遍的现象。在法国,索取嫁妆仍是中产阶级家庭的普遍做法。妇女在家庭中的地位仍然很低,妻子被认为是从属于丈夫的。除美国,欧洲各国直到 19 世纪末 20 世纪初妻子还没有独立的地位,没有自己的财产。在资本主义社会早期,父母对子女的感情似乎也较为淡漠,儿童在家庭中受到严格管教,这大概与启蒙思想家特别是卢梭倡导的科学养育知识有密切关系。

二、世界经济整体化

世界经济整体化始于15—16世纪，第一次工业革命所带来的机器大生产将国际交流推向全球化提供了初步基础，机器生产代替手工劳动，由此初步形成了世界市场，并为经济走向全球化发展打下基础。马克思、恩格斯曾指出：大工业“首次开创了世界历史”。

第二次工业革命使资本主义在世界范围内获得了经济的高速发展，并为将局部性的国际交流转变为全球化发展提供了根本动力。19世纪末20世纪初，国际联系更加密切。在全世界范围内基本上完成了以资本主义市场为框架、以国际贸易和殖民主义为手段，以物质交流、人种迁徙与融合、耕种文化交流与撞击、各种社会形态冲突与选择为主要内容的一体化过程，世界市场最终确立。这主要取决于两个要素：一是世界交通运输业的空前发展，二是以机器大工业为中心的国际分工的形成。

第二次工业革命带来的钢铁材料、内燃机的使用，引发了交通运输业的变革，推动了远途轮船、火车等新兴交通工具出现，把世界各地的生产、流通和消费紧紧地联结在一起。铁路的发展更为迅速。1870年，世界铁路总长度为21万公里，到1900年，全世界的铁路已达76万公里，初步形成了环绕世界的铁路网。此外，19世纪末20世纪初，有线电报、电话和无线电报的普及使世界通信网得以形成，加速了商业信息的传播与交流。而连接欧亚的苏伊士运河和连接太平洋和大西洋的巴拿马运河的开通，极大地缩短了交通距离。国家地区间联系交流的效率大大提高，世界在时间和空间上大大缩小。

19世纪末，美国、德国、英国、法国、日本等国的经济有了飞速发展，但这一时期，各主要资本主义国家经济发展并不平衡，一方面美国、德国、日本等新兴资本主义国家发展非常快，另一方面英国、法国等老牌资本主义国家发展处于停滞状态。随着资本主义由自由阶段发展至垄断阶段，垄断资本确立了对世界的统治，资本输出成为向全球扩张的主要经济手段，资本主义列强加快瓜分和重新瓜分世界的步伐，直到将世界瓜分殆尽。同时，国家分工也逐渐形成。粮食和原材料的生产越来越集中于发展相对滞后的亚非拉等第三世界国家，工业生产则集中于工业化程度高、科技先进的欧美和日本诸国，这使它们成为世界贸易和国际分工的最大受益者。

从生产力发展的角度看，世界经济的整体化客观上符合以新技术、大工业为基础的世界经济发展的趋势，但也加剧了资本主义工业国家之间的竞争。

19 世纪末,日趋复杂的国际关系便是世界经济整体化趋势在国际政治领域的体现。

第三节　现代科技文化的新成就

19 世纪上半叶以降,不仅科学技术和社会经济获得了突破性成就,而且自然科学、哲学和社会科学等领域也出现了许多新发现、新见解,呈现蓬勃发展的态势。

一、自然科学的新发现

19 世纪后半叶,自然科学领域取得巨大进步,科学的革命性变化最显著地表现在物理学和生命科学方面。物理学方面,热力学和电磁理论的创立对第二次工业革命产生了直接的影响。热力学的第一定律即能量守恒定律认为,宇宙中的全部能量是永恒的,只能从一种形式转换成另外一种形式,既不能被创造也不能被消灭。1895 年,德国物理学家伦琴发现了 X 射线。1897 年,英国物理学家汤姆生发现了比原子更小的粒子——电子。1898 年,法国科学家居里夫人发现了放射性元素。英国物理学家欧内斯特 · 卢瑟福将原子理论和放射元素理论结合,更新了原子理论,他认为在原子中心存在原子核,电子围绕着原子核依一定轨道旋转。1900 年,德国物理学家普朗克开创了量子理论,他认为能量可以分割成极其细微的单位,从而为研究物质和能源开辟了新的道路。1905 年,德国科学家爱因斯坦创立相对论,根据光速不变原理和自然定律均相同的原理,推导出时间和运动对于特定观察者来说都是相对的。这些科学发现使人类对于物质结构、时空和运动的认识达到一个新的高度,促使人们对宇宙和人类思维方式的重新思考。

生命科学方面,19 世纪的科学家为揭示生命的本质而积极探索。19 世纪早期,法国生物学家拉马克提出了生物进化的系统解释,认为一种动物在环境影响下会发生变化而获得新的特征,提出“用进废退”和“获得性遗传”的理论。英国生物学家达尔文将生物进化理论推进到更加科学的高度。1859 年,他发表了自己最重要的著作《物种起源》,认为每一物种同它们的祖先不尽相同,但其中仅有某些个体在生存竞争中因为变异的作用,使得其适应环境的特征得到发展而存活下来。他在 1871 年发表的《人类的起源及性的选择》还试图说明人类的祖先源于某种类人猿。达尔文的进化论,不仅引起生物学上的一场革命,而且在人类的思想界也产生了深远影响。

19 世纪中叶,遗传学悄然发展。遗传学奠基人是奥地利修道士孟德尔,经过反复试验,他认为植物的天性特征并不一定混合在一起,它们可以通过分离的因子来遗传,决定性状的因子成对,但交配时双方各提供其中之一,因子有显、隐之分。但其当时并没有被引起注意,直到 1879 年德国生物学家弗莱明发现了细胞核内遗传物质的载体——染色体,孟德尔的结论才得到承认和重视。1909 年,染色体中的决定遗传信息的小单位被命名为基因,由此打开了解读生物遗传密码的大门。

微生物学也取得决定性进展。19 世纪后半期,法国化学家和生物学家巴斯德通过实验发现并证实了发酵和传染病是微生物引起的。细菌可以像其他生物那样繁殖,还可以通过空气、人的手等途径进行传播,由此否定了长期占统治地位的所谓细菌的自然发生说。他开创了应用疫苗接种预防狂犬病的实验,使得人类开始注重在自然环境中而不是在实验室里研究病原体,找出病因和解决办法。

二、哲学和社会科学的新发展

马克思主义的发展和传播无疑是这一时期思想界最重大的成果之一。此外,社会达尔文主义也是影响较大的社会思潮。这一时期的哲学家深受自然科学特别是进化论思想的影响,将达尔文进化论作为解释社会现象的思想指南,提出进化论哲学,即社会达尔文主义。英国社会学家斯宾塞(1820 年—1903 年)将达尔文进化论原理从自然界推进到人类社会,认为人类社会同自然界一样,会按照自然界进化的原则进行变异,通过自然选择,强者生存而弱者被淘汰,只有这样,人类社会才能进步。

19 世纪自然科学的迅猛发展,导致哲学十分重视经验在知识形成中的作用,并强调真理的演绎来自经验和对物质世界的观察,从而促使功利主义和实证主义哲学的产生、发展。英国哲学家杰雷米・边沁是功利主义哲学的创始人,其代表作《道德和立法原理》系统提出功利主义学说,成为 19 世纪具有极大影响的思想流派。他认为人的全部活动、道德都只能依据一个原则——功利,所谓的功利就是追求快乐和避免痛苦。他认为在功利这个原则面前,"品行最坏的人和德行高尚的人,其行为动机都是一样的。无论什么人都想增加自己的幸福,因此尽力保障人的快乐和利益不仅是个人的动机,也应成为立法者的目标"。在政权机构的功能上,边沁主张不干涉主义。约翰・穆勒(1806 年—1873 年)发展了边沁的功利主义哲学,是 19 世纪中叶最有代表性的自由主义思想家。穆勒对功利主义做了新的解释,他抛弃了边沁不加区别地强调"快乐"的思想,认为快乐有高低、优劣之分。他认为,理性的、有道德的快乐比仅仅是物化利益上的快乐更高尚、更有价值。穆勒对边沁功利主义的发展,反映了这一时期资产阶级在取得巨大经济成就之后力图通过扩大统治基础来巩固其政治统治的愿望和要求。

由于功利主义哲学、自由主义哲学反映了新兴工业资产阶级的意愿而盛行一时,在相当程度上开实证主义之先河。法国哲学家孔德(1798 年—1857 年)是实证主义的创始人,其代表作有《实证哲学教程》《实证政治体系》和《实证宗教教义问答》等,他被誉为"社会学之父"。孔德的实证主义学说产生于法国的七月王朝时期,是针对神学、形而上学提出来的,既反对封建主义残余,又反对大革命造成的过激情绪。孔德认为,社会存在的种种问题,都源于知识的错谬和信念的混乱,因此改造社会的关键是为社会提供一个实证的科学知识体系。所谓"实证",即"确定""存在""实用"之意。其核心口号是"秩序"与"进步"。以此为基础,孔德解释整个社会,开创了社会学。孔德社会学包括两部分:社会静力学和社会动力学。社会静力学是将社会视为一个有机的整体来研究,探究并指明家庭、国家和宗教的结构与职能。社会动力学则是研究体系的历史发展。前者研究静态社会的秩序,后者则着眼于动态社会的进步。孔德以人类的精神发展为标志,将社会的进步划分为三个阶段,即"神学阶段""形而上学阶段"和"科学阶段"。孔德认为,"科学阶段"是"实证阶段",是人类理智发展的最后阶段。实证阶段的社会是按"工业方法"组织起来的,资本家和无产阶级各尽其职,实现合作和博爱。他既反对个人主义的功利论、自由放任原则,也反对侵犯私有财产。孔德学说反映了资本主义已彻底取代封建制度之后,资产阶级要求社会和平、稳定及淡化日益突出的阶级矛盾的主观愿望。

19 世纪末的文学,群星璀璨,涌现出一批批判现实主义文学家。法国是现实主义文学流派的发源地。巴尔扎克(1799 年—1850 年)是法国和欧洲现实主义文学家中的杰出代表,其代表作《人间喜剧》收录了他 20 年间创作的 90 多部小说,描绘了法国现实社会中形形色色的各界人物,反映出封建贵族的没落衰亡,也刻画了资产阶级的罪恶发迹史。其中《高老头》《欧也妮·葛朗台》《幻灭》等,都是深刻分析法国社会的脍炙人口的名作。继巴尔扎克之后的现实主义文学大师居斯塔夫·福楼拜(1821 年—1880 年),其作品主要是描写七月王朝至第二帝国时代法国的社会风貌,重点揭露资本主义社会精神文化领域中的种种丑恶现象,其代表作是《包法利夫人》。19 世纪末 20 世纪初,埃米尔·左拉(1840 年—1902 年)的宏大著作《卢贡-马卡尔家族》奠定了他在法国文学史上的地位,被誉为"第二帝国时期一个家族的自然史和社会史"。居伊·莫泊桑(1850 年—1893 年)在短篇小说创作上取得的高度艺术成就尤其引人注目,《羊脂球》是莫泊桑的短篇代表作之一，小说在心理描写、材料取舍、场面安排等方面都表现出作者高超的艺术技巧。1904 年—1912 年，罗曼·罗兰(1866 年—1944 年)创作了具有里程碑意义的长篇巨著《约翰·克利斯朵夫》，它从主人公一生的经历和种种体验，反映 19 世纪末 20 世纪初德国、法国、瑞士和意大利的政治风气、社会习俗及人民的苦难。

英国批判现实主义文学家在维多利亚时代前期的杰出代表是查理·狄更斯(1812 年—1870 年)，他的作品《双城记》《大卫·科波菲尔》《艰难时世》等着墨于社会的下层小人物，其内容涉及工业社会的种种问题，生动地反映了 19 世纪上半叶英国社会的精神面貌。维多利亚时代后期的代表是哈代(1840 年—1928 年)，其作品《德伯家的苔斯》《无名的裘德》等批判了资产阶级道德和宗教的虚伪与冷酷。美国现实主义文学的代表作家马克·吐温(1835 年—1910 年)以杰出的幽默和讽刺艺术闻名于世，其作品揭露了美国资本主义社会种种虚伪和罪恶，批判了帝国主义的侵略扩张政策。其代表作有《竞选州长》《镀金时代》《汤姆·索亚历险记》《哈克贝里·费恩历险记》等。俄国也涌现出一批现实主义作家，主要有屠格涅夫(1818 年—1883 年)、车尔尼雪夫斯基(1828 年—1889 年)、陀思妥耶夫斯基(1821 年—1881 年)等，其中，列夫·托尔斯泰(1828 年—1910 年)是俄国现实主义文学发展的集大成者。托尔斯泰在《战争与和平》中描写了当时俄国贵族的生活态度和世界观，以及抗击拿破仑入侵的悲壮故事。他的另一部小说《安娜·卡列尼娜》则展现了当时俄国阶级关系和复杂的婚姻关系。

三、艺术的繁荣

19 世纪下半叶，艺术领域的成就同样引人注目，呈现出浪漫主义、现实主义、象征主义与新浪漫主义等多种流派并存或更替。十九世纪二三十年代法国产生了浪漫主义画派，它主张通过饱满的色彩、强烈的明暗对比、急速的节奏来刻画动人心魄的现实场景，其影响很快席卷欧洲，并启发后来的现实主义画派。19 世纪中叶，法国形成现实主义画派。库尔贝(1819 年—1877 年)是现实主义画派的创始人，其主要作品有《带黑狗的自画像》《打石工》《奥尔南的葬礼》等。19 世纪 60 年代以后，法国一批艺术家对艺术进行革新，在观察和表现技巧上，注重对外光、色调的研究，强调整体地观察和表现对象和画家的主观感受，着意探索表现大自然的方法，形成印象派。印象派的奠基人是马奈(1832 年—1883 年)，他是最早打破传统灰褐色调的画家，其代表作有《在船中》《西班牙歌唱家》《喝艾酒的人》等。印象画派最杰出的画家是莫奈(1840 年—1926 年)，他的画把外光理论发展到高峰，印象

《日出印象》

图 14-1 《日出印象》

画派的名称就出自他的作品《日出印象》(图 14-1)。19 世纪 80 年代以后,后印象画派开始崭露头角。这一画派反对印象主义中的自然主义成分,强调抒发自我感受,表现主观的感情和情绪。法国画家保罗·塞尚(1839 年—1906 年)是后印象画派的奠基者,他运用色彩和“不正确”的透视法,表现物体结构、体积等,形成真实、生动和美感。《静物》《玩纸牌的男人》《浴女们》是其精华之作。把后印象画派推向顶峰的是荷兰人凡·高(1853 年—1890 年),他的作品注重色彩的强度、明度和张力,表达其强烈的理想和希望。他的作品,不论是静物《向日葵》、人物肖像《农民》、室内画《夜间咖啡馆》,还是风景画《洛克罗田野》,都充满画家对生命的热爱,表现他内心强烈而丰富的情感。

19 世纪中叶,西方浪漫主义音乐发展到了鼎盛时期,门德尔松、舒曼、肖邦和李斯特都是杰出代表。19 世纪 60 年代以后,随着浪漫主义文学向现实主义的过渡,西方音乐也发生了变化,除了浪漫主义,也出现了民族主义和印象主义等流派,并受到现实主义的影响,在音乐的创作和取材上,更加丰富和贴近生活。瓦格纳、威尔第、柴可夫斯基和小施特劳斯都是这一时期卓有成就的音乐家。德国音乐家瓦格纳(1813 年—1883 年)一生致力于歌剧的改革与实践,他试图将歌唱、音乐、舞蹈、服装和背景等融为一体,再加上他对舞台、歌手和乐队的独到理解,创造了一种新颖的歌剧体系。他的歌剧也表达强烈的民主主义情绪,许多歌剧情节取自德国的史诗和传说,其代表作有《尼伯龙根的指环》《纽伦堡的名歌手》等。意大利歌剧家威尔第(1813 年—1901 年)在歌剧《茶花女》《弄臣》等作品中塑造了一批既有浪漫色彩又十分贴近现实的人物。俄国作曲家柴可夫斯基(1840 年—1893 年)也创作了许多凄婉悲怆、荡气回肠的作品,他的作品常以古老的传说故事为题材,具有强烈的民族情感。其代表作主要有歌剧《黑桃皇后》《叶普盖尼·奥涅金》,舞剧《天鹅湖》《第六悲怆交响曲》《睡美人》《胡桃夹子》等。

【专题研讨】

1.“双刃剑”——工业革命

“新工业革命是一把双刃剑,它可以用来为人类造福,但是,仅当人类生存的时间足够长时,我们才有可能进入这个为人类造福的时期。新工业革命也可以毁灭人类,如果我们不去理智利用它,它就有可能很快地发展到这个地步的……”控制论创始人维纳明确提出科技是把“双刃剑”的观点。

(1) 背景知识。

工业革命是通过技术革命实现的,科学技术应用于生产,促进了工业革命的发生和发展,而工业革命反过来又推动了科学技术的前进。如第一次工业革命开创了以机器生产代替手工工具的时代;第二次技术革命则开创了“电气时代”。对于工业革命的贡献,马克思曾有经典描述:“资产阶级在它的不到一百年的阶级统治中所创造的生产力,比过去一切世代创造的全部生产力还要多,还要大。”马克思说资产阶级通过工业革命创造了一个全新的世界,这一论断并不为过。但同时工业文明的发展造成了诸如资源耗尽、生态失衡、环境污染、贫富分化等问题,这些问题已严重危及人类的生存和发展,也越来越引起人们的关注。

(2) 研讨论题。

科学技术之“双刃剑”辨析。

(3) 思路提示。

科学技术是生产力,推动了社会生产的发展。科学技术推动了社会经济的发展,提高了人类生活质量,但现代科技也有其不足之处。那就是在其迅猛发展的同时,人们的精神力量并没有随之增长。科学技术在给人类带来巨大生产力进步并造福人类的同时,也带来了不可忽视的负面影响。两次世界大战都少不了科技的身影。一场战争死亡几千万人,这在古代根本不可想象,而现代人借助科技做到了。因此,我们有必要从人文视角来重新审视和评估近代以来的整个工业文明。

2. 进化论思潮

达尔文的《物种起源》绪论中有这样一段话:“关于‘物种起源’,这是十分可以想象得到的,一个自然学者,对于生物的相互亲缘关系、它们的胚胎的关系、它们的地理分布、地质上的连续及其他的此类事实的思考,就可能得到如下的结论:物种不是被独立创造出来的,却像变种一样,是从其他物种传下来的。……任何生物如果能以任何方式发生有利于自己的、纵使是微小的变异,它在复杂的而且时常变化中的生活条件下,将会获得更好的生存机会,因而它就自然地被选择了。由于坚强的遗传原理,任何被选择的变种,将会繁殖它新的和变异了的类型。”达尔文说:“他的卓越贡献,就是最先唤起世人注意于有机界的一切改变,与无机界同样可能根据一定的法则,而不是神奇的干预……”

(1) 背景知识。

1859 年达尔文发表了著名的《物种起源》一书,提出了生物在其世代相传中发生变化的进化论理论和生物进化机制的自然选择理论。他认为,物种是可变的,生物是进化的,自然选择是生物进化的动力,从而使进化论建立在完全科学的基础上。它沉重地打击了中世纪以来居于统治地位的神创论、不变论等机械主义观念。达尔文进化论思想被恩格斯誉为19世纪三大科学发现之一。进化论思潮不但对生物学、化学和物理学等自然科学产生了重要影响,而且对近代思想、政治、经济等领域也产生了深远影响。

(2) 研讨论题。

认识与评说——进化论思潮影响之我见。

(3) 思路提示。

在进化论思潮的影响下,自然和社会科学家们开始以进化的眼光观察和研究世界,取得了丰硕的成果。19世纪下半叶,自由资本主义向垄断资本主义过渡。在这个社会大变革的时期里,资产阶级思想界涌现出社会达尔文主义。代表人物是赫伯特·斯宾塞,他借用达尔文的生物进化论来解释人类社会的基本构成和行为准则,用生物进化的规律取代人类社会发展的规律。"优胜劣败,适者生存",社会中的强者是统治阶级,因为他们富有竞争力;弱者是劳动者阶级,因为他们在社会中缺乏竞争力。但实际上,社会发展与生物进化迥然不同,二者有本质区别。此外,进化论也成为人类要求社会进步和变革的思想理论根据。

【拓展阅读】

1.[德] 斯宾格勒:《西方的没落》,吴琼译,上海三联书店,2006年。

2.[美] 塞缪尔·亨廷顿:《文明的冲突与世界秩序的重建》(修订版),周琪、张立平等译,新华出版社,2010年。

3.[美] 阿尔温·托夫勒:《第三次浪潮》,朱志焱、潘琪、张焱译,生活·读书·新知三联书店,1983年。

【超级链接】

1. 1870年到1900年之间,科学和技术的关系,比以前任何时期都密切得多。19世纪最后30年间,几乎没有什么工业部门未曾受到科学新发现的影响,虽然这不是说传统的,来自经验的方法大部分或甚至全盘都被抛弃了。经验主义在许多工业中仍然占统治地位;有些工业至今日依然如此。但是,自1870年以后,我们可以清楚地看到20世纪科学工业的开端。新兴工业,诸如电气工业等这些完全是在科学发现中首创的工业,其面貌的改变当然要比那些早已建立的工业显著得多;在这些早已建立的工业中,科学应用只是在很大程度上改进旧的生产方法，而不是建立崭新的生产方法。……

科学能够沿着自己的道路前进，同样，技术也是如此。内燃机终于在陆上运输中引起了革命，它最初是由一些讲究实际和有决心的人几乎完全凭借经验发展起来的，而这些人对现代科学的发展却很少或毫无知识。

——F.H.欣斯利：《新编剑桥世界近代史》第11卷“物质进步与世界范围的问题1870—1898”，中国社会科学出版社，2018年

2. 不断扩大产品销路的需要，驱使资产阶级奔走于全球各地。它必须到处落户，到处开发，到处建立联系。

资产阶级，由于开拓了世界市场，使一切国家的生产和消费都成为世界性的了。……新的工业的建立已经成为一切文明民族的生命攸关的问题；这些工业所加工的，已经不是本地的原料，而是来自极其遥远的地区的原料；它们的产品不仅供本国消费，而且同时供世界各地消费。旧的、靠本国产品来满足的需要，被新的、要靠极其遥远的国家和地带的产品来满足的需要所代替了。过去那种地方的和民族的自给自足和闭关自守状态，被各民族的各方面的互相往来和各方面的互相依赖所代替了。……

——〔德〕马克思：《共产党宣言》，《马克思恩格斯选集》(第一卷)，中央编译局编译，人民出版社，2012年

【思考题】

1. 第二次工业革命的主要内容是什么？

2. 同第一次工业革命比较，第二次工业革命有哪些新特点，它产生了怎样的影响？

3. 垄断组织的历史作用是什么？

参考文献

[1] 白寿彝.中国通史[M].上海：上海人民出版社,1989.

[2] 钱穆.国史大纲[M].北京：商务印书馆,1996.

[3] 樊树志.国史概要[M].上海：复旦大学出版社,2000.

[4] 袁行霈,严文明,邓晓南,等.中华文明史：1—4卷[M].北京：北京大学出版社,2006.

[5] 侯外庐.中国思想通史[M].北京：人民出版社,1998.

[6] 刘泽华.中国政治思想史[M].杭州：浙江人民出版社,1996.

[7] 葛兆光.中国思想史：第一、二卷[M].上海：复旦大学出版社,2001.

[8] 任继愈.中国哲学史[M].北京：人民出版社,2010.

[9] 冯天瑜,何晓明,周积明.中华文化史[M].上海：上海人民出版社,2005.

[10] 郑师渠.中国文化通史[M].北京：中共中央党校出版社,2000.

[11] 阙道隆.中国文化精要[M].北京：中国青年出版社,1994.

[12] 梁漱溟.中国文化要义[M].上海：学林出版社,1987.

[13] 方立天.中国佛教简史[M].北京：宗教文化出版社,2001.

[14] 唐大潮.中国道教简史[M].北京：宗教文化出版社,2001.

[15] 方豪.中西交通史[M].上海：上海人民出版社,2008.

[16] 沈长云.中国历史：先秦史[M].北京：人民出版社,2006.

[17] 苏秉琦.中国文明起源新探[M].北京：生活·读书·新知三联书店,1999.

[18] 徐旭生.中国古史的传说时代[M].北京：文物出版社,1985.

[19] 中国科学院考古研究所,陕西省西安半坡博物馆.西安半坡：原始氏族公社聚落遗址[M].北京：文物出版社,1963.

[20] 浙江省文物考古研究所.良渚遗址群[M].北京：文物出版社,2005.

[21] 李学勤.走出疑古时代[M].长春：长春出版社,2007.

[22] 中国社会科学院考古研究所.殷墟的发现与研究[M].北京：科学出版

社,1994.
[23] 四川省文物考古研究所.三星堆祭祀坑[M].北京：文物出版社,1999.
[24] 张光直.中国青铜时代[M].北京：生活·读书·新知三联书店,1983.
[25] 林剑鸣.秦汉史[M].上海：上海人民出版社,1989.
[26] 熊铁基.秦汉文化史[M].上海：东方出版中心,2007.
[27] 徐复观.两汉思想史[M].上海：华东师范大学出版社,2001.
[28] 张造群.礼治之道：汉代名教研究[M].北京：人民出版社,2011.
[29] 余英时.士与中国文化[M].上海：上海人民出版社,2003.
[30] 钱穆.中国历代政治得失[M].北京：生活·读书·新知三联书店,2001.
[31] 王仲荦.魏晋南北朝史[M].上海：上海人民出版社,2003.
[32] 王仲荦.隋唐五代史[M].上海：上海人民出版社,1990.
[33] 陈寅恪.隋唐制度渊源略论稿·唐代政治史述论稿[M].2 版.北京：中华书局,2009.
[34] 余敦康.魏晋玄学史[M].北京：北京大学出版社,2004.
[35] 赵文润.隋唐文化史[M].西安：陕西师范大学出版社,1992.
[36] 徐连达.唐朝文化史[M].上海：复旦大学出版社,2003.
[37] 向达.唐代长安与西域文明[M].北京：生活·读书·新知三联书店,1957.
[38] 吴宗国.唐代科举制度研究[M].沈阳：辽宁大学出版社,1992.
[39] 周宝珠,陈振.简明宋史[M].北京：人民出版社,1985.
[40] 何忠礼,徐吉军.南宋史稿[M].杭州：杭州大学出版社,1999.
[41] 陈述.契丹政治史稿[M].北京：人民出版社,1986.
[42] 邓广铭.邓广铭治史丛稿[M].北京：北京大学出版社,1997.
[43] 漆侠.宋代经济史[M].上海：上海人民出版社,1987.
[44] 姚瀛艇.宋代文化史[M].开封：河南大学出版社,1992.
[45] 张立文.宋明理学研究[M].北京：人民出版社,2002.
[46] 萨孟武.《西游记》与中国古代政治[M].桂林：广西师范大学出版社,2013.
[47] 孟森.明清史讲义[M].北京：中华书局,1981.
[48] 徐中约.中国近代史：1600—2000 中国的奋斗[M].计秋枫,等译.北京：世界图书出版公司北京公司,2008.
[49] 陈恭禄.中国近代史[M].北京：中国工人出版社,2012.
[50] 蒋廷黻.中国近代史[M].上海：上海古籍出版社,2006.
[51] 陈旭麓.近代中国社会的新陈代谢[M].上海：上海人民出版社,1992.
[52] 何亚伟.怀柔远人：马嘎尔尼使华的中英礼仪冲突[M].邓常春,译.北京：社

会科学文献出版社,2002.

[53] 孔飞力.叫魂：1768 年中国妖术大恐慌[M].陈兼,刘昶,译.上海：上海三联书店,1999.

[54] 茅海建.天朝的崩溃：鸦片战争再研究[M].2 版.北京：生活·读书·新知三联书店,2005.

[55] 李喜所.近代留学生与中外文化[M].天津：天津教育出版社,2006.

[56] 罗荣渠.现代化新论：世界与中国的现代化进程　增订版[M].北京：商务印书馆,2004.

[57] 列文森.儒教中国及其现代命运[M].郑大华,任菁,译.北京：中国社会科学出版社,2000.

[58] 梁漱溟.东西文化及其哲学[M].上海：上海人民出版社,2006.

[59] 余英时.现代儒学论[M].上海：上海人民出版社,1998.

[60] 贡德·弗兰克.白银资本：重视经济全球化中的东方[M].刘北成,译.北京：中央编译出版社,2000.

[61] 彭慕兰.大分流：欧洲、中国及现代世界经济的发展[M].史建云,译.南京：江苏人民出版社,2003.

[62] 龚缨晏.20 世纪中国“海上丝绸之路”研究集萃[M].杭州：浙江大学出版社,2011.

[63] 斯塔夫里阿诺斯.全球通史：1500 年以后的世界[M].吴象婴,梁赤民,译.上海：上海社会科学院出版社,1999.

[64] 吴于廑,齐世荣.世界史：古代史编[M].北京：高等教育出版社,1994.

[65] 许序雅.世界文明简史[M].上海：华东师范大学出版社,2002.

[66] 刘增泉.西洋上古史[M].长春：吉林出版集团有限责任公司,2008.

[67] 黄洋,赵立行,金寿福.世界古代中世纪史[M].上海：复旦大学出版社,2005.

[68] 吴于廑,齐世荣.世界史：近代史编[M].北京：高等教育出版社,2001.

[69] 王斯德.世界通史：第一编　前工业文明与地域性历史　1500 年以前的世界[M].上海：华东师范大学出版社,2001.

[70] 加亚尔,德尚.欧洲史[M].蔡鸿滨,桂裕芳,译.海口：海南出版社,2000.

[71] 爱德华·吉本.罗马帝国衰亡史：全 10 册[M].席代岳,译.长春：吉林出版集团有限责任公司,2015.

[72] 菲利普·李·拉尔夫,罗伯特·E.勒纳,斯坦迪什·米查姆,等.世界文明史[M].赵丰,等译.北京：商务印书馆,1998.

[73] 勒纳,米查姆,伯恩斯.西方文明史[M].王觉非,等译.北京：中国青年出版

社,2003.

[74] 格鲁塞.东方的文明：全 2 册[M].常任侠,袁音,译.北京：中华书局,1999.

[75] 瑞布里克.世界古代文明史[M].师学良,刘军,等译.上海：上海人民出版社,2010.

[76] 金寿福.永恒的辉煌：古代埃及文明[M].上海：复旦大学出版社,2003.

[77] 高善必.印度古代文化与文明史纲[M].王维,练性乾,等译.北京：商务印书馆,1998.

[78] 张光璘,王树英.季羡林论印度文化[M].北京：人民出版社,2009.

[79] 罗素.西方哲学史：下卷[M].马元德,译.北京：商务印书馆,2017.

[80] 梯利.西方哲学史：增补修订版[M].葛力,译.北京：商务印书馆,1995.

[81] 斯托巴特.光荣属于希腊[M].史国荣,译.上海：上海三联书店,2011.

[82] 伯里.希腊史：全三卷[M].陈思伟,译.长春：吉林出版集团有限责任公司,2015.

[83] 黄洋,晏绍祥.希腊史研究入门[M].北京：北京大学出版社,2009.

[84] 斯托巴特.伟大属于罗马[M].王三义,译.上海：上海三联书店,2011.

[85] 布鲁斯·雪莱.基督教会史[M].2 版.刘平,译.北京：北京大学出版社,2004.

[86] 奥尔森.基督教神学思想史[M].吴瑞诚,徐成德,译.北京：北京大学出版社,2003.

[87] 道森.宗教与西方文化的兴起[M].长川某,译.成都：四川人民出版社,1989.

[88] 彭小瑜.教会法研究：历史与理论[M].北京：商务印书馆,2003.

[89] 田薇.信仰与理性：中世纪基督教文化的兴衰[M].保定：河北大学出版社,2001.

[90] 哈伊.意大利文艺复兴的历史背景[M].李玉成,译.北京：生活·读书·新知三联书店,1988.

[91] 阿伦·布洛克.西方人文主义传统[M].董乐山,译.北京：生活·读书·新知三联书店,1997.

[92] 布克哈特.意大利文艺复兴时期的文化[M].何新,译.北京：商务印书馆,1979.

[93] 霍布斯鲍姆.革命的年代：1789—1848[M].王章辉,等译.南京：江苏人民出版社,1999.

[94] 施特劳斯.自然权利与历史[M].彭刚,译.北京：生活·读书·新知三联书店,2003.

[95] 布鲁姆.巨人与侏儒[M].秦露,林国荣,严蓓雯,等译.北京：华夏出版社,2003.

[96] 以赛亚·伯林.自由论[M].胡传胜,译.南京：译林出版社,2003.

[97] 布卢姆.美国精神的封闭[M].战旭英,译.南京：译林出版社,2007.

郑重声明

高等教育出版社依法对本书享有专有出版权。任何未经许可的复制、销售行为均违反《中华人民共和国著作权法》，其行为人将承担相应的民事责任和行政责任；构成犯罪的，将被依法追究刑事责任。为了维护市场秩序，保护读者的合法权益，避免读者误用盗版书造成不良后果，我社将配合行政执法部门和司法机关对违法犯罪的单位和个人进行严厉打击。社会各界人士如发现上述侵权行为，希望及时举报，我社将奖励举报有功人员。

反盗版举报电话 （010）58581999 58582371

反盗版举报邮箱 dd@hep.com.cn

通信地址 北京市西城区德外大街 4 号 高等教育出版社法律事务部

邮政编码 100120

教学资源服务指南

扫描下方二维码，关注微信公众号“高教社极简通识”，学生可学习名校通识课，教师可学习教师培训课程、免费申请课件和样书、观看直播回放等。

名校通识课

点击导航栏中的“名校通识”，点击子菜单中的“课程专栏”，即可选择相应课程进行学习。

教师培训

点击导航栏中的“教师培训”，点击子菜单中的“培训课程”，即可选择相应课程进行学习。

教学资源服务指南

课件申请

点击导航栏中的“教学服务”，点击子菜单中的“资源下载”，注册并填写相关信息即可申请课件。

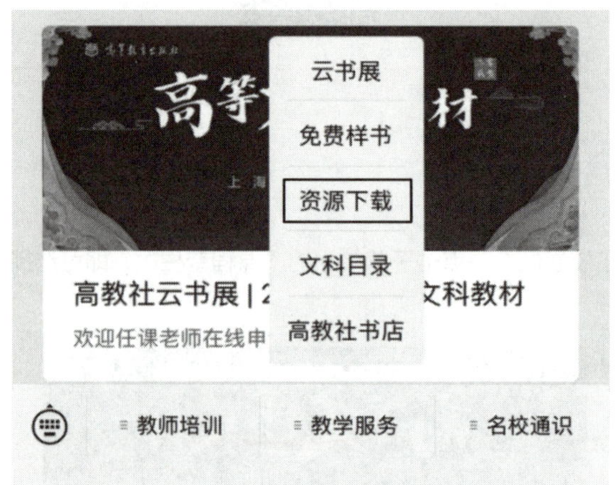

样书申请

点击导航栏中的“教学服务”，点击子菜单中的“免费样书”，填写相关信息即可免费申请样书。

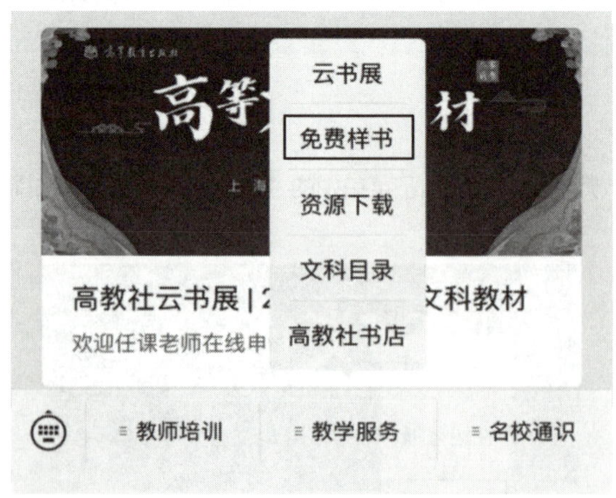